Le goût
de l'origine

Ouvrage réalisé sous la direction de l'INAO

Michel Prugue, président du Conseil permanent
de l'INAO et du Comité national des produits
agroalimentaires
René Renou, président du Comité national des vins
et eaux-de-vie
Jean-Charles Arnaud, président du Comité national
des produits laitiers
Joseph Ballé, président du Comité national
des Indications géographiques protégées

Coordination :
Philippe Mauguin, directeur de l'INAO
François Roncin, INAO
Robert Tinlot, directeur général honoraire de
l'Office international de la vigne et du vin

Avec la collaboration de SOPEXA,
Dominique Chardon, président-directeur général
Jean-Noël Bossé, directeur-général adjoint

Ont également contribué à cet ouvrage :
Laurence Bérard, ethnologue au CNRS
Dominique Chaillouet
Jean-Pierre Deroudille
Thierry Fabian, INAO
Jacques Fanet
Gilbert Garrier, professeur émérite d'histoire
à l'Université Lumière Lyon II
Philippe Marchenay, ethnologue au CNRS
Alain Mur, INAO
François Salviat, président émérite à l'université
de Provence
Claude Sarfati, INAO
Bertil Sylvander, directeur de recherches à l'INRA
André Tchernia, directeur d'Études à l'École
des Hautes Études en sciences sociales, MMSH,
Aix-en-Provence
Jules Tourmeau
Jean-Louis Vézien

HACHETTE/INAO

Le goût de l'origine

S'intéresser à l'origine géographique d'un produit incite à découvrir
la beauté des paysages qui l'ont vu naître et à apprécier le savoir-faire
des hommes et des femmes qui l'ont élaboré en découvrant l'histoire
de leur patrimoine alimentaire. Le « goût de l'origine » place l'homme au-delà
des fonctions physiologiques élémentaires.

C'est avec enthousiasme que j'ai soutenu la volonté des professionnels
de célébrer les soixante-dix ans des AOC, de l'INAO et la clairvoyance
de leurs fondateurs, le sénateur Capus et le baron Le Roy, par un livre
qui ouvre des voies pour l'avenir. Cet ouvrage ne se contente pas de visiter
l'histoire pour éclairer le futur, il souligne les enjeux des indications
géographiques et propose des solutions pour favoriser leur développement.

Je partage l'analyse objective qu'il fait de l'expérience française :
il a fallu près d'un siècle en France pour obtenir une présentation cohérente
– toujours perfectible –, des produits d'origine pour les consommateurs.

Ces produits ne sont pas une spécificité de la France ni de l'Europe.
J'espère que d'autres pays du monde sauront protéger et valoriser leurs produits
de terroirs en évitant les hésitations et les erreurs que nous avons commises.
La France et l'INAO se mobilisent pour accompagner près de trente
pays qui mettent en place des dispositifs de protection de l'origine, sur tous
les continents.

L'enjeu est d'importance : il s'agit, dans le commerce mondial, de redonner
confiance aux consommateurs en une production agroalimentaire respectueuse
des traditions et des terroirs. Il s'agit aussi de rendre du pouvoir économique
aux producteurs par une saine concurrence et une traçabilité des produits dans
les transactions.

Il s'agit enfin de favoriser la diversité des systèmes agricoles et de respecter
les cultures humaines et les équilibres naturels.

En ce sens, les produits d'origine sont d'une étonnante modernité pour
contribuer au développement harmonieux du monde en ce début du XXIe siècle.

Michel Prugue
Président de l'INAO

Sommaire

Le Goût de l'origine

Tant que les hommes ne se sont nourris que des denrées arrachées à leur environnement immédiat, ils n'ont pas eu besoin d'en désigner l'origine. C'est avec le développement du commerce lointain, dès l'Antiquité, qu'ils ont commencé à désigner l'origine des produits. Pour leur plaisir, ils les ont comparés et ont découvert ainsi le « goût de l'origine ».

Ce goût de l'origine est très vif chez nombre de consommateurs : à la préoccupation gastronomique se mêlent souvent aujourd'hui le souci de l'environnement, du commerce équitable, de la santé et l'exigence de traçabilité. L'indication de l'origine géographique prend alors tout son sens car elle renseigne sur le lieu de fabrication et garantit le respect des méthodes d'élaboration qui donnent au produit son caractère et son originalité. Les produits en appellation d'origine contrôlée (AOC) ou en indication géographique protégée (IGP) apportent ces garanties, sous le contrôle de l'Institut national des appellations d'origine (INAO) et des pouvoirs publics dans l'Union européenne. Pourtant, la protection de l'origine se heurte à des oppositions. En France même, certaines voix défendent la primauté de la marque commerciale sur l'appellation d'origine. Mais pourquoi les opposer ? Que seraient les appellations champagne, cognac ou roquefort sans les marques qui s'y sont développées ?

L'AOC identifie un produit agroalimentaire dont les caractéristiques et la dénomination sont l'expression d'un lien intime avec un terroir strictement délimité. Les facteurs naturels tels que le sol et le climat, et le savoir-faire humain enrichi par l'expérience d'une longue histoire s'allient pour conférer une typicité et une notoriété au produit.

Des pays influents s'opposent à l'extension de la protection de l'origine à l'échelle mondiale. Sans doute parce qu'on la confond avec la simple provenance, laquelle ne renseigne que sur le lieu de fabrication sans apporter de garantie officielle sur le respect de critères de production. L'exploration du passé éclaire les controverses d'aujourd'hui : la protection de la provenance a été très pratiquée par les pouvoirs au cours de l'histoire – qu'ils soient seigneuriaux, municipaux ou étatiques – et relevait plus du protectionnisme que de la défense des consommateurs.

Le meilleur argument de la protection de l'origine n'est-il pas la qualité des produits d'origine et la valeur d'une agriculture respectueuse des terroirs ?

C'est la raison pour laquelle les pouvoirs publics ont bâti un édifice de protection des noms d'origine à l'échelle nationale, européenne et internationale.

À propos du terroir

Autrefois, le goût de terroir était plutôt jugé comme un défaut. Mais au XXe s., la littérature, de Colette à Giono, a magnifié la vie rurale et nourri la nostalgie des citadins. Joseph Capus a sans doute été le premier à donner une connotation positive au mot terroir en parlant des vins, afin de justifier le système des AOC en 1935 : il écrit qu'« il ne suffit pas de garantir l'authenticité du produit, il importe encore d'en assurer la qualité, dans la mesure où elle dépend du sol et du cépage », puis il ajoute que « sol et cépages » ne suffisent pas, et qu'il faut des méthodes de production adaptées au milieu. Il propose le mot « terroir » pour associer l'harmonie entre le travail de la nature et celui des hommes.

Des terroirs peuvent se révéler dans tous les pays du monde. Il suffit que les producteurs aient le souci de gérer ensemble, de façon durable, un territoire spécifique afin d'en tirer un produit caractéristique. Tous les peuples devraient pouvoir utiliser un nom géographique protégé pour désigner le fruit de leur expérience et les spécificités du milieu naturel dans lequel ils évoluent. C'est à ce prix que se maintiendra une agriculture diversifiée.

L'**IGP** identifie un produit agroalimentaire réputé qui tire ses spécificités de son origine géographique. À la différence de l'AOC, certaines étapes de la production peuvent ne pas se réaliser dans l'aire géographique, mais l'essentiel du lien à l'origine est assuré comme pour les AOC par le respect d'un cahier des charges précis et contrôlé, issu des traditions locales.

Les appellations, histoire et enjeux

Les sources antiques de l'appellation d'origine

Dans les civilisations du monde antique, l'origine lointaine de denrées précieuses est source de prestige et de mythes. La civilisation hellénique accorde au vin, venu du Moyen-Orient, un rôle majeur dans la vie de la cité et, à partir du VIIe siècle avant notre ère, désigne les grands crus par des noms géographiques. Un usage repris par les Romains et étendu à d'autres produits. Mais les pouvoirs se gardent bien de réglementer les appellations d'origine. Les imitations se multiplient, les réputations se détruisent. Que reste-t-il aujourd'hui du vin de Falerne cher à Horace ?

LE MONDE HELLÉNIQUE

Dès le deuxième millénaire avant notre ère, le vin est présent en domaine grec, et dans les celliers des palais minoens ou mycéniens. Notre documentation est courte. Il est clair seulement que les plants qui servent à le produire et les pratiques de vinification viennent du Moyen-Orient.

L'usage grec du vin

Les épopées homériques, l'*Iliade* (IXe siècle av. J.-C.), l'*Odyssée* (VIIIe siècle av. J.-C.), donnent l'image d'une consommation largement diffusée. Mais si l'on excepte le vin de Maronée qui enivre le Cyclope, il n'existe pas de crus. On se réfère au plant de vigne, tel le pramnien, tannique et coloré. Au VIIIe siècle, le poète

Hésiode évoque un vin « biblin », noir, qui supporte trois quarts d'eau, produit du fruit passerillé d'un plant de vigne venue de la phénicienne Biblos : on fera du « biblin » en Béotie, en Thrace, dans les Cyclades, jusqu'en Sicile.

Une scène de banquet peinte sur un vase à la fin du Ve s. avant notre ère. Bien avant le siècle de Périclès, le vin était un élément essentiel de la culture du monde hellénique.

Page précédente : Bacchus devant le Vésuve. Pompéi (Ier s.).

« L'humeur du sol »

Après ces vins d'emprise géographique large, apparaissent vers le VIIe siècle avant notre ère des vins localisés, nous disons des crus, dont la renommée durera des siècles. L'importance du sol est dès lors reconnue. Elle est exprimée ainsi par un auteur hippocratique à la fin du Ve siècle : « Deux terrains fort voisins diffèrent par la bonté des vins, alors que le soleil y suffit également ; c'est que l'un possède en son sol l'humeur qui rend le vin bon, l'autre non. » La comparaison est faite, manifestement, à cépages identiques. À la même époque, le poète philosophe Empédocle d'Agrigente tenait compte des deux variables, espèces et terre, et croyait, déjà, plutôt à la terre : « Les différences des sucs des plantes sont dues aux variations des conditions diverses qui les affectent, et au fait que les plantes ne tirent qu'avec peine du sol nourricier les éléments qui leur conviennent ; comme on le voit pour les vignes ; ce ne sont pas en effet leurs différences qui font la variété des vins, mais bien celles de la terre qui les nourrit ». Le manque d'intérêt pour l'inventaire des variétés est sensible encore au IVe siècle chez Théophraste, à qui nous devons pourtant les premiers grands traités de botanique.

Cités-États et premières réglementations

Le terrain joue donc un rôle majeur. S'y allient des facteurs humains et géopolitiques. Les pre-

miers grands vins sont le Chio et le Thasos, et un peu plus tard le Lesbos, noms de trois îles de l'Égée. Sur des routes maritimes, dotées de centres urbains et de ports, ouvertes aux échanges, ces îles portent des cités indépendantes. Des classes aisées les dirigent, qui réglementent sur le vin. À Thasos, on trouve ainsi gravées, dès le Ve siècle avant J.-C., des lois qui répriment le « mouillage », interdisent les transactions précoces sur des récoltes sur pied ; pour les achats de moûts ou de vins en *pithoi* (grandes jarres enterrées dans les chais), elles préviennent les litiges en déterminant par des scellés le moment de vente « parfaite » ; elles tendent enfin à établir un monopole du trafic maritime. Sur le marché, des magistrats vérifient avec des récipients de référence la fidélité des mesures. Des modèles de vases, de capacités échelonnées, sont conservés dans des locaux administratifs.

À chaque vignoble son amphore

La surveillance de conteneurs identifiables et normalisés fut un souci collectif. Les cités productrices exportent des amphores (de 20 l en moyenne, avec des variations locales, comme autrefois pour les mesures de nos provinces) ou des divisions modulaires (moitiés, quarts) de l'amphore. Le modèle de ces vases de terre cuite, rendus étanches à la poix, bouchés au liège plâtré, aptes à assurer la conservation longue et le

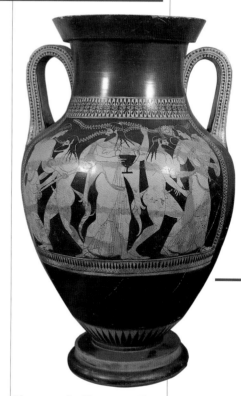

Dionysos représenté avec son cortège de satyres et de ménades. Originaire des confins orientaux du monde hellénique, le dieu grec du vin et de l'ivresse préside aussi à de nombreuses cérémonies publiques, participant ainsi à l'harmonie de la société.

transport, venait de la Syro-Palestine antique, mais les amphores grecques sont d'une autre forme que celles, sans col, « de Canaan » ; et elles tendent très tôt à se différencier, suivant les lieux d'origine, de sorte que l'on distinguait aisément par la silhouette la Thasienne de la Chiote ou de tout autre.

La marque de l'origine

Mieux, la cité prit en main le contrôle de la fabrication et organisa le « timbrage » de ces amphores. À Thasos, par exemple, les vases qui devaient accueillir chaque récolte, fermentation terminée, étaient marqués après tournage et avant séchage dans les ateliers proches des vignobles d'un sceau imprimé dans l'argile indiquant sur une anse l'origine, le nom du magistrat vérificateur de capacité (agoranome de l'année) et le nom du producteur ou son symbole. L'acquéreur disposait ainsi de la garantie de provenance et connaissait le millésime de ces vins de garde.

Vin des dieux, vins des élites

Cette vigilance et la motivation des viticulteurs étaient soutenues par la perspective de profits : on exportait dans le bassin égéen et jusqu'en Égypte et au fond de la mer Noire. Et si les vins à l'étal se détaillaient assez bon marché, l'amphore de Thasos en Égypte, à la douane de Péluse, en 259 avant J.-C, .était estimée à 20 drachmes, celle de Chio à 18 : le cinquième du prix d'un bon esclave. Cette production de luxe avait des débouchés dans l'environnement proche (on goûtait du Thasos spécial à Thasos, au « prytanée », qui était un peu l'Hôtel de ville) et à l'extérieur, dans tous les milieux aristocratiques. Cette boisson de prestige s'imposait sous les auspices de Dionysos, aux fêtes et dans les banquets ritualisés, en coupes remplies à partir des cratères, vases où se dosait le juste mélange avec l'eau. Quant aux princes barbares du Nord, Odryses ou Scythes, ils la préféraient pure. Cher, le vin symbolisait richesse et statut social : il en fut ainsi en particulier dans l'Athènes cultivée du Vᵉ siècle et dans les centres raffinés, les lieux de plaisir huppés des âges suivants. Lorsque, après Alexandre, s'effacèrent les cités-États, les cours hellénistiques prirent le relais : il y eut les vins des rois.

Le banquet, plaisir aristocratique. Le vin était mélangé à de l'eau dans un cratère posé au milieu des convives. Son origine n'en avait pas moins d'importance.

Rivalités des crus

Des crus concurrents s'affirmèrent. En Thessalie, les raisins du Pélion (dont les ceps sont réputés ancêtres des aminées d'Italie) donnaient le vin de Magnésie. Au nord, en Chalcidique, on produisait l'excellent Mendé blanc, pour lequel le sculpteur Lysippe modela un type d'amphore. Dans les îles égéennes, les vins d'Icaros, de Péparéthos maintenaient une tradition ; le Lesbos surtout, préconisé par le médecin Erasistratos selon Pline, rivalisait au IVᵉ siècle avec les plus grands. En mer Noire, les vins d'Héraclée et de Sinope ; dans le Dodécanèse, le vin de Cos d'abord, puis ceux de Rhodes, de Cnide ; en mer Ionienne les vins de Leucade et de Corcyre (Corfou) ; en Égypte les vins du delta étaient prisés, au second rang toutefois. Le système de timbres d'authenticité fut adopté, avec des variantes, par d'autres cités-États : Sinope dans le Pont-Euxin (mer Noire), Akanthos, Cos, Rhodes (timbres à la rose), Cnide.

Le vin, objet d'analyse

On tâte désormais, on discute des vins, on compare les mérites, on hiérarchise. On reconnaît au nez la pomme ou la violette, la rose ou la jacinthe ; on apprécie l'attaque, la longueur en bouche. Hippocrate, vers 400 avant notre ère, a distingué les robes, défini vins secs, doux, moelleux, forts, et leurs usages dans le régime – diurétique, digestif, cordial. Amateurs ou marchands arrangent des assemblages : dans son traité *Des Odeurs*, Théophraste fait grand cas

du mélange du vin d'Héraclée du Pont, dur et odorant, et du vin d'Erythrée, moelleux mais sans parfum. Au milieu du IVe siècle apparaissent des arbitres du goût, comme le poète original Archestrate, un fanatique du Lesbos vieux, élevé sous fleur comme notre château-chalon ou le xérès : « Il faut boire ce vin dans sa vieillesse, quand il a la tête bien chenue, l'humide chevelure couverte d'une blanche fleur, ce vin né de Lesbos ceinte des flots. » Il vaut mieux que le vin biblin de Phénicie, plus flatteur à l'attaque ; mieux que le Thasos vieux, pourtant noble ; et que tous les vins qu'on pourrait nommer. C'est de l'ambroisie, il est incomparable.

Ce navire retrouvé au large de la presqu'île de Giens transportait 6 000 amphores en provenance du Latium (Ier s. avant J.-C.).

LE MONDE ROMAIN
Aux origines des classements

Arrêtons-nous sur Archestrate. Ce Sicilien de Géla, contemporain d'Alexandre, versifia, parodiant le style épique, *L'Expérience des bonnes choses*. Un ouvrage qui mêle recettes et indications sur les régions où l'on trouve le meilleur de chaque comestible. Il n'en reste que 300 vers, qui précisent essentiellement où se pêchent les meilleurs poissons de chaque espèce. Sous ses allures de parodie, il s'agit d'un vrai guide de tourisme gastronomique, et aussi du premier exemple que nous connaissions des jeux de classement hiérarchique des produits de bouche qui firent plus tard fureur dans les dîners en ville des Romains. Pline l'Ancien appellera cela la *censura culinarum*, « la censure des mets », « tant il est vrai, poursuit-il, que les mêmes espèces d'animaux marins sont meilleures selon les endroits où on les trouve, par exemple les loups dans le Tibre entre les deux ponts, le turbot à Ravenne, la murène en Sicile,

Un cep géant vendangé avec un empressement gourmand, figurant sur un vase retrouvé à Rhodes (VIe s. avant J.-C). Cette représentation naïve montre l'enthousiasme suscité par le fruit de la vigne. Le cépage importait moins que le cru.

Les sources antiques de l'appellation d'origine

l'esturgeon à Rhodes, et les autres à l'avenant ». Le gastronome fait la censure des origines, de même que le magistrat appelé censeur vérifie que les citoyens des ordres supérieurs sont bien dignes d'y rester. Les indications d'origine ont eu plus de poids quand elles concernaient des produits plus faciles à transporter que le poisson frais : le blé, les fromages, les jambons, le miel, l'huile, le vin tout particulièrement, et même les huîtres.

Huîtres d'origine

Avec les grands crus longuement vieillis, ces dernières vont devenir des symboles de raffinement pour les poètes et de luxe condamnables pour les moralistes. Leur rôle devient visible au terme du IIe siècle avant notre ère, période qui a vu Rome s'enrichir considérablement grâce à la conquête en Orient de territoires prospères, sources de butin et d'impôts écrasants. Les différences sociales se sont creusées ; les élites se sont donné un art de vivre original et une culture inspirée de la Grèce. On devine comment vins et huîtres ont reçu alors ce qui correspond à nos appellations d'origine dans un cercle mondain formé autour de l'un des plus grands personnages de l'époque. Deux amis en faisaient partie. L'un, Asclépiade de Bithynie, était un médecin célèbre, brillant conférencier et auteur d'un livre resté longtemps célèbre, *La Prescription du vin*. Installé à Rome à une époque où les crus grecs étaient encore les seuls connus par leurs noms, il se devait de faire entrer

Ausone et les huîtres

Les vers que le rhéteur du IVe siècle de notre ère a consacrés aux vignobles de la Moselle ou de Bordeaux sont archiconnus. On sait moins que la joute entre les huîtres de différentes origines se clôt pour nous avec un poème que le Bordelais, tel un Archestrate latin, leur a consacré. Naturellement le premier rang revient aux huîtres de Bordeaux : « très tendres, avec leur chair grasse et blanche, la douceur de leur suc, elles mêlent à leur saveur marine une légère touche salée ». Puis viennent deux autre sites de Gaule, Narbonne et Marseille, Abydos dans le Pont-Euxin (déjà cité par Archestrate), et « celles qui flottent accrochées aux pieux de Baïes » : c'est là que Sergius Orata avait, cinq siècles plus tôt, installé ses parcs à huîtres.

dans ses traitements des vins italiens, et donc de les nommer. C'est lui – ou ses premiers disciples – qui établit le plus ancien classement des vins de l'Italie romaine, et on lui doit vraisemblablement la première appellation d'origine d'un vin occidental, le falerne.

Gastronomes et dégustateurs

Aux côtés d'Asclépiade, Sergius Orata était le plus accompli des épicuriens et un charmant convive. Son succès mondain avait fait de

lui un arbitre des élégances. Il passe pour avoir été l'inventeur des parcs à huîtres et, autre titre de gloire, « le premier à décerner la palme de la meilleure saveur aux huîtres du lac Lucrin » (lagune qui s'ouvre sur le golfe de Baïes dans la baie de Naples). Il est ainsi à l'origine de plusieurs siècles de rivalités entre les huîtres de différentes origines, au cours desquels celles du lac Lucrin auront affaire à forte partie. Pline l'Ancien, vers 70 de notre ère, s'abrite derrière l'autorité de Mucianus, l'un des plus grands personnages de l'État, par ailleurs fin connaisseur en la matière, pour citer ses jugements : « Les huîtres de Cyzique (dans la mer de Marmara actuelle) sont plus grosses que celles du Lucrin, plus douces que celles de Bretagne, [...] plus tendres que celles d'Istrie, plus blanches que celles de Circée (près de Terracine en Italie), mais il est reconnu qu'il n'en est pas de plus douces ni de plus tendres que ces dernières. » Elles étaient déjà célèbres au temps d'Horace. Xénocrate, médecin contemporain de Mucianus, mettait plutôt en tête celles du lac Lucrin et du port d'Alexandrie : « Rondes et de couleur changeante, elles sont douces et ont un suc agréable. » Une vingtaine d'années après Mucianus, un autre ancien consul, Montanus, savait dire, « au premier coup de dent, si une huître était née à Circée, ou près des falaises du lac Lucrin, ou dans les élevages de Rutupiae » (l'actuel Richborough en Angleterre).

Scène de banquet. À l'époque où était réalisée cette fresque à Herculanum, Pline l'Ancien recensait les crus de son temps.

Le falerne et ses délimitations

Le falerne est traité par Pline de façon plus détaillée, avec l'indication précise, repérée sur le terrain, des limites de son terroir et de celles de son meilleur cru, le *Faustianum*. On a peine à les identifier maintenant et, de l'ensemble des textes, on déduit que le terme *falerne* avait deux acceptions : la plus fréquente est régionale, et peut même englober le vin voisin qu'on appelle *Massicum* ou *Falernum Massicum* ; Pline atteste un autre usage, où le falerne au sens étroit est un cru attenant au Faustianum. Le terroir dans son ensemble, sur les pentes inférieures du mont Massique et dans la plaine de Carinola, s'inscrit dans une zone qui ne devait pas dépasser 50 km².

Nouveaux crus viticoles

Quant aux vins, le classement de l'école d'Asclépiade va peu à peu s'étoffer. Après quelques décennies, le falerne est rejoint par d'autres vins liquoreux : le cécube, né dans le sud du Latium, et le vin des monts Albains. Horace, à la fin du Iᵉʳ siècle avant notre ère, cite ces grands crus et quelques-uns de leurs satellites. Il mentionne aussi l'origine de bons vins moyens, qu'il boit chez lui (alors que les plus grands sont réservés à ses riches protecteurs), ceux de Sabine et de Tibur.

Un siècle plus tard, vers 70, c'est une liste exhaustive des appellations d'origine connues de son temps que Pline l'Ancien cherche à donner dans son *Histoire naturelle*. Il énumère 44 vins d'Italie et des provinces occidentales, puis, de façon plus succincte, 21 de Méditerranée orientale. Les premiers sont répartis en 29 grands crus non classés (deux sont gaulois : Marseille et Béziers), et 15 classés. Hors classe, on trouve les préférés d'Auguste et de Livie (le vin de Sezze ; l'autre est tout à fait confidentiel) ; puis le cécube, produit dans le sud du Latium, premier grand cru classé, suivi par le falerne. La troisième classe comprend neuf vins, dont celui des monts Albains, et la quatrième est réservée à deux crus siciliens. Dans trois cas, Pline indique, à l'intérieur de l'appellation régionale, une ou deux appellations particulières pour le meilleur cru de la région.

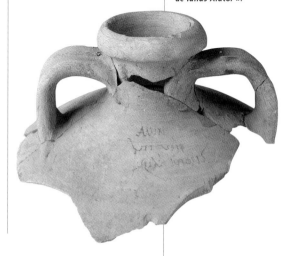

La marque de l'excellence, réservée aux seuls grands vins. Le nom de ces crus était inscrit à l'encre sur le col de l'amphore. Sur celle-ci on peut lire : Amin(aeum) vet(us) Usibus Iuli Aiutoris : « vin vieux, de l'Aminée, pour l'usage de Iulius Aiutor ».

Les sources antiques de l'appellation d'origine

L'héritage de Pline

Pline a visiblement travaillé sur des documents antérieurs, surtout médicaux, qu'il passe au crible de connaissances plus récentes. Son classement est le plus riche et le plus systématique qui ait existé jusqu'à la *Topographie de tous les vignobles connus* publiée par André Jullien en 1816, et le principe des grands crus classés et non classés qui le structure a influencé jusqu'au classement des vins du Médoc en 1855.

Circulaient donc au Iᵉʳ siècle de notre ère des listes d'appellations d'origine qui n'étaient pas identiques, puisqu'elles n'avaient rien d'officiel, qui évoluaient avec l'émergence de nouveaux crus appréciés, mais qui citaient toutes les vins les plus célèbres. Certains textes ont dû atteindre une grande précision, si l'on en juge par l'aventure de Galien, le célèbre médecin originaire de Pergame qui s'est installé à Rome en 162. Il n'avait, dit-il, jamais bu jusqu'alors de falerne doux. Pourtant, « quand il m'est arrivé d'en boire pour la première fois, je l'ai reconnu parce que j'avais lu auparavant la description de ses caractères ».

Hiérarchie des crus et des prix

L'échelle des prix répondait aux hiérarchies en vogue. La dernière liste d'appellations que nous connaissions est incluse dans l'édit de blocage des prix que l'empereur Dioclétien tenta de faire appliquer en 301 et que plusieurs grandes inscriptions nous ont conservé :

sept crus pouvaient être vendus plus cher que les autres, ceux du Picénum, de Tibur, de Sabine, de Sezze, de Sorrente, le vin des vignes aminées et enfin le falerne. Les vins moyens d'Horace sont devenus des grands crus. Le cécube a disparu, détruit par les travaux du canal que Néron avait commencé à faire creuser entre Pouzzoles et Rome. À partir du IIᵉ siècle, le terme *cécube* s'emploie, si l'on en croit Galien, pour tous les vins blancs qui, ayant subi un long vieillissement, ont pris une couleur ambrée et un goût amer ; on s'en sert pour couper des vins jeunes et les faire passer pour vieux.

Marquages

Ces vins d'appellation ne représentaient qu'une très faible partie de tous ceux qui étaient bus par les habitants de l'Empire romain et l'énorme population de sa capitale ; elle absorbait peut-être deux millions d'hectolitres par an. Pour ceux qui étaient importés en amphores, l'acheteur avait pourtant le moyen de savoir d'où venait le

Au mas des Tourelles, à Beaucaire, des « archéologues du goût » ont reconstitué une cave gallo-romaine en état de fonctionnement. Les vins fermentent dans des dolia en terre cuite.

vin. De façon moins définie que les grecques, et sans les marques des magistrats des cités, les amphores romaines ont elles aussi une forme différente selon leur région de production. Au milieu du Iᵉʳ siècle de notre ère, il était impossible de confondre une amphore italienne et une amphore gauloise. Les amphores à huile des grandes régions productrices, bien identifiées dans les textes – l'Andalousie actuelle, l'Istrie et l'Afrique – se ressemblaient si peu qu'il était inutile de préciser l'origine de l'huile. Quand il s'agissait de grands vins en revanche, on en peignait le nom à l'encre sur le col de l'amphore, avec quelquefois le millésime.

Cépage ou terroir, aux origines d'un débat

Un nom de plant de vigne n'apparaît que dans un seul cas : celui des

Aminées, cépage traditionnel de l'Italie péninsulaire, célèbre pour l'aptitude à la garde de ses vins. Nous l'avons rencontré dans l'édit de Dioclétien. C'est le seul qui, pour Columelle, peut donner du bon vin hors de son terroir de prédilection, et, de fait, on a trouvé une inscription sur amphore qui précise « vin Aminéen de Béziers ». Autrement, Columelle, comme le faisait Empédocle, considère qu'un plant produit des vins de qualité diverse selon le sol sur lequel il se trouve. Dans le débat toujours actuel cépage-terroir, Pline est plus catégorique : « C'est la région et le terrain qui importent, non le raisin, et il est superflu de vouloir énumérer les espèces, puisqu'un même cépage a, selon les lieux, des vertus différentes. »

Contrôles balbutiants

L'État romain ne se sentait pas tenu de contrôler la véracité des inscriptions portées sur les amphores. Il n'était concerné par l'authenticité qu'en tant qu'utilisateur, quand il recevait du blé pour les distributions publiques (sa densité devait être celle de l'espèce et de l'origine annoncées), ou, à partir du IIIᵉ siècle de notre ère, du vin pour des ventes à prix réduit (des *ampullae*, flacons-échantillons, accompagnaient les tonneaux livrés à cet effet au IVᵉ siècle). Des appellations abusives ou des fraudes pouvaient être le fait de producteurs et de marchands. Elles ne relevaient pas du pénal. Galien en donne trois exemples, qui illustrent des pratiques encore actuelles :

« Il s'est passé pour le persil la même chose que pour le miel et le vin de Falerne. Les marchands exportent presque dans le monde entier aussi bien le miel attique et le vin de Falerne que le persil de Macédoine, alors que sa production ne suffit pas à tous les pays : l'essentiel est produit en Épire et l'essentiel du miel dans les Cyclades. On transporte le miel des îles à Athènes et le persil d'Épire en Macédoine. Rassemblé ensuite presque entièrement à Thessalonique, il est exporté de là comme persil macédonien. Quelque chose de semblable s'est passé pour le vin de Falerne. Il se fait en faible quantité dans une petite région précise de l'Italie, et il est exporté dans tout l'Empire romain comme venant bien de là, alors que des manipulateurs habiles adultèrent d'autres vins pour qu'ils lui ressemblent. »

Falerne de toute provenance

La dégustation, qui accompagnait normalement toute vente de vin, était la meilleure protection du consommateur. Il fallait s'y entendre ou, quand on le pouvait, faire acheter son vin par un professionnel. Auguste avait auprès de lui un affranchi expert en la matière. Ne croyons pas pourtant que les falsifications ont dominé la consommation

antique. Les amphores qui transportaient les liquides n'étaient pas faciles à imiter jusque dans le détail d'une région à l'autre, et nous n'en avons pas d'exemple sûr. Les produits de luxe pour leur part circulaient au sein d'une société relativement étroite. Aucune transaction n'était impersonnelle, et cela constituait une forme de contrôle. Qui demandait dans une taverne une coupe de falerne (nous avons son tarif à Pompéi) avait sans doute peu de chances qu'on lui serve de l'authentique. Mais les milliers d'amphores qui vieillissaient dans les apothèques de l'empereur et des aristocrates contenaient au moins du vin produit dans la région du mont Massique. Quand, à partir du VIᵉ siècle, on appela falerne des vins d'un peu partout, ce n'est pas qu'on y faisait du faux falerne, c'est que le mot avait pris un autre sens ; il ne désignait plus qu'un vin un peu moins médiocre que les autres. Les temps avaient changé.

Bas-relief gallo-romain du IVᵉ s.

Quinze siècles d'affirmation des origines

Dès le haut Moyen Age, des vignobles de qualité renaissent et s'affirment grâce au prestige et à la puissance des évêques, des abbés et des seigneurs laïcs. Leur notoriété est d'abord affaire de lois particulières nées de la décomposition de l'État, et qui perdurent jusqu'à la fin de l'Ancien Régime. La Révolution unifie et libéralise l'espace économique national, appuyée par la révolution des techniques. Avec des effets paradoxaux : l'essor d'une viticulture populaire ; l'éclat des châteaux du vin. Mais une prospérité davantage fondée sur le marché que sur la protection de l'origine.

Dans une France émiettée qui ne construit que très lentement son unité, l'origine des produits livrés au commerce reste longtemps indéfinissable et incontrôlable. Pourtant le système féodal accumule les privilèges et les chasses gardées, le mercantilisme bourgeois définit des normes de production et d'échanges et le pouvoir royal, pour d'évidentes raisons fiscales, multiplie les réglementations et les taxes. Un exemple emblématique ? Le vin, produit essentiel à la consommation urbaine, cher et surtout fortement symbolique.

La taille, miniature du XIIIᵉ s. L'Église, ses évêques et ses moines ont puissamment contribué à la survie puis à l'expansion de la vigne après la chute de Rome.

AU TEMPS DU VIN RARE : LA FORCE DES SYMBOLES (VIᵉ-XVIᵉ siècles)

Après la disparition des vignes gallo-romaines lors des invasions barbares (Vᵉ et VIᵉ siècles), la reconstruction des vignobles est d'abord l'œuvre des évêques : Martin de Tours, Remi de Reims, Germain de Paris, Nizier de Lyon, Didier de Cahors et bien d'autres. Il leur faut produire, posséder et distribuer aux prêtres de leur diocèse le vin indispensable à la communion des fidèles, que tous, jusqu'au XIVᵉ siècle, prennent sous les deux espèces.

Vin du culte, vin de la politique

Dans l'empire carolingien, les abbés bénédictins se font aussi viticulteurs et le relais sera pris par les cisterciens de saint Robert et de saint Bernard au XIIᵉ siècle. Aujourd'hui, on recense en Europe plus de deux cents appellations de vins d'origine monastique, dont une bonne centaine en France. « Sang du Christ », le vin béni s'inscrit dans le registre métaphorique du vocabulaire sacré. Dès le VIIIᵉ siècle, l'usage religieux se double d'un usage honorifique, au cœur des relations féodales hiérarchisées et ritualisées entre suze-

Repas dans un château (miniature du XIIIe s.).

rains et vassaux. C'est le vin partagé des hommages, des serments, des traités et des grands banquets princiers où l'on se porte des « santés ». C'est le « vin de courtoisie » et c'est le « vin de veille » servis, dans leur chambre, aux hôtes de marque. Charlemagne, dans son *Capitulaire des domaines* (*De Villis*), ordonne à ses intendants de planter des vignes ou, à défaut, d'acheter les meilleurs vins du lieu. Les premiers rois capétiens en font cultiver dans l'enceinte même du Louvre et tout autour de Paris. À partir du Xe siècle et jusqu'à la Révolution, les seigneurs bénéficient de privilèges comme le droit de banvin, qui leur permet de se réserver le monopole des premières ventes. Établi au XIIIe siècle, le ban des vendanges leur donne le droit de fixer le début des vendanges, de faire surveiller les vignes et de contrôler la provenance des raisins.

Cépages nobles

Ce sont des vignes « de haute lignée », avec les cépages « nobles » de fromenteau ou de pinot morillon (noir). Au XIVe siècle, les papes d'Avignon garnissent leur cave de vin de Beaune, « le meilleur vin de la chrétienté » et plantent leurs propres vignes autour de leur Château Neuf. Les fastueux ducs de Bourgogne veillent attentivement au bon encépagement de leur duché. En 1395, Philippe le Hardi en bannit par ordonnance « le très mauvais et très déloyal plant de gamay ». Les clos de vignes ducales sont entourés de murs pour bien affirmer leur identité.

Le privilège de Bordeaux

Il se constitue au XIIIe siècle au profit des « bourgeois » (habitants) de Bordeaux puis des producteurs et marchands de la sénéchaussée de Guyenne, fidèles sujets des rois d'Angleterre. Leurs vins sont exempts de taxes, alors que ceux du « Haut-Pays » (vallée du Lot, du Tarn et de la Garonne, en amont de Saint-Macaire) restent bloqués en amont de Bordeaux jusqu'à la Saint-Martin (11 novembre), voire jusqu'à Noël, tant que les tonneaux marqués au feu de leur origine bordelaise n'ont pas été exportés vers l'Angleterre, aux meilleurs cours, par la « flotte d'automne ». Supprimé en 1454 par Charles VII après sa reconquête de l'Aquitaine, le privilège est rétabli aussitôt devant la menace d'une sécession. Même tempéré au XVIIe siècle par quelques accommodements permettant de nécessaires coupages, le privilège ne sera supprimé par Turgot qu'en 1776.

Philippe le Hardi, le duc qui bannit le gamay de ses terres de Bourgogne au XIVe s.

Quinze siècles d'affirmation des origines

Le foulage du raisin, (miniature du XIIIᵉ s.).

Taxes et privilèges

La double valeur symbolique, religieuse et politique, de ce vin rare en fait un vin cher, donc un produit susceptible d'un gros rapport fiscal. Il est plusieurs fois taxé : par le roi, avec les aides, instituées au XIVᵉ siècle ; par les nobles détenteurs de péages et par les villes autorisées à lever les octrois. Le poids des aides augmente pour atteindre, en moyenne, le tiers de la valeur du produit à la fin du XVIIIᵉ siècle. L'origine des vins s'inscrit sur les tonneaux. Henri Plantagenêt, comte d'Anjou avant de devenir roi d'Angleterre (1154), marque les siens du lion de ses armoiries dès 1150. Le roi d'Aragon, Pierre IV, crée en 1374 l'ordre des Gardes du Privilège du vin muscat du Roussillon. Un peu partout, au XVᵉ siècle, les bourgeois conquérants, enrichis par l'artisanat, le négoce et la banque, se font viticulteurs et obtiennent à leur tour des privilèges commerciaux comme celui de débiter leur propre vin à domicile, à « huis coupé et pot renversé », sans acquitter l'impôt royal ou les droits d'octroi.

La Bataille des vins (XIIIᵉ siècle) : le vin politique

Écrite en 1226 par un trouvère normand, Henri d'Andéli, au service du roi Louis VIII, cette fiction poétique retrace un concours arbitré par le « bon roi Philippe [-Auguste], qui volontiers mouillait sa pipe / de bon vin qui était du blanc. » C'est le vin de Chypre qui est couronné « pape des vins ». En bonne place figurent les vins « de France » (Île-de-France), issus de vignobles ecclésiastiques ou royaux : Meulan, Argenteuil, Ivry, Issy sont au même rang que les crus champenois (Ay, Hautvillers) ou bourguignons (Beaune). Les vignobles des provinces récemment conquises sont couverts d'éloges : vins de l'Anjou, du Poitou, mais aussi de la Normandie (Argences, Vernon, Les Andelys). En revanche, on passe sous silence les vins de l'Aquitaine anglaise, du Midi toulousain et languedocien en pleine révolte cathare, de la rive gauche du Rhône, terre d'Empire. Le classement est alors politique : c'est celui qui convient aux puissants de l'époque.

Contrôles embryonnaires

Devant cette multiplication des formes et des lieux de « débite » du vin, le pouvoir royal s'efforce assez timidement de mettre de l'ordre. Une ordonnance du roi Jean le Bon de janvier 1350 interdit de « donner nom de vin d'aucun pays que celui dont il sera le crû ». Cette volonté de préciser et de protéger l'origine ne s'accompagne d'aucune mesure coercitive. Plus efficaces localement, dans les réseaux d'interconnaissance et de relations commerciales, sont les mesures corporatives des jurades et des maîtrises. Sur le pont de Grève à Paris, officient les courtiers-jaugeurs.

Le transport du vin sur la Seine à Paris (miniature du début du XIVᵉ s.).

AU TEMPS DU VIN CHER : LA GLOIRE DES ORIGINES
(XVIe-XVIIIe siècles)

En deux siècles s'opèrent deux transformations majeures dans la consommation des vins en France. D'une part, l'essor de la viticulture (1,6 million d'hectares à la veille de la Révolution) et celui des rendements (de 10 à 20 hl/ha) décuplent la production qui atteint 25 millions d'hectolitres, répondant à la soif croissante des 28 millions de Français ; malgré le surenchérissement du produit lié aux fiscalités royales, seigneuriales et urbaines (près de 200 % en 1789 !), la forte demande pousse à la recherche de la quantité, au laisser-faire du négoce tenté de frauder.

Essor d'une viticulture populaire...

On recherche des vins de proximité, on multiplie mouillages et coupages et, pour éviter le surcoût de l'octroi, on incite les buveurs à sortir de la ville pour aller boire dans les guinguettes le « vin à tiers-état à quatre sols la pinte », comme celle de l'illustre Jean Ramponeau à la *Courtille* de Belleville. Les nouveaux viticulteurs paysans privilégient eux aussi la quantité. Toute friche fait vigne, malgré les interdits parlementaires (Metz dès 1722, Bordeaux et Dijon en 1725) et l'édit royal en 1731, dont l'application est suspendue en 1759 car « les propriétaires des fonds ne doivent point être gênés sur la destination et l'emploi de leur terrain ». Le « laisser-faire, laisser-passer » des encyclopédistes et des physiocrates couvre, en matière vitivinicole, les pires pratiques et les « condamnables secrets » souvent introduits par les acheteurs étrangers comme les Hollandais qui recherchent pour les brûler en eaux-de-vie des vins bon marché à l'origine indéfinie.

... et d'une viticulture de prestige

Il y a heureusement une autre face, plus glorieuse, de la viticulture française, celle de la « noblesse des origines ». En Bordelais, en Champagne, en Bourgogne, dans plusieurs paroisses du Val de Loire, de la vallée du Rhône, de la Provence et du Languedoc, des vins de « qualité », bien authentifiés en référence à leurs producteurs, sont produits par des « gens de qualité » pour être servis à d'autres « gens de qualité », les aristocrates et les plus fortunés des bourgeois qui les copient dans leurs modes de vie. S'y ajoute l'exigeante clientèle des richissimes lords anglais et celle des cours européennes de Potsdam, Schönbrunn ou Saint-Pétersbourg.

Au XVIIIe s., le peuple de Paris affluait au cabaret Ramponeau, situé en dehors des barrières d'octroi.

À partir du XVIIIe s., l'aristocratie parlementaire de Bordeaux et la bourgeoisie fortunée commencent à implanter des châteaux viticoles dans le Médoc. Nombre d'entre eux conservent le même prestige de nos jours.

Lirac. Comme en Bordelais, un vignoble qualité émerge sur la rive droite du Rhône au XVIIIᵉ s.

Hiérarchie des crus en Bordelais...

« Crû de Monsieur de Pontac » (Haut-Brion) ou « crû de Monsieur de Sillery » (Reims) affichent alors le nécessaire accent circonflexe du participe passé du verbe croître, désignant la production exclusive d'un domaine bien localisé. En Angleterre, le millésime (*vintage*) accompagne la provenance (*growth*). En Bordelais, la construction volontariste et très dispendieuse d'un bon terroir à vignes se fait par un véritable « travail à l'anglaise » de drainages et d'amendements divers, admiré par le philosophe John Locke. Au XVIIIᵉ siècle, assez loin derrière les crus aristocratiques des grandes familles de parlementaires de Guyenne, se développent les crus « bourgeois » des riches citadins de Bordeaux et même des « crus artisans » ou « paysans » des paroisses du Médoc ou des Graves. La hiérar-

chie est d'autant plus ostensible qu'elle se fonde sur la valeur marchande du vin, étalonnée vers 1750 de 120 livres le tonneau de 900 l pour un vin rouge de palus à plus de 2 000 livres pour un Haut-Brion, un La Fite, un La Tour [de

Jusqu'à la Révolution, les unités de mesures variaient selon les provinces et même selon les villes.

Ségur] ou un Margo (orthographe de l'époque). C'est sans dégustation et sur la seule valeur marchande du vin que s'établissent les premiers classements. Celui de Thomas Jefferson (1787), établi alors qu'il était ambassadeur des États-Unis, annonce le classement « officiel » de 1855, effectué par des courtiers sous le contrôle de la Chambre de commerce de Bordeaux, lui aussi fondé sur les cours des vins. Un classement toujours en vigueur.

Les courtiers-jaugeurs

C'est le roi Charles IV le Bel qui crée, en 1321, une compagnie de 80 courtiers chargés de vérifier en divers lieux la contenance des tonneaux et l'aptitude « marchande » du vin. Ces officiers royaux portent l'épée. En 1691, une ordonnance de Louis XIV en fait des « gourmets-jaugeurs ». Cette corporation est supprimée en 1791 par la loi Le Chapelier, mais Napoléon Iᵉʳ recrée, en 1813, la « Compagnie des gourmets-piqueurs de vin pour le service du public ». Ils se prononcent désormais sur la provenance et sur la qualité d'un vin qu'ils déclarent, après dégustation, « loyal et marchand ».

Deux poids deux mesures (et bien d'autres…)

Chaque province, et parfois même chaque ville, a ses mesures, rigoureusement étalonnées et marquées sur les récipients de bois ou d'étain. À partir du XVIIe siècle, la capacité des fûts se schématise progressivement sur un modèle arithmétique : le tonneau bordelais de 900 l, le demi-muid languedocien (450 l environ), la pièce bourguignonne ou tourangelle (225 l), la feuillette bordelaise (112 l) ou la cenpote lyonnaise (108 l). La vente au détail se réfère alors majoritairement à la pinte de Paris (93 cl) mais l'éventail est largement ouvert de la pinte de Lille (52 cl) à celle de Nîmes (190 cl). Chacun, pourtant, savait se retrouver dans cet apparent désordre, dont se moque Voltaire : « Comment voulez-vous que la loi soit pour tous la même quand la pinte ne l'est pas ? ».

… et en Bourgogne

En Bourgogne où la propriété noble est moins étendue et où les petits propriétaires roturiers sont très nombreux, ce sont les négociants de Beaune, les Bouchard, Chanson, Lamarose, Latour ou Patriarche qui font les hiérarchies. Elles sont reproduites sous forme de classement par l'abbé Arnoux dès 1728, à l'usage de la clientèle britannique et reprises par François

Les bouteilles : une révolution

L'art de souffler le verre existe depuis l'Antiquité. Après la disparition des amphores, la bouteille (du bas-latin *buttem* et du vieux français *bot*) est très fragile, malaisée à boucher (à l'aide d'un clavelot de bois ou de cuir serti d'étoupe) ; elle n'assure que le service du vin de la cave à la table. C'est en Angleterre (Robert Mansell dès 1620, Kenelm Digby après 1640) qu'une fabrication industrielle à la houille permet une utilisation généralisée, apte à la conservation de vins bouchés au liège. Elle ne se diffuse en France qu'à la fin du XVIIIe siècle. Au XIXe siècle, selon les régions, les bouteilles prennent des formes différentes qui contribuent à indiquer l'origine des vins.

Un grand cru bourguignon : le corton-charlemagne.

Boileau dénonce une appellation non contrôlée

Dans la troisième satire dite du *Repas ridicule* (1665), Nicolas Boileau, grand amateur et fin connaisseur de vin, raconte une mésaventure survenue dans la réputée taverne parisienne de la Pomme de Pin :
« Un laquais effronté m'apporte un rouge bord
D'un Auvernat fumeux qui, mêlé de Lignage,
Se vendait chez Crenet pour vin de l'Ermitage,
Et qui, rouge et vermeil, mais fade et doucereux,
N'avait rien qu'un goût plat et qu'un déboire affreux. »
La contrefaçon est double. L'auvernat est le réputé pinot noir de Saint-Pourçain et de l'Orléanais. Le lignage est un très médiocre vin de Loire, bon marché, tiré de cépages vils, gouais et gros noir.

Béguillet dans un ouvrage de 1770. Ces vins sont à la fois des vins de marque commerciale et des vins de cru, de plus en plus strictement localisés dans leurs *climats* d'origine.

Îlots d'excellence

Même dans des vignobles où la recherche de la quantité prime, des îlots d'excellence se maintiennent ou s'affirment. Ce sont, en Val de Loire, les coteaux schisteux du Layon ou de Savennières, pour des vins blancs liquoreux très prisés par la clientèle étrangère tout comme les vins de Vouvray. En Languedoc émergent les fiefs du muscat, Frontignan, Mireval et Lunel, même si le produit, jusque vers 1700, est encore appelé « muscat de Lyon », car c'est cette place commerciale qui le diffuse dans toute l'Europe ; les vins de Saint-Georges-d'Orques, déjà recherchés par les papes au XIVe siècle, conservent leur réputation. Au XVIIIe siècle, sur la rive droite du fleuve, s'individualisent les vins de la Côte du Rhône sur six paroisses de la viguerie d'Uzès, dont Tavel, Lirac et Laudun ; la marque au feu « C de R » est apposée sur les tonneaux. En revanche, un marquage « VHB » (« Vins du Haut-Beaujolais ») ne suffit pas, entre 1764 et 1770, à assurer aux vins de l'avocat lyonnais François Brac et à ses associés de la colline de Brouilly l'accès au marché parisien.

AU TEMPS DU VIN POUR TOUS : L'UNIFORMISATION MENAÇANTE (fin du XVIIIe – début du XXe siècle)

En 1789, la liberté proclamée dès l'article premier de la Déclaration des Droits de l'Homme s'étend à toute l'activité économique de production, de commerce et de consommation. La loi Le Chapelier du 14 juin 1791 supprime les corporations et les associations en tous genres. Péages, aides et octrois disparaissent. Les poids et les mesures sont unifiés. Les différents codes rédigés sous le Consulat et l'Empire inscrivent dans la loi le libéralisme triomphant, définissent et protègent les propriétés industrielles et commerciales. Le libre-échange dans les relations internationales se met en place au début des années 1860.

À partir de 1898, des wagons-foudres transportent en une nuit les vins languedociens de Béziers à Bercy.

Une viticulture de masse

Dans un premier temps, la viticulture ne pouvait que tirer bénéfice de cette liberté d'entreprendre. La superficie du vignoble atteint 2,5 millions d'hectares au début des années 1870. Le vin-aliment célébré par Pasteur se distribue partout, à bon marché, grâce à la mise en place du réseau ferroviaire au cours de la seconde moitié du XIXᵉ siècle. Le grand négoce construit ses marges bénéficiaires sur les bas prix d'achat. L'origine

Une des citations les plus populaires de Pasteur, découvreur du mécanisme des fermentations.

importe d'autant moins qu'aucune loi n'en impose désormais la mention pour des vins de coupage servis « à l'heure » sur les comptoirs où achetés au litre chez les marchands de vin ou dans les épiceries « porte pot ». L'argot parisien ironise sur les « coteaux de Bercy » et les « vignes de la Biturie ». À Lyon, les experts œnologues Guignol et Gnafron dénoncent la platitude des « bords de l'eau » ou l'aigreur des « juliénas de Montpellier » et déplorent que trop de vins soient « farsifiés » ou « drogassés ».

Le vin en péril ?

Entre 1875 et 1900, ce vin populaire est soudainement raréfié par la crise du phylloxéra. Le puceron venu d'Amérique amplifie les ravages antérieurs de l'oïdium, du mildiou et du black-rot qui frappent les productions agricoles de l'Ancien monde au milieu du siècle. Le plus légalement du monde, on fait alors du vin avec des raisins secs importés de Grèce et de Turquie et même des vins sans raisins, avec de l'eau, du sucre détaxé, de l'acide et des colorants chimiques. À partir de 1895, la remise progressive en production du vignoble reconstitué

Les premières étiquettes

Selon le dictionnaire de Richelet (1680), l'étiquette est « un petit billet que l'on met sur quelque chose pour annoncer ce qu'il est ». Le mot vient de l'expression latine des juristes : *Est hic quaestio…* À la fin du XVIIIᵉ siècle, les premières sont fixées par un lien et de la cire au goulot des bouteilles et donnent une brève information sur la nature et la provenance du vin : « claret de Bordeaux », « Iquem » [sic]. La lithographie (Senefelfer à Munich, en 1798) et l'impression en série (Gaulon puis Wetterwald à Bordeaux, après 1820) multiplient son usage chez les négociants et les particuliers. Après 1850, en Champagne, puis en Bordelais et en Bourgogne, armoiries, couronnes, sceaux, lions et enluminures dorées prétendent affirmer l'origine aristocratique de ces vins.

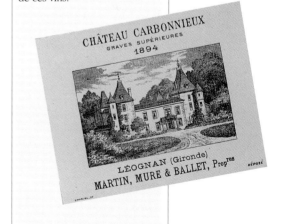

et les rendements souvent doublés par la vigueur des porte-greffes américains et l'usage croissant des engrais industriels font succéder la pléthore à la pénurie. Les prix s'effondrent au point de déclencher la colère des vignerons du Midi et leur révolte, tragiquement ensanglantée en 1907 par les fusillades de Narbonne. C'est dans un contexte de désordre, d'incompréhension et de violence qu'il faut replacer les lois de 1905 et de 1911 sur les premières délimitations d'origine.

Le vin de prestige

Ces problèmes n'affectent guère les vignobles de qualité. L'émergence des crus amorcée au XVIIIe siècle s'est amplifiée au siècle suivant. En témoigne la prolifération des statistiques départementales initiées dès 1801 par le ministre de l'Intérieur Chaptal. Les produits, tant agricoles qu'industriels, y sont soigneusement énu-

mérés et localisés. C'est dans ce courant que prennent place en 1816 la *Topographie de tous les vignobles connus*, d'A. Jullien, qui connaîtra quatre rééditions ; et l'ouvrage de Charles Cocks, traduit de l'anglais et publié en 1850 par Michel Feret, *Bordeaux, ses environs et ses vins par ordre de mérite*, appelé à devenir, avec ses quinze éditions, le bottin et le gotha réunis du vignoble bordelais. Le « grand » classement de 1855 est un palmarès des réputations acquises depuis plus d'un siècle. Les expositions, les catalogues officiels, les étiquettes enfin, certifient les provenances. Avant la protection légale qui reste à venir, la garantie des appellations est dans le barème des prix, toujours élevés pour des vins encore réservés aux élites françaises et étrangères de la naissance et de la fortune. La renommée, comme au temps des abbayes et des rois capétiens, précède et préjuge toujours la qualité.

Jules Guyot dénonce les malfaçons du négoce (1868)

Chargé par l'empereur Napoléon III d'une mission extraordinaire d'inspection, le docteur Jules Guyot, en conclusion de son rapport, *Étude des vignobles de France* (1868, 3 vol.), condamne les pratiques malhonnêtes de certains négociants : « La multiplicité des intermédiaires sans frein a jeté dans les qualités, les provenances, les noms et les goûts des vins, un trouble et une anarchie déplorables et a, pour ainsi dire, dressé les propriétaires à faire plutôt des éléments de vin à combiner que des vins loyaux et purs, et surtout des vins de grande qualité et de première main [...]. La ressemblance suffira [...]. Le consommateur sera dégoûté, digérera mal, sa santé et son existence seront altérées. Qu'importe... N'est-il pas libre de ne pas acheter du vin plâtré, coloré, alcoolisé, parfumé ? »

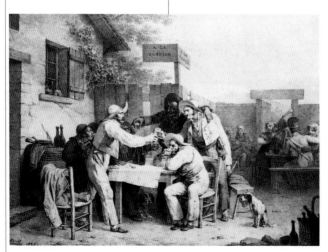

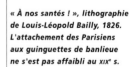

« À nos santés ! », lithographie de Louis-Léopold Bailly, 1826. L'attachement des Parisiens aux guinguettes de banlieue ne s'est pas affaibli au XIXe s.

Les fromages français : d'où vient leur diversité ?

Les fromages constituent un aliment de base fort prisé des peuples de l'Antiquité. Pourtant en France, contrairement au vin, les écrits officiels et savants ne les mentionnent guère avant le XIXᵉ siècle, car ils intéressaient peu l'aristocratie. Pour les seigneurs féodaux, un troupeau était avant tout un capital – un « cheptel » – et une force de traction. Ceux-ci abandonnaient aux paysans le soin des bêtes et l'éventuelle production laitière et fromagère. En la matière, les moines furent souvent les découvreurs ; ils avaient à cœur de

Pâtes molles à croûte fleurie, pâtes pressées non cuites ou cuites... Autant de régions, de milieux, de laits, de traditions, de savoir-faire et de fromages.

L'Auvergne
6240. Intérieur d'un buron, fabrication du Fromage de nos Jours

faire respecter les jours jeûnés où la viande était interdite par l'Église : de l'abondance au munster, nombre de fromages remontent au Moyen Âge et ont une origine monastique.

C'est donc dans les archives ecclésiastiques et les actes privés que l'on retrouve leur trace. Des rentes étaient ainsi évaluées en nombre de fromages désignés par le nom de leur région d'origine. Chaque localité en codifiait la forme et le poids, car ils servaient de monnaie d'échange entre la ville et les paysans.

À partir du XIIᵉ siècle, le regroupement des troupeaux dans de « grandes montagnes » permit de fabriquer des fromages de grande dimension avec le lait mis en commun. Dans les « petites montagnes », les troupeaux restaient individuels et les fromages étaient alors plus petits. Mais partout dans ces régions enclavées furent mises au point des techniques de longue conservation pour affronter les jours de disette. Dans les plaines herbagères humides, le climat, avec les moyens de l'époque, n'autorisait pas de longs affinages. Les fromages étaient de petit format, à croûte fleurie ou lavée, et se vendaient rapidement dans les villes.

Chaque fromage révèle un terroir, des types d'animaux et une flore microbienne. La qualité du lait et le savoir-faire conditionnent la technique d'élaboration du fromage, son poids et sa forme. L'affinage achève son évolution et son goût. Au congrès de Vienne, Talleyrand présenta les quarante-sept fromages les plus réputés d'Europe aux vainqueurs de Napoléon. Les gastronomes consacrèrent leur valeur au XIXᵉ siècle. Aujourd'hui le système des AOC a permis de préserver leur diversité face à la pression standardisatrice d'une certaine industrie. Les fromages AOC sont en majorité au lait cru, et les seuls ingrédients autorisés sont le sel, les ferments et la présure naturelle, selon des usages de la plus haute antiquité.

Vers une définition moderne des produits d'origine

Fruits d'une conquête patiente des terres du Vieux Continent, de découvertes de terroirs, de variétés ou de savoir-faire et de réussites commerciales, les productions d'origine ont souvent un passé pluriséculaire. En particulier le vin. À partir du Moyen Age, les grands vignobles français s'affirment progressivement à l'abri de protections et de privilèges. Leur production est étroitement contrôlée par tous les pouvoirs, encadrée par des structures corporatives et fortement taxée. La Révolution, qui donne le primat absolu à l'initiative individuelle, laisse sans protection les produits d'origine géographique. Avec les crises, l'organisation collective retrouve sa raison d'être. La défense de l'origine aussi.

L'HÉRITAGE LIBÉRAL DU SIÈCLE DES LUMIÈRES
Des usages séculaires

Auteur incontournable dans l'univers des vins, André Julien a décrit, dès 1816, tous les vignobles du monde. Les vins qui en sont issus, il les désigne par le nom du pays, du village, voire du lieu-dit d'où ils proviennent. Les délimitations qu'il indique pour la France atteignent un tel degré de précision qu'elles semblent dues aux études des experts contemporains de l'INAO. Les appellations d'origine, loin d'être une création des années 1930, sont le fruit d'usages qui, peu à peu, ont créé leur réputation. Les limites des terroirs, reconnues aujourd'hui par les décrets, ont été dessinées au cours des siècles grâce à l'observation pénétrante des vignerons.

Pourtant, au XIXᵉ siècle, ces productions originales qui composent le patrimoine national furent menacées de disparition. Au nom de l'idéal de liberté des hommes de 1789, la Révolution, suivie en cela par les régimes postérieurs, donna le primat absolu à l'individu, à la liberté du commerce et condamna l'intervention des pouvoirs publics dans le champ économique. De telles politiques ont permis l'essor industriel, scientifique et technique mais ont laissé sans protection les produits d'origine.

Le XIXᵉ siècle : protéger les manufactures

Au XIXᵉ siècle, la seule protection accordée par le législateur est réservée aux manufactures. C'est ainsi qu'une loi d'Empire, celle du 22 germinal an XI (21 avril 1803) sanctionne lourdement l'usage de marques contrefaites. La fausse indication d'origine n'était répri-

Le classement original de 1855. P 31, en médaillon, Le Chapelier.

mée que lorsqu'elle participait à la contrefaçon d'une marque.

Ce texte fut complété par la loi du 28 juillet 1824 qui sanctionnait également l'apposition, sur des produits fabriqués, du nom d'un lieu autre que celui de leur fabrication. Les produits naturels n'étaient pas concernés par cette mesure, mais la jurisprudence assimila le vin et les fromages à des produits fabriqués. En 1857, nouveaux progrès pour protéger la propriété industrielle, en particulier les marques de fabrique. Cependant les dénominations d'origine furent volontairement écartées. L'usage collectif d'une désignation, en particulier géographique, n'était pas dans l'air du temps. La protection des acheteurs – qui n'étaient pas encore des consommateurs – n'était pas davantage au centre des préoccupations. C'est au droit des manufactures que l'on avait recours. Ce conflit entre marque et appellations d'origine n'est pas encore éteint.

Certes, les grands vins ne disparaissent pas ; les nouvelles élites les convoitent. Les classements des crus de Bordeaux (1855) marquent le triomphe de l'origine valorisée par l'initiative des propriétaires. Mais aucune précaution sanitaire n'est prise dans les échanges commerciaux, et l'agriculture est ravagée par des maladies venues d'Amérique : l'oïdium, vers 1847,

La loi contre les associations

Nombre d'hommes des Lumières ont condamné la société de corps d'Ancien Régime ; ils voyaient dans cet encadrement extrême de la production, régie par les métiers, un frein à l'innovation, et plaidaient pour la liberté d'établissement. Aussi, moins de deux ans après la prise de la Bastille, deux textes fondateurs allaient imprimer leur marque sur toute la marche économique et sociale du pays : le décret d'Allarde (2-17 mars 1791) supprime les corporations et la loi Le Chapelier (14-17 juin 1791) interdit les associations professionnelles, tant ouvrières que patronales. Il a fallu attendre la loi de 1884 pour que soient autorisés associations et syndicats ouvriers et professionnels. Les producteurs allaient enfin pouvoir assurer la défense des produits d'origine.

qui pousse à l'émigration vers le Nouveau Monde des populations entières, avant le mildiou et le black-rot (vers 1870) et le phylloxéra, qui s'en prend aux vignobles.

Pénurie et fraudes

Dans un tel contexte, où commençait la fraude ? Toute initiative pour survivre était la bonne, et l'industrie chimique en expansion semblait offrir des solutions. À la suite des ravages du phylloxéra, certains n'eurent aucun scrupule à faire du vin avec de l'eau, du sucre, des acides nitrique, sulfurique, borique et des matières colorantes. Dans les grands vignobles, les cépages prolifiques mais de piètre qualité prenaient la place des variétés qui avaient fait la réputation de leurs vins de terroir. Autant de désordres qui allaient peu à peu engendrer une réaction salutaire pour mieux encadrer les productions : partout en Europe, des législations de répression des fraudes virent le jour.

Le phylloxéra. Un puceron qui a bouleversé l'économie viticole de l'Europe à la fin du XIXᵉ s.

Vers une définition moderne des produits d'origine

1905 : L'ÉTAT CONTRE LA FRAUDE

L'année 1905 marque un tournant, avec la loi du 1er août dont les dispositions restent aujourd'hui un pilier du Code de la consommation. Un texte qui crée les outils pour protéger efficacement les consommateurs et la loyauté des transactions commerciales. À l'origine de cette loi, de vastes fraudes sur le lait qui entraînaient chaque année la mort de jeunes enfants, 50 000 selon le rapporteur à la Chambre des députés. Les tromperies sur le vin et la crise viticole qui en était la conséquence furent également invoquées. La répression des tromperies sur l'origine fut inscrite dans la loi, malheureusement sans aucune exigence qualitative. Le texte se bornait à protéger la simple provenance, confondue avec l'origine. L'esprit de l'époque était au protectionnisme.

La loi et ses limites

D'emblée la viticulture en France vit le parti qu'elle pouvait tirer de la nouvelle loi. Lors d'un premier congrès des régions viticoles de vins fins tenu à Bordeaux en 1906, les professionnels s'interrogèrent sur la façon de délimiter les futures appellations d'origine. J. Capus plaida pour la prise en compte de critères qualitatifs. Mais ses propositions se perdirent dans les discussions des appareils politiques, et l'administration effectua des délimitations par enquêtes auprès des chambres de commerce, associations et syndicats professionnels, autorisés depuis

1884. C'est ainsi que l'on put voir les terres de marais plantées en vigne dans la région de Sauternes, et leurs propriétaires pouvaient le plus légalement du monde vendre leurs vins comme vins de Sauternes alors qu'ils n'en présentaient en rien les qualités. Il y avait bien fraude morale sur la qualité espérée du produit.

Cette nouvelle approche fut confirmée par la loi du 5 août 1908. Le texte précisait que les délimitations seraient faites en tenant compte des usages locaux et constants sans tenir compte d'autres données géographiques. Ainsi se dessinait un double mouvement : d'une part, une large consultation des professionnels et, d'autre part, les initiatives de la puissance publique et le pouvoir d'arbitrage de l'État. Aucun critère qualitatif n'était cependant prévu pour définir ces produits de provenance et non d'origine. Une lacune qui allait se traduire par des difficultés et des conflits dans le processus de délimitation.

Les tentatives de délimitation administrative du vignoble champenois provoquèrent des émeutes en 1911.

Échec des délimitations administratives

De 1908 à 1911, six appellations régionales furent délimitées : champagne, cognac, armagnac et ses crus, banyuls, clairette-de-die et bordeaux. De vives contestations allant jusqu'au soulèvement montrèrent les limites de l'exercice. En Bordelais, les frontières de l'appellation débordaient de la Gironde. Certes, les vignerons de Dordogne et du Lot-et-Garonne fournissaient de longue date la place de Bordeaux, mais ces contours furent contestés. Quant à ceux de la Champagne, ils laissaient l'Aube en dehors, alors que ces terres faisaient historiquement partie de la province et que des vignerons aubois approvisionnaient les maisons de négoce. Les viticulteurs de la Marne obtinrent en leur faveur la loi de février 1911. Une loi qui provoqua de telles émeutes dans la région que les pouvoirs publics firent appel à la troupe pour rétablir l'ordre. Ces troubles mirent en lumière l'échec des délimitations administratives.

L'appellation d'origine, propriété individuelle ?

L'État se voyait contester par les producteurs le rôle d'arbitre que lui conférait la loi de 1905. Le gouvernement proposa de retirer à l'autorité administrative le pouvoir de délimiter les « appellations régionales et de crus particuliers » pour la transférer aux tribunaux. Un nouveau projet de loi reliait délimitation et respect de la qualité substantielle. Mais sous l'influence du député girondin de La Trémoille, il fut question de faire de l'appellation d'origine la propriété individuelle du producteur qui pouvait en faire ce que bon lui semblait à condition que la provenance géographique soit exacte. Une orientation finalement écartée dans le rapport définitif approuvé par le Sénat le 22 juillet 1914 qui établissait le caractère collectif de l'appellation, « résultat des efforts prolongés de générations successives », créant ainsi un droit de propriété d'intérêt général. La Première Guerre mondiale mit entre parenthèses ces travaux.

1919 : LES TRIBUNAUX, UNE GARANTIE ?

Dès le 6 mai 1919, une loi nouvelle reprit les propositions faites à la veille de la Grande Guerre. Elle marquait une deuxième étape dans la reconnaissance des appellations d'origine, en ouvrant la voie judiciaire. Si l'appellation d'origine était définie comme propriété collective, le texte revenait au principe de la liberté individuelle d'entreprendre en donnant à chacun le droit de revendiquer l'appellation d'origine de son choix pour un produit naturel ou fabriqué. Cette utilisation pouvait être contestée devant le tribunal civil par toute personne estimant qu'une appellation était utilisée à son préjudice direct ou indirect et contrairement à l'origine du produit ou à des usages locaux loyaux et constants. Son caractère collectif interdisait désormais de considérer l'appellation d'origine comme présentant un caractère générique et de tomber dans le domaine public. Autrement dit, celle-ci ne pouvait désigner un type de produit détaché de son origine géographique, ni devenir une marque, ni être appropriée par une personne ou par une entreprise. La loi faisait des syndicats et associations les défenseurs de l'appellation. Enfin elle créait le délit d'usurpation d'appellation d'origine distinct de la tromperie sur la provenance.

Les producteurs champenois bénéficièrent dès 1927 d'un statut particulier pour l'appellation d'origine champagne, assorti de conditions de production.

Et la qualité ?

La provenance géographique n'est pas tout. Une fois de plus, aucun critère qualitatif n'était imposé dans la définition de l'appellation d'origine : on laissait le soin aux tribunaux de décider de la codification des usages locaux, loyaux et constants en fonction des litiges qui survenaient. Ces litiges portaient essentiellement sur les délimitations, aussi les pratiques contraires à la qualité se propagèrent. Les insuffisances de la loi, jointes à l'esprit ambiant, peu favorable à la gestion collective, donnè-

Vers une définition moderne des produits d'origine

rent libre cours aux pratiques les plus critiquables. À la chambre des députés, des voix s'élevèrent, parmi lesquelles Joseph Capus, pour que soient enfin prises en compte les pratiques touchant l'obtention des produits, notamment les cépages. Ce fut l'objet de la loi du 22 juillet 1927 qui interdit les hybrides dans les appellations. Par la même loi, les vignerons champenois obtenaient un statut particulier pour l'appellation d'origine Champagne, avec de réelles conditions de production. Auparavant les producteurs de fromages de Roquefort avaient obtenu en 1925 une loi de protection de leur appellation d'origine, instituant

l'obligation de fabrication au seul lait de brebis et l'affinage dans les seules caves de Roquefort. Les premières véritables appellations d'origine étaient nées. Mais champagne et roquefort furent des cas isolés.

Crise et débordements...

La crise de 1929 a aggravé la situation de l'ensemble des productions agricoles – la viticulture particulièrement, qui souffrit de la chute des exportations, alors qu'elle était désormais en surproduction. Ces difficultés furent à l'origine du « statut viticole de Barthe » appliqué aux vins courants : interdiction de plantations nouvelles, taxe sur les hauts rendements, blocage des

sorties dans les chais des producteurs et distillation des excédents. Comme il suffisait de revendiquer une appellation d'origine pour échapper à ces contraintes, on observa un accroissement subit – et non justifié par la qualité – des déclarations de vins en appellation d'origine. Face au développement anarchique des revendications d'appellation d'origine, comment protéger les vins ayant une réelle notoriété ?

Le Médoc avant l'appellation d'origine contrôlée. Aucun règlement n'imposait alors de critères en matière de sols, de cépages et de pratiques culturales.

1935 : LES AOC, ÉDIFICE MODÈLE

En 1935 le secteur des vins et eaux-de-vie s'organisa sur une base technique et professionnelle par la reconnaissance des appellations d'origine contrôlées (AOC). L'édifice des AOC mis en place pour cette filière allait servir de modèle pour les autres produits du secteur agroalimentaire. L'initiative en revint à Joseph Capus. Fort du soutien de l'ensemble des syndicats viticoles et notamment de la section des grands vins présidée par le baron Le Roy, avocat et producteur à Châteauneuf-du-Pape, il déposa au Sénat une proposition de loi qui fut insérée dans le décret-loi du 30 juillet 1935. Un texte qui organise depuis lors le secteur.

Si la loi du 6 mai 1919 n'est pas abrogée, ce décret institue un nouveau système, qui remédie aux insuffisances des dispositions antérieures. Il est gouverné par quatre axes :

- **des conditions de production** visent à maintenir la qualité née des usages, des facteurs naturels et du savoir-faire. Les décrets fixent l'aire de production sur la base de la qualité des parcelles, les cépages, les pratiques culturales, le titre alcoométrique minimum, le rendement à l'hectare maximum ainsi que des pratiques œnologiques particulières, des procédés de distillation pour les eaux-de-vie ;

- **des contrôles** sont prévus, appliqués au vignoble par un corps d'agents techniques créé à cet effet, et par une brigade spécialisée du ser-

Châteauneuf-du-Pape et son terroir de galets roulés, à l'origine de vins généreux et de garde. Défendu par le baron Le Roy, successeur de J. Capus à la tête de l'INAO, ce vignoble accéda à l'AOC dès 1936.

vice de la répression des fraudes qui s'intéresse plus particulièrement au négoce. Le contrôle des conditions de production permet d'organiser la loyauté de la production d'appellation d'origine, ce qui restaure la confiance des consommateurs ;

- **un organisme national** est créé, le Comité national des appellations d'origine des vins et eaux-de-vie (devenu en 1947 Institut national des appellations d'origine, INAO). Composée de membres de la profession (producteurs, négociants), de personnalités qualifiées et de représentants des administrations, cette instance a seule le pouvoir de décider des conditions de production sous l'autorité de l'État. C'est sur proposition du Comité national

Vers une définition moderne des produits d'origine

que les appellations d'origine contrôlée sont définies par décret ; ces propositions peuvent être approuvées ou refusées mais en aucun cas modifiées par les ministres de tutelle.

Le Comité est composé de membres nommés par le ministre à partir d'une liste de professionnels locaux proposés par les syndicats à la base, et donc libres de tout mandat électif ; il exerce un arbitrage national avec compétence et impartialité. Pour la délimitation, le recours à des experts scientifiques est obligatoire ;

- **une gestion collective obligatoire**. La reconnaissance des AOC par le Comité national est subordonnée à une demande constituée par un syndicat de défense du produit. Ces syndicats sont obligatoirement consultés pour toute décision du comité national relative aux conditions de production ; il y a un dialogue permanent entre la base des producteurs et l'instance nationale.

La plupart des vignobles de la Côte-d'Or ont été consacrés dès 1936. Ici, Gevrey-Chambertin.

Joseph Capus, un visionnaire

Joseph Capus (1867-1947) a mis toute sa carrière politique au service de l'appellation d'origine. Il est issu d'une famille d'avocats marseillais dont il a sans doute hérité le talent d'orateur. Ingénieur diplômé de l'école d'agriculture de Grignon (1895), il se spécialise dans l'étude des maladies de la vigne. Il est  nommé en 1900 directeur de la station viticole de Cadillac en Gironde. Ses travaux sur la maladie du black-rot font autorité. Révolté par la misère de la viticulture et la ruine des efforts de qualité, il intervient auprès des organisations professionnelles. Dès 1906, il souligne les lacunes de la nouvelle législation contre la fraude, qui permet d'obtenir « des vins d'une authenticité absolue mais capables de disqualifier la région ». Député de la Gironde en 1919, ministre de l'Agriculture du troisième gouvernement Poincaré en 1924, puis sénateur en 1930, il défend inlassablement ses conceptions au cours des débats qui jalonnent la mise en place progressive des appellations d'origine. Inspirateur des dispositions créant les AOC et assurant leur bonne gestion, il a présidé le Comité national de l'INAO de 1935 jusqu'à sa mort.

Sur ces deux derniers axes, Joseph Capus a fait une habile synthèse des exigences du droit coutumier de type anglo-saxon et du droit écrit français : l'AOC est un cas sans doute unique en droit français, c'est un système efficace de gouvernance qui redistribue le pouvoir du producteur jusqu'au consommateur.

Des débuts difficiles

Le nouveau système donnait aux producteurs des responsabilités et contraintes nouvelles que tous n'étaient pas prêts à assumer. Jusqu'en 1942, il fut possible de laisser cohabiter l'appellation d'origine non contrôlée, exempte de contraintes qualitatives et, sous le même nom, l'appellation contrôlée. Ce double système entraînait la confusion et empêchait le décollage des AOC : il fut finalement supprimé. Pour le producteur, le principal avantage des vins d'appellation était d'échapper à l'obligation de livraison au « ravitaillement » qui touchait les vins courants – considérés alors comme une denrée de première nécessité comme le pain, le beurre ou la viande. Au lendemain de la guerre, la production déclarée en AOC oscillait autour de cinq millions d'hectolitre, soit moins de 10 % de la production française : c'était bien à l'époque l'objectif de qualité que s'étaient imposé les fondateurs. La paix revenue, les AOC apportèrent une prospérité éclatante aux vignobles qui y eurent recours. Les producteurs se mirent à rêver de l'AOC et le modèle s'est imposé. En 1948 un premier congrès de l'origine fut réuni par le président de l'INAO en Normandie avec les syndicats de producteurs de fromages. Il fut décidé d'adopter les mêmes principes et de les renforcer de façon spécifique dans chaque filière. La jonction ne sera réalisée que beaucoup plus tard en 1990.

Catégories intermédiaires

- **VDQS** : en 1949, sous l'impulsion de Philippe Lamour, grand défenseur de l'aménagement du territoire – et de celui du Languedoc en particulier – une loi rétablit une catégorie créée par le « ravitaillement » pendant la guerre : le « vin délimité de qualité supérieure » (VDQS) aujourd'hui appelé « appellation d'origine vin délimité de qualité supérieure (AOVDQS) ». Intermédiaire entre les vins courants et les AOC, cette catégorie, a servi d'« ascenseur qualitatif » pour nombre de vignobles, notamment en Languedoc. Aujourd'hui elle constitue un « sas » vers l'AOC aux vins de pays en voie d'ascension qualitative.
- **Vins de pays** : créés en 1968, ils ne relèvent pas du statut des appellations d'origine, mais sont considérés comme des vins de table. Cependant ils constituent des indications géographiques :

leur désignation est nécessairement complétée par un nom de département ou d'une zone de production (plus petite ou plus grande que le département). Ils bénéficient eux aussi de la protection juridique en France et à l'étranger.

Fromages et autres produits

Il fallut plus de temps pour faire bénéficier les produits laitiers et autres produits agroalimentaires d'un système cohérent régissant leurs appellations d'origine. La loi de 1919 permit d'engager un certain nombre de procès qui débouchèrent sur la définition d'appellations, mais on n'en compta guère qu'une dizaine en cinquante ans.

Certains produits furent régis par des lois spécifiques : le roquefort (AOC en 1925), la noix de Grenoble (1938) et la volaille de Bresse (1957).
Des syndicats de fromage d'origine se sont organisés dès 1948. Mais ils n'ont obtenu de loi spécifique qu'en 1955. En outre la mise en place du premier Comité national des appellations d'origine fromagère a été longue et il ne fut pas doté de moyens de contrôle. Ce n'est qu'en 1966 que furent fixées sa composition et ses règles de fonctionnement, mais à la différence des AOC viticoles les

Défense et illustration du brie de Meaux au Concours général agricole de 1928. L'appellation viendra en 1986.

Vers une définition moderne des produits d'origine

membres de ce comité n'étaient pas issus des syndicats d'appellation d'origine, mais choisis parmi les représentants de la filière laitière. La plupart des reconnaissances d'appellation d'origine n'intervinrent qu'à partir du milieu des années 1970. Ensuite, les travaux s'accélérèrent : un décret de 1986 en a reconnu une vingtaine.

Pour les autres productions isolées, les voies à emprunter n'étaient pas commodes, aussi une loi du 6 juillet 1966 (puis du 12 décembre 1973) permit de reconnaître des appellations d'origine par décret en Conseil d'État et précisait le cadre des conditions de production et de leur contrôle. Cette loi, peu utilisée, a permis la reconnaissance en AOC des beurres de Charentes-Poitou et d'Isigny, de la dinde de Bresse, du chasselas de Moissac et de l'huile essentielle de lavande de Haute-Provence.

UN CADRE EUROPÉEN POUR LES VINS

Le vin a été intégré d'emblée dans l'organisation européenne des marchés agricoles, mais la France, comme l'Italie, a tenu à ce que les AOC restent en dehors de toute mesure d'aide et de soutien des marchés. C'est dans ce but qu'a été créée (1962) la catégorie « vin de qualité produit dans une région déterminée (VQPRD) ». À partir de 1970, la réglementation européenne instaure pour les VQPRD des conditions identiques à celles des appellations d'origine françai-

ses ; s'y ajoutent une analyse et une dégustation que certains syndicats viticoles avaient déjà introduites dans leurs règles de fonctionnement. Le système des VQPRD s'est étendu aux nouveaux pays de l'Union européenne qui appliquent désormais les mêmes règles y compris celles de l'étiquetage. Quant aux eaux-de-vie, dès les origine de la CEE, elles ont été classées en produit industriel ; elles n'ont pas été intégrées dans la politique agricole commune. En revanche, elles firent l'objet de définitions fiscales et les appellations d'origine ainsi que les autres indications géographiques furent reconnues. Actuellement leur étiquetage est défini par une réglementation de 1989.

Questions de terminologie

Pourquoi l'Europe n'a-t-elle pas choisi le terme « appellation d'origine » pour les VQPRD ? En 1970, sur les quatre pays viticoles que comptait l'Europe, limitée alors aux six États fondateurs, seules la France et l'Italie disposaient d'un système d'appellation d'origine. En Allemagne, une échelle qualitative, reposant sur la concentration en sucres de la vendange, s'appliquait uniformément à toutes les zones viticoles. Quant au Luxembourg, il avait institué une marque nationale, sélection sur l'ensemble du vignoble. Il fallait trouver une commune désignation ; ce fut « vin de qualité produit dans une région déterminée » (VQPRD). Ce n'est qu'en 1992 que l'Europe introdui-

sit l'appellation d'origine pour les produits agricoles et alimentaires. Déjà réglementés, le vin et les spiritueux furent laissés en dehors.

GÉNÉRALISATION DE LA POLITIQUE D'ORIGINE

En 1985, la Commission européenne décide d'introduire dans la politique agricole commune des mesures qualitatives à côté des mesures quantitatives de gestion des excédents. Elle consulte les États membres.

Harmonisation en France

Le ministre de l'Agriculture s'inquiète du devenir des produits sous signes de qualité et d'origine : un rapport en 1989 dénonce l'insuffisance de leur contrôle et la complexité, voire l'incohérence des procédures de reconnaissance de ces produits dans le cadre de la loi de 1919. Le fonctionnement de l'INAO (vins et eaux-de-vie) est cité en exemple. Inspirée par Jean Pinchon, alors président de l'Institut, la loi élargit les compétences de l'INAO aux autres produits agricoles et alimentaires (loi du 2 juillet 1990). Elle institue trois comités nationaux, pour les vins et eaux-de-vie, les produits laitiers et les produits agroalimentaires.

La nouvelle loi harmonise le mode de reconnaissance en AOC : désormais, seules peuvent exister les AOC définies par décret pris sur proposition d'un Comité national de l'INAO, lequel a compétence exclusive pour proposer délimita-

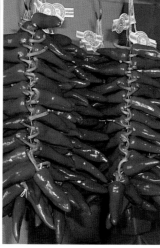

L'INAO comprend pour les AOC trois comités nationaux : pour les vins et eaux-de-vie, pour les produits laitiers et pour les autres produits.

tions, conditions de production et de contrôle des produits. Quatre-vingt-cinq ans après la loi de 1905, un dispositif cohérent régit enfin les produits d'origine autres que le vin et les spiritueux. Reste à le mettre à l'épreuve et à le faire partager par l'ensemble des partenaires européens.

Débats européens sur l'origine

À l'occasion de la présidence française de la CEE, le ministre de l'Agriculture réunit à la fin de 1989 un conseil des ministres en Bourgogne. S'appuyant sur l'exemple des vins, il montre à ses collègues l'intérêt d'une politique commune de la qualité et de l'origine ; il s'agit de sortir du soutien direct aux produits, de reconnaître les efforts des producteurs qui privilégient la qua-

lité en protégeant leurs produits et leurs terroirs. Il ne s'agit plus de subventionner l'agriculture, mais d'organiser une saine concurrence des produits de qualité, respectueux des terroirs.

Les pays du sud de l'Europe adhèrent à cette vision. Quant aux autres, s'ils voient l'intérêt de développer une agriculture de qualité, moins intensive, respectueuse de l'environnement et des consommateurs, ils craignent des entraves à l'initiative individuelle et à la concurrence ou des conflits avec les marques existantes.

Les discussions semblent s'enliser au sein de la Commission européenne et les pays du sud de l'Europe s'inquiètent : les négociations du GATT (cycle de l'Uruguay) progressent. Or, faute d'accord sur les appellations d'origine en Europe, il sera impossible de les introduire dans la négociation.

Le problème ? Les contraintes liées aux AOC semblent dans certains cas trop rigoureuses, sentiment partagé par la France et l'Italie. L'appellation d'origine postule en effet que toutes les étapes de la production, de la matière première jusqu'à la phase finale, doivent avoir lieu dans la région délimitée. Une telle définition laisserait sans protection des produits d'une réelle notoriété tels que le scotch whisky, obtenu en Écosse à partir d'orge maltée ne provenant pas d'Écosse. Selon la définition douanière en revanche, l'origine est attribuée au pays où a lieu la dernière transformation substantielle.

Vers une définition moderne des produits d'origine

AOP (appellation d'origine protégée) :

le nom d'une région d'un lieu déterminé ou, dans des cas exceptionnels, d'un pays, qui sert à désigner un produit agricole ou une denrée alimentaire originaire de cette région, de ce lieu déterminé ou de ce pays et **dont la qualité ou les caractères sont dus essentiellement ou exclusivement** au milieu géographique comprenant les facteurs naturels et humains, et dont la production, la transformation et l'élaboration ont lieu dans l'aire géographique délimitée.

IGP (indication géographique protégée) :

le nom d'une région, d'un lieu déterminé ou, dans des cas exceptionnels, d'un pays, qui sert à désigner un produit agricole ou une denrée alimentaire originaire de cette région, de ce lieu déterminé ou de ce pays, **dont une qualité déterminée**, la réputation ou une autre caractéristique peut être attribuée à cette origine géographique et dont la production, **et/ou** la transformation **et/ou** l'élaboration ont lieu dans l'aire géographique délimitée.

Ci-dessus : le jambon de Bayonne, protégé par une IGP.

Un compromis : AOP et IGP

Un compromis est finalement trouvé qui distingue les Appellations d'origine protégée (AOP) et les Indications géographiques protégées (IGP). Le cadre des IGP permet de protéger des produits à indications géographiques qui ne répondent pas intégralement à la définition des appellations d'origine. La France souhaite de son côté autoriser la reconnaissance d'une origine géographique pour certains labels agricoles et certaines certifications de conformité à la condition qu'ils soient reconnus comme IGP par l'Union européenne.

Le ministre de l'Agriculture du Royaume-Uni qui préside le Conseil des ministres fait approuver le compromis le 14 juillet 1992. Le Prince Charles était intervenu dans les médias avec éclat au printemps 1992 pour défendre les fromages au lait cru.

Le nouveau règlement CEE N°2081/1992 instaure donc une même protection pour les deux catégories de qualification de l'origine. Les États membres gardent l'initiative de reconnaître les produits et de définir les cahiers des charges. Une procédure de reconnaissance mutuelle des AOP et IGP est établie.

PRODUITS D'ORIGINE ET MONDIALISATION

Bien avant que le terme de *mondialisation* n'entre dans les préoccupations et le vocabulaire courant, des démarches visant à faire reconnaître les produits d'origine à l'échelle mondiale ont été engagées. La Convention d'Union de Paris (1883) sur la propriété industrielle, complétée en 1925 à la Haye et renouvelée en 1967, comporte une référence étendant son champ d'application aux indications de provenance ou appellations d'origine. Cette disposition est l'aboutissement de longues négociations visant à lutter contre les indications de provenance inexactes. L'Arrangement de Madrid (14 avril 1891) s'en prenait dans une certaine mesure aux indications fausses ou fallacieuses relatives à l'origine des produits. S'il admet la dégénérescence en générique des appellations régionales de provenance, il l'interdit pour les appellations des produits vinicoles. L'AIPPI (Association internationale pour la propriété intellectuelle), en 1905 et 1906, proposait un élargissement de cette exception à tous les produits tenant leurs qualités naturelles du sol.

PRODUCE OF FRANCE

CHATEAU LES PINS

RIVESALTES

APPELLATION RIVESALTES CONTRÔLÉE

Primage 1998

VIN DOUX NATUREL

15,5 % vol. | MIS EN BOUTEILLE PAR CAVE DES VIGNERONS DE BAIXAS POUR SCI CHATEAU LES PINS 66390 BAIXAS - FRANCE | 75 cl

100/0002791/12

13% vol.   0,751.℮

Varandas

Ribatejo

D.O.C

Tinto 2001

Produzido e Engarrafado por:
Adega Cooperativa de Almeirim, C.R.L.
2080 Portugal

MOSELLE LUXEMBOURGEOISE - APPELLATION CONTRÔLÉE

d'après un dessin de Victor Hugo

Château de Schengen
RIESLING
2003

Fût 702   mise d'origine   75 cl
THILL FRÈRES   13% vol
Bouteille   0021

*Les vins européens dont l'étiquette
garantit une indication géographique
bénéficient d'une protection juridique.*

DESDE 1927
Protos

selección 01

RIBERA DEL DUERO   13,5% vol.
DENOMINACIÓN DE ORIGEN

EMBOTELLADO POR PROTOS BODEGA
RIBERA DUERO DE PEÑAFIEL, S.L.   75 cl. ℮
PEÑAFIEL, ESPAÑA R.E.N° 42/VA

Vers une définition moderne des produits d'origine

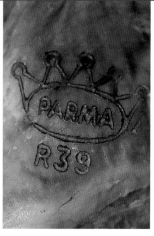

Dans toute l'Europe, l'appellation d'origine protégée garantit au consommateur le respect des origines et des savoir-faire traditionnels reconnus. Ci-dessus, le jambon ibérique, le jambon de Parme et le gorgonzola.

Cette demande était réitérée par le congrès des négociants en vins, à Londres en 1908, qui proposait aussi la création d'un tribunal d'arbitrage international pour juger de ce qui était générique ou non. Les traités de paix de 1919 et 1920 comportent une clause sur la protection internationale des appellations d'origine.

Première définition internationale

L'arrangement de Lisbonne (31 octobre 1958) aurait pu être le point de départ d'un grand traité international des appellations d'origine. Malheureusement, le faible nombre des pays signataires (22 aujourd'hui) et l'importance économique limitée de la plupart d'entre eux dans le commerce mondial en ont restreint la portée. Le texte reconnaît à l'appellation d'origine une nature juridique propre qui la distingue de la marque. Il la fait bénéficier d'un régime de protection original s'appuyant sur la reconnaissance mutuelle par enregistrement : les pays membres procèdent à une sorte d'échange multilatéral de listes, avec possibilité de « réserves » sur certains noms, ces réserves ouvrant la voie à la négociation bilatérale. On retrouve aujourd'hui dans les accords de mondialisation cette façon de privilégier dans une première étape la résolution des différends par la négociation bilatérale.

Des démarches convergentes

Dans les années 1970, l'OMPI (Organisation mondiale de la propriété intellectuelle) mit en projet un traité qui avait pour objet d'ouvrir le bénéfice des indications géographiques aux pays en développement. L'emploi d'indications géographiques devait leur permettre de valoriser directement les richesses de leur terre et le savoir-faire de leurs populations, de donner une identité à des productions locales qui, sans cela, seraient tombées dans l'anonymat des produits génériques et auraient été soumises à la concurrence de produits génériques similaires. L'accord ne put se faire mais l'Union européenne forma alors un groupe puissant en faveur de cette démarche. Elle est loin d'être isolée. Depuis 1993, les cinq pays de l'Accord de Carthagène (Bolivie, Colombie, Équateur, Pérou et Venezuela) prévoient, dans le cadre de la propriété industrielle, la définition de l'appellation d'origine sur le modèle de celle de l'arrangement de Lisbonne.

Enfin la résolution du MERCOSUR (Marché commun sud américain) signée en 1996 reprend, pour les vins et spiritueux, les définitions de l'appellation d'origine et de l'indication géographique approuvées à l'OIV (Organisation internationale de la vigne et du vin). D'autres grands pays comme l'Inde et la Chine ont déjà entrepris cette démarche dans leur politique commerciale. À ces pays s'ajoutent

d'autres pays qui ont récemment ratifié l'arrangement de Lisbonne.

L'OMC reconnaît les produits d'origine

Signé le 15 avril 1994 à Marrakech, l'accord créant l'Organisation mondiale du commerce (OMC) comporte dans un de ses protocoles un accord sur les aspects des droits de propriété intellectuelle touchant au commerce (ADPIC). Cet accord reconnaît la légitimité de la protection des indications géographiques (y compris les appellations d'origine) : « On entend par indication géographique une indication qui sert à identifier un produit comme étant originaire du territoire d'un membre, ou d'une région ou localité de ce territoire, dans les cas où une qualité, réputation ou autre caractéristique déterminée du produit peut être attribuée essen-

Les éleveurs des prairies du Rio Grande do Sul, au sud du Brésil, devraient prochainement bénéficier d'une indication géographique protégée pour leur viande Carne do Pampa Gaucho.

90% des terres cultivées en riz se trouvent en Asie. La Thaïlande a demandé une indication géographique pour son riz au jasmin de Surin.

tiellement à cette origine géographique. »

Cet accord constitue le seul véritable contrepoids à l'uniformisation des marchandises qu'entraînera l'application d'un autre accord signé également dans le cadre de l'OMC, celui sur les obstacles techniques au commerce (OTC). Les 147 pays qui ont ratifié ce texte se sont engagés à protéger les indications géographiques des autres membres. L'INAO est lui-même engagé dans une coopération avec une trentaine de pays qui ont compris tout le bénéfice qu'ils pourraient retirer de l'usage des indications géographiques.

Les produits d'origine : entre nature et culture

Tout produit d'origine, par définition, est issu d'une histoire et provient d'un lieu. Quelle est la nature de ce lien et la place respective des facteurs humains par rapport aux facteurs naturels ? Le milieu naturel ne peut seul expliquer ce qui fait la spécificité de ces produits. Ce sont bien les activités humaines, à travers les savoirs, les modes d'organisation sociale, les pratiques et les représentations, qui donnent un sens à cette relation.

TERROIRS ET PRODUCTIONS LOCALISÉES

Il existe des lieux physiquement prédisposés, à l'intérieur desquels des productions se développent. Les productions agricoles et alimentaires localisées entretiennent toutes une relation particulière à l'espace. Cette inscription s'assortit d'une antériorité et de pratiques collectives. En d'autres termes, elles croisent l'espace, le temps et font l'objet de savoir-faire partagés. Leur dimension collective les inscrit dans la culture locale et permet de distinguer la provenance – venir d'un lieu – de l'origine – être de ce lieu. Ainsi, les critères d'ordre culturel associant un lieu à une histoire et à un groupe social permettent de caractériser ce qui fait la spécificité des productions d'origine.

Le terroir des pédologues

Propre à la France, c'est la problématique récurrente du terroir qui se retrouve ici. Le terme même est difficilement traduisible, y compris dans les langues des pays d'Europe du Sud pourtant culturellement et linguistiquement proches. En Espagne, on parle de *productos de la tierra*, produits « de la terre », en Italie des produits *nostrale* (« de chez nous ») ou *tipici* (« typiques »). Attesté dès le début du XIIIᵉ siècle, le terme de *terroir* est d'abord synonyme d'*espace de terre*, de *territoire*, mot dont il serait une altération. Le concept s'est précisé scientifiquement à la fin du XIXᵉ siècle avec l'émergence

Originaire du sud du Massif central, l'aubrac est aujourd'hui une race appréciée pour la finesse de sa viande.

Les caractères du sol, facteur de la qualité des vins.

de la pédologie, science instaurant la notion de vocation des sols. Le terroir est alors donné comme immanent : il préexisterait à l'homme qui ne fait qu'en révéler les potentialités.

La part de l'homme

Mais bien vite, des chercheurs relativisent le poids des facteurs d'ordre strictement pédologique. Historien de la vigne et du vin en France, Roger Dion, prenant l'exemple des terroirs viticoles, fait remarquer que la qualité des vins est l'expression d'un milieu social et de ce qu'il appelle le vouloir humain. Le terroir associe alors, comme l'énonce l'agronome Jean-Pierre Deffontaines, « des acteurs – leurs histoires, leurs organisations sociales –, des activités, notamment des pratiques agricoles et une portion de territoire avec ses caractéristiques écologiques, ses configurations de forme, d'étendue, de voisinage, et avec ses paysages ».

Le local dans un monde virtuel

De nombreuses causes concourent à ce nouvel intérêt porté au local. L'évolution actuelle de la société remet en question des éléments aussi structurants que l'espace ou le temps. L'agriculture contemporaine a par exemple modifié le rapport à la terre. Cette activité que l'on pourrait croire par nature localisée est confrontée aux redistributions territoriales. Comme beaucoup d'autres secteurs économiques et socioprofessionnels, elle est en passe de devenir une activité à localisation précaire et révisable. Ce sont ses fondements mêmes, liés aux potentialités agronomiques des sols, qui sont remis en question, ce qui suscite une interrogation sur l'usage futur des terres agricoles et plus largement sur l'aménagement du territoire. À la multiplication des « non-lieux » s'opposent des lieux qui font sens, associés à une culture localisée dans le temps et l'espace.

L'HISTOIRE ET LA LÉGENDE

La profondeur historique d'un produit ne se décrète pas. Chevillée à l'histoire locale, elle diffère selon les cas. Les techniques de conservation des anchois de L'Escala en Catalogne et la présence des entreprises de salaison sont attestées dès le Moyen Âge dans les zones de l'Emporda et de la Costa Brava. Au XVIe siècle déjà, les syndics de la ville de Bourg-en-Bresse offraient régulièrement des chapons et des poulardes aux gouverneurs envoyés par le duc de Savoie. Les archives témoignent de la production d'huile dès le XIVe siècle dans le Nyonsais. L'arboriculture fruitière montre rarement une telle ancienneté. En effet, la plantation de vergers commerciaux date souvent de la fin du XIXe siècle ; c'est le cas dans la région italienne de Vignola, en Émilie-Romagne, spécialisée depuis cette époque dans la production de cerises. Les cultures fruitières ont pour la plupart pris leur essor après les dévastations causées à la vigne par le phylloxéra.

Il était une fois un berger... La légende du roquefort.

Mythes

L'histoire peut être mise à contribution de façon beaucoup plus libre pour donner ses lettres de noblesse à un produit. Celle du brie constitue, de ce point de vue, un morceau d'anthologie : elle fait défiler tous les grands personnages de l'histoire de France et son existence remonte à la préhistoire ! Les fromages, éléments forts de l'identité nationale, se prêtent bien à cette mise en récit. L'origine est souvent « ancestrale », date de la « nuit des temps » ou renvoie à la légende, volontiers imprégnée de hasard. Le roquefort aurait ainsi vu le jour grâce à un berger ayant précipitamment quitté la grotte où il se trouvait en laissant un quignon de pain et un morceau de fromage. Revenu sur les lieux quelques jours plus tard, il l'aurait retrouvé bleu et goûteux. La réalité est plus prosaïque, car un produit est souvent la résultante d'essais, de tâtonnements successifs, d'adaptations qui manquent quelque peu de panache. Comment aborder les produits du terroir dans leur profondeur historique ? Les sources écrites sont explorées en priorité. Mais parfois ces productions n'ont pas laissé de traces dans les archives, ce qui ne veut pas dire qu'elles n'ont aucun ancrage dans le temps. Le recours à l'histoire orale est alors approprié.

LES SAVOIRS ET LES PRATIQUES

Les savoirs et pratiques partagés localement constituent une composante importante des productions d'origine. Hors de la zone de fabrication – et souvent de consommation – on ne les connaît

Élaborée à partir de morceaux nobles de porc, la rosette de Lyon est embossée dans un boyau épais.

Fromages : d'innombrables recettes

À partir d'une seule matière première, le lait, une multitude de fabrications existent un peu partout, liées à des pratiques fromagères innombrables. La quantité des variantes locales semble sans limites. Température et temps de chauffe du lait, choix du ferment, taille des grains du caillé, intensité du pressage de la pâte, traitement accordé à la croûte qui peut être lavée, frottée, emmorgée, fréquence de retournements, salage, degré d'hygrométrie, caractéristiques de la cave… sont autant de paramètres qui se conjuguent à l'infini. Ils interfèrent avec les écosystèmes microbiens lors des processus de fermentation, de maturation ou d'affinage ; ce dernier peut varier de quelques semaines à plusieurs années pour donner la diversité que nous connaissons à travers les différents types de pâte.

Ces innombrables savoirs et pratiques vernaculaires que l'on peut élargir à l'ensemble des productions d'origine ont été élaborés à partir de l'expérience acquise et de l'observation attentive. S'ils évoluent en fonction du contexte technique et économique, les producteurs ne perdent pas pour autant de vue les éléments qui forment le noyau dur d'une tradition et sur lesquels on ne peut intervenir sous peine de remettre en question l'existence même d'un produit.

plus. Ils contribuent très largement à la constitution de leur typicité. En effet, il est fréquent qu'une phase technique occupe une place déterminante ou requière une compétence particulière qui signe le produit. Il en est ainsi de la nature de l'enveloppe utilisée dans la fabrication de la rosette de Lyon : seul un boyau de fuseau naturel – appelé rosette – permet de développer toutes les qualités organoleptiques de cette charcuterie par le biais d'un affinage bien maîtrisé. De même, un traitement spécifique de la saumure donne un goût particulier aux olives de Nyons.

Un caillé doux de lait de chèvre enveloppé dans une feuille de châtaignier : le banon.

ORIGINE ET PATRIMOINE

La démarche patrimoniale ne se réduit pas à des pièces de collection témoins d'un passé révolu. Elle touche aujourd'hui les objets du quotidien, incluant la catégorie si particulière du vivant. Le monde des productions agricoles et alimentaires d'origine se présente comme un lieu d'articulation fort entre le biologique et le social. Une race animale, une plante cultivée, une charcuterie ou un fromage sont l'aboutissement d'une accumulation de savoirs, de pratiques, d'observations, d'ajustements qui constituent un patrimoine riche et foisonnant.

Le vivant recèle un potentiel d'évolution et de variabilité considérable, dans lequel l'homme puise. Mais il est aussi associé à une durée de vie limitée : les savoir-faire qui le façonnent sont à la base de l'existence même et de la conservation de cette matière périssable et éphémère, qu'il faut sans cesse maintenir et renouveler. La démarche patrimoniale s'inscrit au cœur de ces contraintes biologiques, elle donne à s'interroger sur son sens même et sur la façon dont elle est perturbée par l'extrême labilité du vivant.

Un changement de statut

La coloration patrimoniale opère un glissement de statut, convertissant des produits appartenant à une culture rurale en produits d'excellence reconnus par les villes. Ce qui n'empêche pas un attachement, associé à une culture et à

Produits en fête

Parmi les actions accompagnant cette évolution, les différentes fêtes et foires se répandent comme une traînée de poudre à travers l'Europe du sud. À Vignola, en Émilie-Romagne, la fête du Cerisier en fleur se déroule durant le deuxième dimanche d'avril et attire beaucoup de monde. C'est toute la zone de production de la cerise qui se visite à cette occasion. Le piment d'Espelette, lui, est fêté le dernier dimanche d'octobre, à grand

La fête de l'Huile nouvelle à Aix-en-Provence.

renfort de danse, de musique et de spécialités basques. Auparavant, les piments de l'année sont bénis lors de la messe. L'olive de Nyons, qui n'est pas en reste, est mise à l'honneur lors de l'Alicoque ou des Olivades. La première célèbre l'huile nouvelle à la fin de la récolte, le premier dimanche de février, la seconde les olives, en juillets. À L'Escala, en Catalogne, une fête de l'anchois fut organisée l'année d'obtention de la *Denominació de qualitat*, en 1989 : succès immédiat.

des pratiques qui continuent de faire sens localement et constituent le substrat d'innovations, d'adaptations, de négociations, tant il est vrai que ces productions s'inscrivent aussi aujourd'hui dans des trajectoires dynamiques et novatrices. Tout ceci participe d'une construction à l'intérieur de laquelle l'image occupe une place prépondérante, souvent nourrie par des éléments chargés de sens comme un paysage, un geste, une race, une variété, un outil.

Cette forme de sélection émane souvent de la société locale elle-même qui met en avant certaines productions et en passe d'autres sous silence. En Bresse, maïs et produits dérivés du lait ont longtemps tissé des liens entre alimen-

tations humaine et animale, usages domestiques et production marchande. Aujourd'hui, les volailles de Bresse sont revendiquées comme faisant partie de l'identité bressane. En revanche, les gaudes, farine de maïs grillé consommée en bouillie sont définitivement – semble-t-il – rangées au magasin des antiquités. Pourtant, localement, cette préparation a fait l'objet d'une attention considérable au point d'être associée à une technique de mouture spécifique. Le beurre, la crème et le fromage blanc, quant à eux, omniprésents dans l'alimentation bressane contemporaine, commencent à faire parler d'eux.

SOCIÉTÉS LOCALES ET PAYSAGES

Les productions d'origine rendent parfois compte de l'organisation de la société tout entière et peuvent constituer le fondement d'un paysage. C'est le cas dans certaines régions d'élevage, de production fromagère ou d'arboriculture traditionnelle. Et que dire des vignes qui, dans de nombreuses régions d'Europe, impriment leur marque sur les coteaux en une mosaïque admirablement ordonnée, quand elles ne donnent pas lieu à un remodelage prononcé des pentes comme c'est le cas pour les terrasses de Banyuls. L'obtention de l'AOC pour l'oignon doux des Cévennes remet à l'honneur la culture en *faïsses* (terrasses) et le piment d'Espelette apporte sa touche de couleur sur les façades des maisons du Pays basque.

Les porcs ibériques qui fournissent l'excellent jambon du même nom pâturent les glands sous les chênes verts et les chênes-lièges conduits de manière à étaler largement leurs branches, donnant ces arbres au port si caractéristique qui s'étendent sur des milliers d'hectares. Ce système agro-sylvo-pastoral, appelé *dehesa*, est une combinaison subtile et complexe entre des chênes producteurs de glands et, pour certains d'entre eux, de liège, des espaces herbeux à la flore diversifiée et des cochons qui s'en nourrissent.

Le cidre et le poiré proviennent le plus souvent de fruits récoltés dans des prés-vergers. Ces prairies destinées à l'élevage des bovins et complantées de poiriers ou de pommiers à cidre correspondent à un système d'exploitation courant en Normandie. Ce mode de production consiste à valoriser l'ensemble des interactions entre l'animal, l'herbe, l'arbre et le fruit.

Mis à sécher sur les façades, le piment égaie les maisons d'Espelette.

Alpages...

Longtemps, l'abondance fut exclusivement fabriqué l'été en alpage, dans des ateliers s'échelonnant en altitude selon le rythme de la transhumance et la gestion de l'herbe. L'essentiel de la production de ce fromage venait des alpages des communes d'Abondance, de la Chapelle-d'Abondance et de Châtel. Même si la zone s'est considérablement élargie et que la fabrication se déroule aujourd'hui toute l'année, l'alpage reste un lieu privilégié auquel les éleveurs demeurent attachés. Les montagnettes, nom donné aux pâturages de basse altitude, constituent la première halte pour le troupeau ; il y demeure environ un mois, habituellement en juin. Il est fréquent que les agriculteurs « remuent » (déménagent), d'un chalet à l'autre pour suivre la montée de l'herbe, jusqu'à quatre fois pour certains d'entre eux. La transformation fromagère est assurée sur place durant la période estivale. De mai à octobre, la cellule familiale continue de se partager entre le haut et le bas, les alpages et la vallée, entretenant une autre forme de sociabilité avec les transhumants de la montagne.

...et autres systèmes fromagers

Reblochon ou tome des Bauges se fabriquent aussi en alpages organisés en « petites montagnes », n'accueillant le troupeau que d'un seul propriétaire – à l'opposé des « grandes montagnes » que sont celles de la Tarentaise ou du Beaufortain, qui regroupent plusieurs troupeaux. Quant au salers, il est élaboré uniquement entre le 1er mai et le 31 octobre à plus de 850 m d'altitude dans les montagnes d'estive du Massif central et exclusivement par des producteurs fermiers ; si plus personne ou presque ne le fabrique aujour-d'hui dans les burons, ces éléments familiers de l'architecture vernaculaire restent présents comme autant de témoignages de l'ancrage historique de cette activité. Et si le comté ne se fabrique pas en alpage, il donne le rythme à toute une partie du massif jurassien à travers la gestion de

l'herbe, la présence des fruitières, l'importance accordée à la race montbéliarde.

Plus généralement les systèmes fromagers modèlent et entretiennent les paysages, à travers l'activité pastorale, support de leur existence. Outre les différents alpages, il faut rappeler les chaumes des montagnes vosgiennes avec le munster, ou la garrigue cévenole avec le pélardon.

BIODIVERSITÉ ET DÉVELOPPEMENT DURABLE

La biodiversité peut se définir comme l'ensemble des êtres vivants, de leur patrimoine génétique et des complexes écologiques où ils évoluent. Elle ne saurait être séparée des pratiques et savoirs développés par les sociétés qui la créent, l'entretiennent ou la réduisent. Cette constante proximité conduit à l'usage croissant de l'expression « biodiversité culturelle ». Certaines productions reposent sur des systèmes complexes, allant jusqu'à entretenir une diversité biologique à des niveaux distincts qui peuvent aller du paysage à l'écosystème microbien, en passant par des variétés ou des races locales.

Diversité variétale

Les châtaigneraies traditionnelles, véritables systèmes agroforestiers, restent présentes en différents endroits d'Europe du Sud : Émilie-Romagne ou Piémont en Italie, Tras-os-Montes au nord du Portu-

Les montagnards de Haute-Savoie suivent d'alpage en alpage leurs troupeaux de vaches abondance.

gal, Ardèche ou Corse. Dans tous les cas, les savoirs sous-jacents à la gestion de la châtaigneraie concernent d'abord les variétés, leurs préférences écologiques, mais aussi leur aptitude à la transformation. Les décrets d'appellation régissant la production des olives et des huiles d'olive laissent entrevoir un monde variétal d'une richesse insoupçonnée : l'oléiculture pratiquée dans les AOC du Midi de la France mobilise nombre de cultivars. Ceux qui concernent la lentille verte du Puy (1996), le piment d'Espelette (2000), le coco de Paimpol (1998) et l'oignon doux

Les produits d'origine : entre nature et culture

Livrant de forts volumes, la filière AOC du comté a permis au massif montagneux jurassien d'échapper à la désertification.

des Cévennes (2003) ouvrent aux producteurs la possibilité d'utiliser des semences produites sur leur domaine. Ces populations fermières, issues de populations locales sélectionnées sur les exploitations dominent encore largement. Dans ce contexte, pour ces espèces, la sélection est de type massal, et peut se dispenser d'un intermédiaire multiplicateur semencier. En laissant la reproduction locale s'effectuer dans des limites acceptables pour toutes les parties, l'INAO montre qu'il est possible de concilier spécificité biologique, culturelle, réglementation et économie.

Les vergers cidricoles, en particulier en Normandie, s'inscrivent également dans cette diversité. En effet, chaque cuvée nécessite l'assemblage de plusieurs variétés pour des raisons techniques et organoleptiques : le sucre donne la richesse en alcool, l'acidité apporte la fraîcheur, le tanin la saveur amère caractéristique. Le cas du poiré Domfront, AOC depuis décembre 2002, est exemplaire en matière de conditions de production : une variété principale bien connue localement, le plant de blanc, et des variétés locales complémentaires ; les poiriers sont conduits en haute tige (et non alignés et palissés) avec une densité de plantation inférieure à 150 par hectare sur une surface intégrale-

ment enherbée. Tous ces critères correspondant aux usages locaux liés à la conduite du verger de plein vent. Cette prise en compte délibérée des variétés de poirier et du mode de culture s'inscrit dans une perspective de conservation de la biodiversité culturelle. Quant à la noix de Grenoble, l'AOC (1938) repose sur trois cultivars : franquette, mayette et parisienne.

Viabilité économique et développement durable

Autre cas exemplaire, celui du comté. Voilà une filière AOC qui fournit 50 000 t sur le marché, mais qui reste à une échelle humaine, fondée sur la « fruitière ». Grâce au comté, le massif montagneux jurassien a échappé à la désertification et à la fermeture des paysages, à l'invasion des forêts et broussailles. Aujourd'hui, ce sont 5 000 familles d'agriculteurs, 182 ateliers de fabrication (les fruitières) et 20 maisons d'affinage qui investissent leur travail dans ce secteur, indique Franck Dupont. Autant de facteurs qui, liés à la biodiversité, contribuent à la pérennisation de la production dans des conditions satisfaisantes pour tous les acteurs. Ces systèmes extensifs en équilibre complexe démontrent qu'un compromis est possible entre viabilité économique, valeur environnementale et gestion durable de la ressource, tout cela grâce aux indications géographiques qui leur donnent un nouveau souffle. Les productions d'origine qui font sens et qui s'inscrivent dans une culture locale tendent à se pérenniser et ont de ce fait beaucoup à voir avec le développement durable !

LA CULTURE DU PRODUIT : EXCELLENCE ET ESTHÉTIQUE

L'attention apportée à la préparation des produits achève leur métamorphose en objets culturels. De la Bresse au Pays basque en passant par nombre d'aires d'appellations d'origine, les producteurs se situent sur une trajectoire d'excellence reposant sur une grille esthétique implicite et des compétences partagées, qui font sens localement.

Lot de chapons, grand prix d'honneur du concours de Bourg-en-Bresse. Au-dessous, emmaillotage de poulardes avant le concours.

En Bresse

L'éleveur qui destine ses volailles au concours s'y consacre avec la plus grande application. Les jours qui précèdent la présentation sont marqués par un travail intense qui implique une collaboration diligente des membres de la famille et des proches. Chacun se consacre à la tâche dans laquelle il excelle. Le jour du concours, les éleveurs « démaillotent » leurs volailles et les dressent sur de longues tables nappées de blanc. Poulardes et chapons sont disposés sur de petits coussins selon des codifications imposées : lots de deux, trois ou

quatre poulardes ou chapons identifiés par des rubans roses ou bleus noués autour des cous. Les volailles sont enfin examinées par un jury attaché à la recherche de la perfection, liée à des détails tels que la qualité du roulage, la finesse et la blancheur de la peau, la beauté de la collerette, le bleu grisé des pattes, la régularité du travail à travers les lots de plusieurs volailles, la présentation générale. Ces concours, appelés « glorieuses », se déroulent dans les principales bourgades bressanes : Bourg-en-Bresse, Louhans, Montrevel, Pont-de-Veyle. Ils révèlent l'impact culturel de cette activité par le nombre de Bressans qu'ils continuent d'attirer et qui évaluent en connaisseurs ou en complices une perfection qu'ils font leur.

À Espelette

Les producteurs d'Espelette accordent une extrême attention à la maturation de leurs piments. La récolte, qui s'effectue à la main, est suivie d'un tri lui aussi manuel. Vient le séchage : les fruits sont répartis sur des clayettes grillagées ou enfilés sur des cordes suspendues aux façades des maisons. Tout est affaire d'observation et de soins donnés au quotidien pour favoriser le développement des arômes. Le séchage au four, qui n'est pas la moindre des étapes, nécessite doigté et expérience pour ajuster durée et température à chaque lot. Puis vient le broyage, qui impose deux passages pour devenir la réputée poudre de piment d'Espelette. Quant aux piments « en cordes », commercialisés frais ou en cours de séchage, ils ne sont pas enfilés n'importe comment ! Ils sont attachés par deux, en arête de poisson, par trois, en triangle, ou par quatre, en croix. Ils sécheront ainsi dans les meilleures conditions à l'abri des auvents avant de trôner dans les cuisines.

À Moissac

Sur les coteaux qui entourent la ville de Moissac, les chasselatiers, au nom si évocateur, continuent de prendre le plus grand soin de leur vigne. Les grappes mal venues sont éclaircies, les autres sont « mises en place » de manière à pendre et à se développer en toute harmonie. L'effeuillage, entrepris lui aussi à la main, quelques semaines avant la récolte, parfait le travail : la grappe sera délicatement colorée par les rayons du soleil. La cueillette, enfin, s'accompagne du ciselage, effectué souvent par les femmes : chaque grappe est passée en revue et les grains indésirables sont éliminés aux ciseaux. Le chasselatier demeure un spécialiste minutieux et attentif, amoureux de cette culture qu'il choie.

En Émilie-Romagne

La *salama da sugo*, saucisson à cuire fabriqué dans la région de Ferrare en Émilie-Romagne, embossé dans une vessie de porc et affiné douze mois, fait l'objet de discussions interminables, concernant tant le bien-fondé de certains ingrédients – faut-il encore

mettre du foie, des épices ? – que leur rôle, en particulier dans l'obtention du jus. Le vin doit être corsé mais jeune. Les modes de cuisson constituent un autre sujet de discussion. Si tous revendiquent une cuisson longue, de l'ordre de quatre à cinq heures, certains préconisent une cuisson du saucisson dans l'eau, protégé ou non par un sac imperméable, tandis que les autres recommandent la cuisson au bain-marie. Et même si la *salama* est simplement cuite à l'eau, les préconisations sont précises : la pièce ne doit toucher ni les parois, ni le fond du récipient. Quant à la variante *da taglio* qui se coupe au couteau, elle est vilipendée par les garants de la tradition qui estiment que la consommation à la cuillère (*da cuccaio*) fait partie intégrante de l'identité de la *salama*.

Embossée dans une vessie de porc, la salama da sugo est une spécialité de Ferrare (Émilie Romagne). Affinée un an en cave, elle nécessite quatre à six heures de cuisson.

PENSER L'AGRICULTURE AUTREMENT

L'évolution contemporaine de l'agriculture semble remettre en cause ses fondements, liés aux potentialités des sols. L'économiste Bertrand Hervieu parle de « terroir déraciné ». Dans un tel contexte, l'aptitude agronomique a-t-elle encore un sens ?

Contrairement à ce que l'on pourrait penser, les agriculteurs qui s'investissent dans les produits d'origine se trouvent souvent à la pointe du développement. Si la productivité continue d'être l'objectif de nombreux professionnels, des schémas intégrant d'autres éléments touchent une frange grandissante de producteurs. Prenons le cas des éleveurs. Alors que la génération passée a constitué – avec beaucoup d'énergie – des troupeaux de race Holstein au nom du progrès et de la rentabilité, celle qui suit reconsidère la question d'un œil neuf. La race du pays n'est plus associée à l'idée d'un modèle obsolète ; elle peut au contraire devenir un outil adapté à des objectifs particuliers, aider à marquer la différence.

Le terroir à la pointe

Ainsi les races locales constituent-elles une pièce maîtresse dans certains modèles agricoles paradoxalement innovants et qui revendiquent une légitimité faite d'éléments matériels et immatériels. Après avoir longtemps mené un combat jugé d'arrière-garde, les défenseurs de schémas de dévelop-

La race rouge des prés donne une viande de qualité qui bénéficie de l'AOC Maine-Anjou.

pement plus respectueux de l'environnement rejoignent les précurseurs d'une agriculture de la surmodernité. Un exercice qui ne va pas sans présenter certains risques. Dans un monde où l'image devient toute-puissante, il importe qu'elle soit construite à partir d'éléments incontestables. Les consommateurs, éloignés des mécanismes de production, manifestent en effet une méfiance croissante, alimentée par l'usage abusif de discours faisant appel au naturel ou à la tradition. L'appellation d'origine contrôlée permet de penser différemment le développement agricole en s'écartant des systèmes fondés sur une logique essentiellement productiviste. Dans ce cadre, ce sont les pratiques et usages locaux associés à des conditions naturelles particulières qui sont mis en avant pour identifier et maintenir la spécificité d'un produit. La juriste Marie-Angèle Hermitte exprime cela de façon convaincante : « La différence entre ces deux conceptions du progrès, un progrès linéaire, automatique, issu mécaniquement du changement technique, et un progrès plus complexe, qui peut se satisfaire de la conservation de la mémoire, de l'entretien d'usages qui sont arrivés à un haut degré de perfection, conduit à ce qui est peut-être l'originalité la plus profonde de l'appellation d'origine au regard des autres droits de propriété intellectuelle. »

L'AOC, un cadre stimulant

La démarche d'appellation implique une conviction de la part des producteurs. Elle revêt aussi un caractère formel qui conduit à une protection juridique du nom. Les professionnels fixent eux-mêmes les conditions de production au sein d'un cahier des charges validé par l'Institut national des appellations d'origine, avec la possibilité de le modifier. Cette réglementation autorise à reconsidérer des éléments à l'intérieur de protocoles établis. Cette situation permet au jeu social de se révéler en laissant un espace de négociation assez ouvert, en particulier en ce qui concerne les modes de production. La façon dont les races bovines locales sont utilisées dans le cadre des appellations fromagères illustre la fertilité de cette démarche, mais également les difficultés qu'elle soulève.

L'AOC constitue un cadre stimulant et créatif pour la mise en valeur des productions de terroir. Elle donne aussi aux acteurs locaux les moyens de reconsidérer le développement local, de perdre un peu pour conserver l'essentiel en se pliant aux nouvelles règles en vigueur.

DES PRÉFÉRENCES ALIMENTAIRES LOCALISÉES

En aval de la fabrication, les usages de consommation occupent une place importante ; ils ont trait tant à la préparation des aliments qu'à la façon de les accommoder ou aux associations qu'ils privilégient. Ils sont localisés et cette inscription territoriale est le reflet de préférences gustatives qui peuvent se traduire en données cartographiques.

Une connaissance fine des produits

L'originalité d'un certain nombre de ces produits, la plupart du temps inconnus des consommateurs extérieurs à leur région d'ori-

Chapon à la bressane

Le chapon bressan, volaille d'exception, nécessite une cuisson longue pour dégager toutes ses qualités gustatives. Les cuisinières bressanes recommandent une double cuisson de la bête : à l'eau (pochage), puis au four, pour obtenir une chair plus moelleuse et une peau plus croustillante.

gine, exige une information précise quant aux modes de préparation, sous peine de ne pouvoir les apprécier. Les châtaignons, châtaignes ardéchoises séchées à la fumée, sont d'une grande dureté. Impossible de les offrir à l'apéritif comme l'ont cru des touristes : ils doivent être mis à tremper une nuit avant d'être accommodés, le plus souvent sous la forme d'une soupe onctueuse nommée « cousinat ». L'ignorance des savoirs et pratiques culinaires concernant les productions locales peut entraîner une déception de la part de l'acquéreur. À partir des connaissances de base, des consommateurs locaux déve-

loppent des raffinements de tout ordre, renvoyant aux préférences gustatives et aux compétences culinaires. La carpe, prisée des Dombistes, rencontre d'authentiques amateurs, capables de s'extasier sur une recette, de détecter la délicatesse du goût de la chair au voisinage des arêtes centrales. Une attention extrême est portée à l'état de fraîcheur : le poisson doit être tué à la dernière minute, juste au moment d'être préparé, pour garder toute sa saveur.

France du beurre, France de l'huile

Certains ingrédients jouent un rôle particulièrement important dans la culture locale, tels le beurre et la crème en Normandie. Dans cette région, le beurre reste la matière grasse la plus couramment utilisée dans la cuisine au quotidien, en dépit des recommandations nutritionnelles actuelles encourageant à cuisiner à l'huile d'olive. Beurre et crème rencontrent en Bresse la même popularité. La grande distribution révèle la place qu'ils occupent dans les comportements de consommation. Pour le beurre comme pour la crème, les trois quarts du linéaire sont occupés par des références normandes ou bressanes. La situation est tout autre bien sûr en Provence où tout est accommodé à l'huile d'olive. Que dire du piment d'Espelette omniprésent dans la cuisine basque, où il remplaçait le poivre ? Il fut également longtemps associé à la conservation de la viande de porc : le jambon de Bayonne, frotté à la poudre

La carpe de la Dombes (Ain) est liée à un système d'exploitation extensif d'étangs qui fait alterner une période d'eau et de pisciculture et une période d'assec et de culture céréalière.

Malgré une certaine homogénéisation des modes de vie, les préférences alimentaires des populations peuvent se traduire en données cartographiques. Huiles, beurre ou crème, les matières grasses utilisées pour cuire ou accommoder les aliments jouent un rôle important dans les cultures locales.

Les produits d'origine : entre nature et culture

La pédagogie au service du marketing

Disposer d'informations permettant de comprendre ce qui fait l'identité organoleptique d'un produit est un moyen efficace pour amener l'amateur à le découvrir puis à se familiariser avec lui. Plus largement, il est utile de sensibiliser les consommateurs curieux aux spécificités de ces produits, de leur faire prendre conscience du fait qu'ils sont vivants, saisonniers et variables, autant de « traits de caractère » qui les définissent, les distinguent et les identifient. Dans ce cas, la variabilité – tout comme la saisonnalité et la typicité – deviennent des critères de valorisation et non de dépréciation.

Un certain nombre de produits d'origine sont saisonniers, comme le mont-d'or, fromage AOC du haut Doubs.

de piment, lui est étroitement associé.

Ainsi, certaines productions engagent tout à la fois consommateurs, artisans, restaurateurs ; ils les connaissent et en font un usage reposant sur des différenciations fines qui échappent à l'utilisateur non averti. Cet attachement à des subtilités gustatives issues d'une pratique confirmée constitue une caractéristique de la consommation locale. Tout comme le processus de production, c'est un phénomène localisé qui passe par une grande familiarité entre le mangeur et le produit. La culture gastronomique et les styles alimentaires se différencient d'un pays à l'autre, mais aussi entre les régions d'un même État. La connaissance des caractéristiques du produit, les compétences dans sa préparation et son utilisation, la liaison avec des moments et des valeurs culturelles partagés en un lieu, sont autant d'éléments qui forment le cadre de la consommation locale.

SENS, PLAISIR ET DÉCOUVERTE

La consommation de produits d'origine mêle de façon confuse identité, préférence gustative et attachement associé à une culture et à des pratiques qui continuent de faire sens. Comme l'a souligné le sociologue Claude Fischler, « les hommes marquent leur appartenance à une culture ou un groupe quelconque par l'affirmation de leur spécificité alimentaire ou, ce qui revient au même, par la définition de l'altérité, de la différence des autres ».

Sociabilité et saisonnalité

Bon nombre de ces produits étaient mangés dans un cadre collectif et convivial : baptêmes, mariages, repas de moisson ou d'ensilage… Certains le restent. Le plaisir partagé devient alors un acte de sociabilité et contribue à leur donner de la valeur. La saisonnalité crée des repères culturels, tout comme la répétition à date régulière d'événements festifs, liturgiques ou sociaux au cours desquels sont consommés des produits spécifiques. Cette relation au temps revêt aujourd'hui une valeur particulière ; elle n'est plus subie mais contribue à rythmer la vie sociale, en resituant ces productions dans l'enchaînement des saisons et des cycles.

Le marchand contre les saisons ?

Compte tenu des diktats contemporains du commerce, les producteurs se posent des questions. La saisonnalité est-elle un point à gommer ou à mettre en avant ? Le consommateur est-il prêt à « jouer le jeu » et à accepter d'être privé une partie de l'année d'un aliment auquel il est attaché ? Les experts en marketing lèvent les bras au ciel, imprégnés qu'ils sont des dogmes qui prévalent aujourd'hui en matière d'analyse des comportements « du » consommateur, censé vouloir s'affranchir des contingences saisonnières et trouver toute l'année les produits dont il a envie. La chose semble entendue du côté des marchands, elle l'est moins auprès des consommateurs éclairés qui cherchent précisément à retrouver le plaisir de l'attente.

Débat d'aujourd'hui

Toutes ces remarques renvoient à une question de fond : doit-on adapter les produits au consommateur ou conduire le consommateur vers les produits ? Arrivera-t-on à valoriser ces produits pour ce qu'ils sont ou fera-t-on en sorte de les rendre acceptables au plus grand nombre en les vidant de leur substance pour ne gérer que leur image ? Initier le consommateur au produit, à ce qui en fait l'originalité, à la façon dont il faut le préparer, c'est lui apprendre à le connaître tel qu'il est. Les connaisseurs attachés à la spécificité organoleptique des produits sont les plus sûrs garants de leur maintien, comme cela se vérifie si souvent sur le terrain.

Ainsi, Jean-Pierre Poulain avance-t-il dans son ouvrage *Sociologies de l'alimentation* une interprétation de ce qu'il est convenu d'appeler le *French paradox*, à savoir la plus faible occurrence de maladies cardiovasculaires en France, en comparaison avec les autres pays développés. Il suggère un lien entre la forte dimension culturelle et surtout hédoniste de l'alimentation et une morbidité relativement faible en dépit d'une alimentation riche.

Repères

Malgré les effets perturbants de la toute-puissance de l'image, qui tendent paradoxalement à faire douter de leur existence même, ces productions sont bel et bien présentes dans leur foisonnement. Loin de renvoyer à un terroir immanent, elles résultent d'emprunts, d'échanges, d'adaptations tout en traduisant des préférences alimentaires et un attachement parfois associé à une dimension identitaire. Originaires d'un lieu, elles sont autant de repères dans le domaine alimentaire dont on sait l'importance culturelle. Synonymes de diversité et non gardiennes d'une culture figée et repliée sur elle-même, elles reflètent l'évolution d'une société, son attachement à des pratiques de consommation.

À la croisée de la culture et du vivant, ces productions sont activement mobilisées pour recomposer le local. Hier laissées pour compte, elles sont aujourd'hui repensées dans un autre contexte et pour d'autres mobiles, parties prenantes dans la construction sociale sans cesse en mouvement. Les enjeux se situent à l'échelle mondiale et l'intérêt porté à leur protection s'étend à la planète tout entière. Contrairement à une analyse un peu paresseuse qui les ferait passer pour obsolètes, ces productions sont au cœur des interrogations sociétales.

Les produits d'origine : entre nature et culture

PRODUITS D'ORIGINE ET PATRIMOINE SCIENTIFIQUE

Les productions d'origine ont donné lieu à une multitude de recherches originales liées aux enjeux mêmes qu'elles représentent. Car la protection d'un nom entraîne par essence l'exclusion de son usage par une catégorie d'intéressés. Sur quels critères se fonder et à partir de quelles données ? Cette question centrale a suscité de nombreuses recherches sur la codification des interrelations entre le terroir et le produit. Compte tenu de la nature de ces liens, qui sont à la fois biologiques et culturels, les disciplines sollicitées se situent aussi bien dans le domaine des sciences de la vie que dans celui des sciences humaines et sociales. Les thématiques croisées du terroir et de la typicité peuvent être abordées de multiples façons ; mais c'est bien le travail interdisciplinaire qui est ici le plus fertile pour comprendre les mécanismes entrelacés et imbriqués de l'indication géographique.

L'apport des sciences humaines

Des disciplines aussi variées que l'économie, la sociologie, la géographie, l'histoire, le droit ont été mises à contribution pour explorer le rôle de ces productions dans le développement local ou le tourisme, ou encore étudier les enjeux économiques de la qualité et de la protection, les différentes formes de conventions qu'elles engendrent, les liens entre qualité, origine, territoire et compétitivité, les

D'où vient le goût du salers ? De la flore des hautes terres volcaniques ? De la race ? Des savoir-faire ? De la gerle de bois ?

modes de coordination des acteurs, les marchés, l'organisation économique des filières. Le nombre et la richesse des communications présentées dans plusieurs congrès scientifiques en France et en Europe ces dix dernières années témoignent du dynamisme des recherches conduites dans ce domaine. Quant à l'ethnologie, elle se consacre notamment à l'étude de la culture matérielle. L'observation et l'analyse des savoirs, des pratiques, des gestes, des représentations permettent de mieux comprendre les sociétés locales par le biais des productions qu'elles ont fait naître et qu'elles font vivre.

Le pays d'Auge, berceau de trois fromages AOC de Normandie.

Des « crus » de fromages ?

Les liens entre les conditions de production incluant les pratiques d'élevage, la gestion des pâturages, la microflore des laits et la qualité des produits laitiers ont fait l'objet de nombreuses études. Pourquoi la composition floristique d'un alpage vient-elle influencer la qualité d'un lait ? Pourquoi la diversité des flores et des écosystèmes microbiens a-t-elle une si grande influence sur le produit fini ? Quelle est la place de l'herbe et des fourrages dans la typicité d'une viande ? Agronomes, phytosociologues, zootechniciens, microbiologistes, technologues se penchent sur ces questions. On peut aller plus loin encore dans les investigations : à l'instar des vins, est-il envisageable d'identifier des « crus » de fromages en fonction des associations végétales et du pédoclimat ? La filière comté explore cette voie. Par ailleurs, aurait-on développé des recherches sur le bien-fondé de l'usage du bois dans l'affinage des fromages si les AOC fromagères n'avaient pas fait état de l'importance de ce matériau dans leur spécificité organoleptique ? L'interrogation est la même pour le lait cru dont on sait le rôle essentiel qu'il joue dans ce domaine alors même que la fabrication au lait cru continue d'être menacée à l'échelle mondiale.

Ressources génétiques

Enfin, les spécialistes se penchent aussi et de plus en plus sur les ressources en amont des produits, et plus précisément les ressources génétiques animales et végétales. En effet, les indications géographiques, *a fortiori* les AOC, mettent en œuvre des races animales, des variétés végétales ou des souches microbiennes spécifiques, qui arriment le produit au système local et contribuent à son originalité. Les recenser, les décrire, les caractériser, mais aussi et surtout les conserver et prévoir les modalités de leur accès vers les producteurs, voilà une nouvelle tâche pour l'avenir proche.

Ces diverses approches aident à mieux comprendre le bien-fondé de la protection de l'indication géographique. Des recherches qui aident les produits d'origine à relever les défis de notre époque.

Les produits d'origine : les enjeux du XXIᵉ siècle

En soixante-dix ans, les appellations d'origine se sont imposées au-delà même des limites de l'Ancien Monde où elles ont contribué au développement rural et au patrimoine gastronomique européen. Pourtant, dans un contexte de libéralisation des échanges, la protection des noms géographiques ne va pas de soi. Dans les négociations sur le commerce qui rythment la vie politique mondiale, les positions s'affrontent, reflets de l'histoire des pays, de leur culture et de leurs intérêts. Les produits d'origine : dinosaures de la vieille Europe ou ferments de développement ? En jeu, deux modèles de société.

Le monde est engagé depuis ces dernières années dans une vaste négociation sur les obstacles au commerce, le cycle du Millénaire (Millenium round). Les négociations antérieures, dénommées cycle de l'Uruguay, se sont achevées en 1994 par la signature des accords de Marrakech et la création de l'Organisation mondiale du commerce (OMC). Ces accords comportent plusieurs volets, notamment ceux qui portent sur les obstacles techniques au commerce (OTC) et ceux qui s'intéressent aux aspects du droit de la propriété intellectuelle touchant au commerce (ADPIC). La libéralisation généralisée qui sous-tend ces négociations met en jeu des intérêts divers selon les pays, leur histoire, leurs richesses et leurs

Les négociations très techniques qui se déroulent au sein de l'OMC ne sont pas sans répercussions sur les conditions de fabrication et de commercialisation des denrées alimentaires.

contraintes, les secteurs concernés, la place de l'agriculture dans leurs économies, leurs accès aux ressources et aux marchés. En 2003, des discussions très conflictuelles – en particulier sur la question du coton – ont vu la montée en puissance des États en développement (Chine, Brésil, Inde) et, pour la première fois dans l'histoire, l'opposition organisée des pays les plus pauvres (groupe des 21). Derrière les enjeux économiques,

une controverse de fond concerne l'organisation de la concurrence mondiale et la place de la notion de bien public. C'est moins sur le principe de la libre concurrence que les gouvernements des pays s'opposent que sur son application ou ses modalités. Les protagonistes n'ont pas la même conception de cette notion, de l'étendue de son champ (concerne-t-elle les services, les biens culturels ou l'agriculture de la même façon que les biens manufacturés ?). Ils divergent également sur la nécessité d'introduire une réglementation afin de permettre l'aménagement du territoire, la sauvegarde de la biodiversité ou de l'environnement, etc. Si, depuis plus d'un siècle, les négociations internationales ont traité la question de la protection des indications géographiques et ont donné parfois lieu à des accords larges, les conceptions qui sous-tendent ces noms d'origine géographique, leur place par rapport à la marque privée, les dispositifs et moyens de contrôle et de répression des usurpations diffèrent d'un pays à l'autre. De nombreux pays se sont dotés, par exemple, de législations interdisant la tromperie et la falsification, à

l'instar de la grande loi-cadre de 1905 en France. Parallèlement, ces pays ont adopté au cours du XXe siècle des législations similaires sur les marques. À l'échelle mondiale, on assiste dans certains domaines à une convergence : la création, en 1963, par la FAO et l'OMS de la commission du Codex Alimentarius, pour élaborer des normes mondiales, celle, en 1970, de l'Organisation mondiale de la propriété intellectuelle, la mise à plat des aides à des secteurs particuliers (acier, agriculture…) traduisent ces tendances.
Dans le même temps, depuis 1994, une jurisprudence voit le jour, qui alimente un débat mondial. Le mouvement altermondialiste conteste l'approche des discussions

qui mettent sur le même plan tous les biens, y compris les biens culturels et les biens publics. D'où le célèbre slogan : « Le monde n'est pas une marchandise. » Ce courant s'est affirmé à l'occasion des sommets de l'OMC, de Seattle (1999) à Cancun (2003) en passant par Doha (2001) et lors d'autres rassemblements, comme le Forum social mondial de Porto Alegre (2001), le G8 de Gênes (2001) ou encore le sommet mondial sur le développement durable de Johannesbourg (2002).

Le slogan favori du mouvement altermondialiste. Qu'est-ce que la libre concurrence ? Qu'est-ce qu'un obstacle au commerce ? La question fait débat.

LES PAYS D'IMMIGRATION ET LA RÉUSSITE INDIVIDUELLE

Ce qu'on appelle parfois les « pays du Nouveau Monde » sont la plupart du temps des pays de forte immigration dotés de vastes espaces naturels. Les populations d'Europe, chassées par les famines ou les guerres depuis le XVIIᵉ siècle, avec un pic à la fin du XIXᵉ et au début du XXᵉ siècle, étaient souvent attirées par la « liberté » et les espérances de fortune qui miroitaient dans ces pays : Amérique du Nord, Australie, Nouvelle-Zélande, Afrique du Sud. Elles y ont toutefois conservé leurs structures sociales et leur culture.

Dans des pays où tout semblait à construire, peuplés de pionniers, les libertés d'entreprise et de concurrence apparaissaient comme des dogmes. Sur ces bases se sont édifiés des États libéraux, qui ne se mêlaient ni d'orienter l'économie et la société, ni de promouvoir un bien public transcendant les intérêts individuels. Même s'ils étaient parfois protectionnistes à l'extérieur, ils limitaient leur rôle, en politique intérieure, à fixer des règles du jeu entre les parties prenantes : entreprises, syndicats ouvriers, communautés culturelles et ethniques diverses. Cette construction ne s'est pas faite sans heurts ni conflits, de la guerre de Sécession aux grèves ouvrières réprimées sans pitié, mais elle a fait émerger des États et des sociétés solides.

En Europe, le libéralisme a aussi exercé une influence depuis deux siècles, mais il a d'autres origines. Théorisé par des auteurs comme Adam Smith ou Ricardo, il a précocement inspiré les économies anglaises et hollandaises. Le Royaume-Uni, grâce à ses colonies du Commonwealth, était approvisionné en produits de base et a pu de ce fait concentrer fortement son agriculture, pourtant partiellement protégée. De la même façon, l'industrie alimentaire s'est concentrée en grands groupes industriels, produisant des biens standardisés. Héritiers de la tradition des villes marchandes maritimes du nord de l'Europe (la Hanse), les Pays-Bas, sans surface agricole importante, se sont développés grâce à une intense activité commerciale. Ces deux pays ont été les premiers à abandonner les références aux origines dans le commerce pour y substituer la marque de l'armateur, garantie nécessaire vu le caractère aléatoire et inconnu des denrées venues de terres lointaines.

Produits génériques

Dans ce contexte libéral, l'initiative individuelle est fortement valorisée. Sur le marché ouvert et générique des produits, la concurrence se fait d'abord par les coûts de production et il n'y a d'autre protection pour les entrepreneurs que la marque d'entreprise et la propriété intellectuelle et industrielle privée (brevets par exemple). Le succès économique résulte d'un équilibre entre l'innovation, la baisse des coûts de production et, souvent, l'imitation systématique et sans complexe de ce qui marche : c'est la stratégie commerciale du *me too* (« moi aussi ! »).

Pionniers aux États-Unis, au XIXᵉ s. Des immigrants attachés à la liberté d'entreprise.

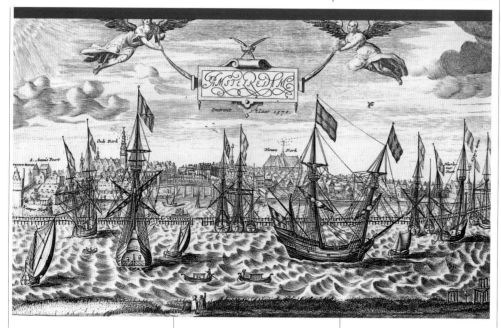

Dans cette idéologie, si le nom d'un produit n'est pas protégé par une marque, n'importe qui peut l'utiliser et le copier à moindre coût pour lui prendre des parts de marché. Un nom géographique devient ainsi rapidement générique puisque aucun texte ne protège son usage ; on considère au contraire qu'il peut être utilisé par tous : tel a été le sort du brie et du camembert, ou encore de l'emmental (dont 90 % de la production a lieu en dehors de la Suisse). Voilà comment les noms de nombreuses appellations d'origine ont été repris – *usurpés* selon l'Union européenne – un peu partout dans le monde et comment on a pu retrouver des « roquefort » néozélandais, des « lentilles du Puy » australiennes, des « noix de Grenoble » canadiennes, du « parmesan » américain, du « jambon de Parme » canadien, du « manchego » mexicain, du « porto » d'Afrique du Sud, du « champagne » californien et autres « chablis » américains.

L'EUROPE ET L'IDENTITÉ CULTURELLE

En Europe, l'espace est plus restreint ; l'histoire est marquée par un jeu séculaire entre protectionnisme et libre concurrence. Les pays tempérés, dotés de conditions naturelles avantageuses et de ressources en abondance, ont pu se développer à l'abri de certaines protections, malgré des périodes de libéralisation : commerce méditerranéen de l'Antiquité renaissant avec l'émergence au Moyen Âge de Gênes et de Venise, commerce d'Europe du Nord, essor des villes commerçantes au XIIe siècle, grands

La création de la Compagnie des Indes au début du XVIIe s. a fait d'Amsterdam un des principaux centres du commerce mondial.

flux commerciaux avec le Nouveau Monde à partir du XVIIe siècle et avec les colonies à la fin du XIXe siècle. Les États en construction et les révolutions démocratiques plus ou moins violentes des XVIIIe et XIXe siècles ont à la fois libéralisé l'économie (en instaurant le libre commerce entre régions et en abolissant les corporations, par exemple) et pris en compte les intérêts des diverses parties des populations (souvent contraints par les jacqueries, émeutes, grèves, voire révolutions). Tout en reconnaissant, au Siècle des lumières, les droits de l'homme dans une perspective individualiste, la plupart des États ont été amenés à promouvoir le bien public comme transcendant

Les produits d'origine : les enjeux du XXIᵉ siècle

les intérêts particuliers. En outre, dans ces pays, l'initiative collective, portée par des idéologies révolutionnaires ou libertaires nées au XIXᵉ siècle, a donné naissance, jusque dans les campagnes, aux mouvements syndicaliste et coopératif.

Intégration européenne

Les différents États européens ont leurs spécificités historiques et culturelles, certains plutôt étatiques et jacobins, d'autres économiquement plus libéraux et décentralisés. Depuis la dernière guerre cependant, ils sont engagés dans un processus d'intégration européenne, lent et chaotique mais bien réel. La stratégie de Jean Monnet était de mener au rapprochement politique en partant de la coopération économique (charbon et acier, puis agriculture). La politique agricole commune, malgré les effets pervers que l'on stigmatise aujourd'hui, a été l'un des piliers de cette Europe ; elle a permis l'émergence d'un modèle agricole européen conciliant la productivité et une rare diversité culturelle et technique, en particulier dans les pays d'Europe du Sud et du Centre. Des paysanneries traditionnelles fortes ont ainsi pu survivre tout en se modernisant au cours du XXᵉ siècle et plus encore depuis 1945.

Le jeu des compromis successifs a abouti à un ensemble de politiques complexes, en équilibre toujours instable, entre régulation et concurrence. L' arrêt Cassis de Dijon (1979) a marqué en Europe la prise de conscience des exigences de la politique de libéralisation

Pour promouvoir une politique agricole orientée vers la qualité, l'Europe a édicté des règlements, notamment sur les vins de qualité produits dans des régions déterminées (VQPRD) et sur l'élevage des volailles en parcours libre.

Le pruneau d'Agen est protégé par une IGP, indication géographique définie par l'UE en 1992.

des échanges agroalimentaires. Il déboutait des fabricants de liqueur allemands de leur plainte contre le cassis bourguignon : ceux-ci ne pouvaient pas s'opposer à la vente en Allemagne d'un produit respectueux des règles en vigueur en France (taux d'alcool inférieur), même si ces règles différaient des normes allemandes.

C'est sur cette base qu'en 1985, la Commission européenne a renoncé à définir au niveau communautaire l'ensemble des denrées alimentaires (sauf une dizaine de produits comme le chocolat) ; sa nouvelle approche a consisté à laisser circuler des denrées similaires, sans qu'un État membre puisse s'y opposer, pourvu que quatre exigences essentielles soient remplies : protection de la santé, préservation de l'environnement, information des consommateurs et loyauté des échanges.

Toutefois, pour promouvoir une politique agricole orientée vers la qualité, la communauté a édicté, à partir des années 1960, un certain nombre de règlements sur les vins de qualité produits dans une région déterminée (VQPRD), puis sur l'agriculture biologique, l'élevage des volailles en parcours libre (1991), et sur les produits d'origine (Appellations d'origine protégées et Indications géographiques protégées, en 1992), qui admettait la protection de types de produits particuliers.

Des produits d'origine par milliers

Depuis la mise en œuvre de cette réglementation européenne sur les indications géographiques, l'Union européenne a enregistré plus de 4 800 indications géographiques (4 200 pour les vins et spiritueux, plus de 600 pour les autres produits). La France compte ainsi 593 produits d'origine (466 pour les vins et spiritueux et 127 pour les autres produits) qui dégagent une valeur de 19 milliards d'euros (16 milliards pour les vins) et constituent l'atout majeur pour 138 000 exploitations agricoles. En Italie, 420 produits d'origine

Parmi les camemberts, seul celui de Normandie est protégé par une AOC.

(300 vins et spiritueux et 120 autres produits) génèrent une valeur de 12 milliards d'euros (5 milliards pour les vins et spiritueux) et emploient plus de 300 000 personnes. En Espagne, 123 produits d'origine dégagent environ 3,3 milliards d'euros (2,6 milliards pour les vins et spiritueux). De nombreux pays dans le monde sont intéressés par cette approche, dont les pays du Sud, qui connaissent désormais au début du XXIe siècle un fort potentiel de croissance, en Asie et en Amérique latine notamment. Ils sont très actifs pour obtenir une protection de leurs indications géographiques. (voir encadré *riz basmati* et *café*)

FAIRE RECONNAÎTRE LES PRODUITS D'ORIGINE À L'ÉCHELLE MONDIALE

La reconnaissance des produits d'origine à l'échelle mondiale contraint à négocier et à passer des accords dans un contexte où l'éloignement des intérêts augmente la complexité. Au-delà de la défense des noms géographiques, c'est sans doute leur diversité culturelle que les différents pays ont voulu protéger dans les accords internationaux signés de la fin du XIXe siècle à nos jours. Après les conventions de Paris (1883) et de Madrid (1891) qui ont contribué à jeter les bases de la protection des indications géographiques et à définir les termes (*faux* et *fallacieux*, par exemple), la convention de Stresa sur les fromages (1951) et l'arrangement de Lisbonne (1958) ont défini les appellations d'origine. Cependant, seuls 7 pays ont signé la première et 22 le second. L'OMPI, chargé d'enregistrer les appellations d'origine, s'est efforcée sans succès, au cours des années 1970 et 1980, d'aboutir à un grand traité international sur les appellations d'origine, en intégrant les préoccupations des pays en voie de développement. Face aux blocages affectant la mise en place de ces accords à visée générale, des traités bilatéraux ou régionaux se sont multipliés dans les années 1960 et 1970 pour répondre aux besoins des pays souhaitant protéger leurs indications géographiques. C'est avec la création de l'OMC, en 1994, que la recherche d'une protection internationale des produits d'origine est revenue à l'ordre du jour, au travers de l'accord dit « ADPIC ». Succès mitigé ? On gardera à l'esprit les négociations épineuses qui ont débouché sur cet accord. Celle du cycle de l'Uruguay, qui a abouti à l'accord de Marrakech en 1994, a été le théâtre d'une dure opposition entre les deux logiques esquissées plus haut, sur fond de libéralisation du commerce et de standardisation des produits.

Concurrence sauvage

La concurrence sur les marchés de produits standards et la pression toujours plus forte d'une grande distribution en voie de concentration entraînent une course à la baisse des coûts de production, de transformation et de distribution par augmentation de la productivité unitaire et par économies d'échelle. Se multiplient les produits « premiers prix », souvent sous marque de distributeur ou de fabricants peu connus. Diverses formes de sous-traitance marquent l'économie de ces secteurs et la négociation pour le prix des matières premières y est particulièrement rude.

Une telle démarche pousse à considérer comme génériques de nombreux produits, même s'ils ont une origine spécifique. Le fromage de Cheddar, par exemple, fait l'objet d'une AOP en Grande-Bretagne (*West Country Farmhouse Cheddar*), mais il existe aussi un marché mondial du cheddar générique (tout au moins entre pays

L'exemple du lait cru

Un exemple emblématique ? Le fromage au lait cru, qui concerne un certain nombre de fromages AOC. Alors que les consommateurs de nombreux pays y sont attachés, que la production est loin d'être négligeable et qu'elle est compatible avec des normes d'hygiène appropriées, aucun accord mondial n'est en vue, malgré de nombreuses discussions au sein de l'Union européenne ou du Codex Alimentarius.

L'assemblée générale de la Fédération internationale laitière voulait, en 1990, édicter des normes uniques sur le lait, contre les positions des pays promoteurs du lait cru. Néanmoins, la même année, le Codex Alimentarius a reconnu la spécificité du lait cru et donc la nécessité de normes particulières. Alors qu'au sein de cette instance, les États-Unis tentent toujours d'imposer la pasteurisation dans les échanges mondiaux, la trentième session du Codex, qui s'est tenue à Washington en janvier 1998 y a renoncé, jusqu'à la prochaine offensive... Aujourd'hui, à l'exception de quatre pays (Australie, Chypre, Mexique et Nouvelle-Zélande), la plupart des États autorisent l'importation de fromages au lait cru sous certaines conditions.

anglo-saxons), qui tire les prix vers le bas.

Cette stratégie d'abaissement des coûts s'exerce à tous les niveaux : production, logistique, transformation, commerce et distribution ;

elle s'applique dans le choix des technologies, l'organisation du travail, s'exprime dans la recherche d'économies d'échelle. En imitation d'un fromage grec en reconnaissance d'AOP, pour produire de la

« feta » industrielle, par exemple, on a abaissé le coût global de transformation de 25 % au kg en dix ans, par de nombreuses techniques, telles l'utilisation de lait reconstitué ou la suppression de l'affinage. La feta ainsi « modernisée » a-t-elle vraiment les mêmes qualités gustatives que la feta traditionnelle ?

Standardisation : hygiène et produits d'origine

Dans ce contexte très libéralisé, l'accord sur les obstacles techniques au commerce (OTC) défend depuis 1994 aux États signataires de l'OMC d'entraver les échanges en prenant pour prétexte l'interdiction de l'utilisation de produits ou techniques particuliers. L'accord n'admet que quelques motifs d'interdiction : la préservation de la santé publique, de l'environnement, et le risque de trouble de l'opinion publique. Cet accord, qui peut être justifié sur le fond, laisse la place à l'arbitraire et ouvre la porte aux conflits commerciaux ; il peut affaiblir la protection de l'origine.

Une certaine conception des normes d'hygiène peut ainsi entrer en conflit frontal avec les traditions que font respecter les indications géographiques. Lorsque ces normes reposent sur des acquis scientifiques indiscutables, il y a consensus. Mais dans le cas contraire, elles ne sont fondées que sur des représentations historiques et culturelles. En attendant que les normes soient unifiées à l'échelle mondiale – terme encore éloigné –, la fixation et le contrôle du niveau sanitaire des denrées alimentaires peuvent servir de prétexte à des attaques contre des produits culturels que sont les produits d'origine. De telles « barrières sanitaires » peuvent constituer des obstacles au commerce, quels que soient les points de vue : obstacle au développement de produits traditionnels pour les uns, à l'essor des produits génériques pour les autres. Ces controverses montrent les enjeux des négociations en matière de normes sanitaires au sein du Codex Alimentarius. Les négociations des normes sanitaires ne sont pas sans incidence sur les indications géographiques. De tels débats se font jour aussi à l'échelle nationale : il est arrivé en France que la Direction des services vétérinaires interprète les normes d'hygiène de manière défavorable au producteur, même si ses pratiques sont le résultat d'obligations propres aux AOC !

Les indications géographiques comme propriété intellectuelle

Trois articles concernent les indications géographiques dans l'accord ADPIC sur la propriété intellectuelle : les articles 22, 23 et 24. L'article 23 accorde le plus haut niveau de protection aux vins et spiritueux, puisque cette protection est acquise *ex officio* : il suffit qu'un vin soit inscrit comme appellation d'origine pour que la protection joue et soit opposable à tout État. Toute usurpation de nom est alors condamnée, sans que la preuve du préjudice doive être administrée. En revanche, l'article 22 prévoit pour les autres produits que soient invalidées les marques qui contiennent une indication géographique, « si l'utilisation de cette indication dans la marque [...] est susceptible d'induire le public en erreur quant au véritable

À l'échelle mondiale, les vins et spiritueux bénéficient pour l'heure de la meilleure protection.

lieu d'origine ». Cela signifie que le plaignant doit prouver devant le tribunal du pays où le cas se produit que le consommateur est trompé. Enfin l'article 24 prévoit un certain nombre d'exceptions à la protection.

Résultat d'une négociation serrée, ces dispositions reflètent des compromis ; elles mettent entre parenthèses des problèmes qui reviennent aujourd'hui avec âpreté dans les débats à l'OMC.

L'Union européenne ne se satisfait pas de cet accord et milite depuis 2001 pour l'extension du plus haut degré de protection à l'ensemble des produits et pour l'établissement d'un registre international avec force obligatoire dans le cadre du cycle du Millénaire. L'opposition la plus forte vient des pays du groupe de Cairns (États-Unis, Australie,

Nouvelle-Zélande, Argentine, Chili…). Lors du sommet de Cancun (2003), qui a débouché sur un échec, la question des indications géographiques n'a pas été discutée, mais la position de l'Union européenne a été réaffirmée, assortie d'une liste de produits dont la protection a été jugée prioritaire par l'UE. Parallèlement, les États-Unis et l'Australie ont déposé des plaintes devant l'organe de règlement des différends de l'OMC à l'encontre du règlement européen sur les AOP-IGP. Cette instance a conforté le cadre européen. Un certain nombre d'États ont demandé à participer aux travaux, en raison de leurs intérêts commerciaux. Dans le même temps, des négociations directes se poursuivent pour mettre sur pied des traités bilatéraux.

Les producteurs du Parmiggiano Reggiano s'opposent à ce que le terme parmesan devienne générique comme celui de camembert, passé dans le domaine public au XIXe s.

Enfin, les adversaires de l'Union européenne sur cette question tentent, par le biais du Codex alimentarius, de donner un caractère générique aux produits qui les intéressent. Ainsi ont-ils voulu faire voter une norme internationale sur le parmesan, en niant le fait que ce nom soit la traduction du nom *Parmiggiano Reggiano*. Une tentative déjouée en 2004, mais qui doit revenir à l'ordre du jour en 2005. Si une telle demande était acceptée, cela créerait un précédent, qui pousserait à définir une norme codex (« générique ») sur des produits protégés par la propriété intellectuelle.

Les produits d'origine : les enjeux du XXIe siècle

QUESTIONS POUR UN DÉBAT

La philosophie de la protection

Dans l'idéologie libérale, les désignations géographiques sont dans le domaine public. Chaque entreprise peut utiliser en toute liberté un nom géographique, à moins qu'il ne soit déjà protégé par une marque privée. Dans cette logique, pour utiliser une indication géographique non protégée, on dépose une marque et, en cas d'usurpation, il n'est d'autres moyens de coercition que ceux issus d'actions légales. Cette idée conduit à considérer que les ADPIC ne concernent que des intérêts privés.

Droit public ou droit privé ?

Pour l'Europe, la propriété intellectuelle sur les indications géographiques est du ressort du droit public, qui garantit une égalité de traitement pour tous : il joue quel que soit le pays (riche ou pauvre, ayant beaucoup ou peu d'intérêts dans les IG), et quel que soit le produit. À ce titre, la revendication de l'Union européenne d'amener tous les produits (art 22) au même niveau de protection que les vins et spiritueux (art 23) est une revendication d'équité.

À cela, la position libérale défend l'idée que l'article 22 permet une protection suffisante contre les abus. Rappelons que la charge de la preuve incombe au producteur qui s'estime lésé ! Or, il est difficile de prouver un préjudice subi, car l'interprétation diffère suivant les juridictions des différents pays, les périodes et les produits. Là aussi, l'équité dicte qu'un seul corps de doctrine soit établi au niveau mondial.

La notion d'usurpation fait toujours l'objet d'une controverse : la pensée libérale avance que les indications géographiques des pays de l'Ancien Monde peuvent être utilisées légitimement dans le Nouveau par des immigrés européens qui ont apporté leurs habitudes alimentaires et leurs produits. Même si cela revient à admettre qu'il s'agit d'un patrimoine collectif, ils entendent utiliser sans limite le nom géographique de ces produits, et pensent que le seul moyen d'éventuellement le protéger est le recours à la marque.

L'indication géographique contre le développement ?

Les thèses libérales avancent en outre que la protection des indications géographiques fait obstacle aux pays en développement en empêchant des noms de devenir génériques, et il s'agirait là d'une forme de néocolonialisme. Le vrai danger ne réside-t-il pas dans le pillage des ressources de ces pays par les groupes agroalimentaires ? Quant aux droits de propriété intellectuelle, ils ont l'avantage de pouvoir être revendiqués sans investissement majeur, à la différence des brevets et des marques, qui demandent de lourds investissements en recherche et développement.

Les pays en développement ne s'y sont pas trompés, puisqu'ils ont pris une part active à la constitution de l'association Origin et veulent défendre leurs produits de terroir comme le riz Basmati, le café d'Antigua, le thé Darjeeling ou l'huile d'Argan contre l'usurpation. Ils sont de plus en plus nombreux à soutenir la proposition européenne d'extension de la protection et de registre international. Les indications géographiques sont pour eux un moyen d'accéder au marché (c'est une de leurs revendications centrales) et de différencier leur offre sur le marché générique des matières premières, soumis à des fluctuations des prix qui leur sont préjudiciables.

Notons que ce raisonnement est le même pour ce qui est du développement de régions moins favorisées dans les pays occidentaux ! Dans cette perspective, les indications géographiques y promeuvent l'agriculture et le monde rural. Un argument invoqué dans le règlement européen. Les produits d'origine, en améliorant le revenu des agriculteurs et en fixant la population rurale, constituent un atout, en particulier pour les zones défavorisées ou périphériques. Ils entrent en synergie avec d'autres types d'activités rurales liées au territoire, comme le tourisme, la transformation à la ferme, la vente directe, et sont moteurs de projets de développement.

Indications géographiques contre marques privées ?

Indications géographiques et marques appartiennent à deux catégories bien distinctes du droit et de l'économie. Les premières mettent en jeu un droit collectif, exercent une fonction d'ordre public (identité collective) et ont un propriétaire public ; les secondes un droit privé, à l'appui d'une stratégie privée et d'un propriétaire privé.

Les pays opposés à la proposition européenne prétendent que « les indications géographiques tuent les marques » et que leur coexistence est néfaste. L'Australie insinue même que l'Union a supprimé la reconnaissance des eaux minérales dans sa réforme du règlement, car celle-ci aurait affaibli les marques d'eau européennes. Dans le même ordre d'idées, certaines études concluent que l'appellation d'origine contrôlée, en matière de fromages, est moins efficace pour créer de la valeur que la marque. Elles soutiennent enfin que la coexistence de marques et des indications géographiques risque d'accroître la confusion du consommateur.

À ces arguments, on peut objecter qu'indications géographiques et marques ne sont pas concurrentes mais complémentaires, car elles assurent des fonctions de nature différentes. Les premières protègent un produit et un patrimoine collectif d'une région donnée, mis en marché par un certain nombre d'entreprises, laissant la place à des marques pour soutenir leurs stratégies individuelles.

Les indications géographiques sont une manière pour des petits producteurs et PME d'accéder à un outil de protection et de promotion qui leur serait sinon inaccessible – comme le soulignait le commissaire européen Pascal Lamy lors de la création de l'association Origin, le 11 juin 2003. La comparaison juridique fait pourtant apparaître une injustice, car les marques sont fondées sur le principe *Prior in tempore potior in jure* (« premier dans le temps, plus fort en droit ») alors que l'enregistrement des indications repose sur une évaluation de leur légitimité et non pas seulement de leur ancienneté.

On remarquera enfin que la coexistence de signes officiels de qualité et de marques privées fonctionne en Europe de manière satisfaisante et a plutôt tendance à améliorer l'information du consommateur que l'inverse.

ORIGIN : une association pour la défense des produits d'origine

D'importantes négociations pour l'avenir de la protection internationale accordée aux IG étant en cours au sein de l'OMC, les producteurs de 21 pays (d'Afrique, d'Amérique du Nord et du Sud, d'Asie, d'Europe de l'Ouest et de l'Est) ont décidé de créer l'association ORIGIN (*Organization for an international geographical indications network*), qui poursuit deux objectifs : promouvoir l'indication géographique en tant qu'instrument de développement et de protection de savoir-faire locaux ; exiger une meilleure protection internationale des indications géographiques.

Une coûteuse bureaucratie ?

Les opposants aux indications géographiques insistent sur la complexité et le coût de la mise en place d'un système multinational pour les régir. Ils soutiennent que l'article 24 des accords ADPIC prévoit tant d'exceptions que cela rendra impossible de nombreux enregistrements. Ils pensent en outre que la politique européenne n'est pas ouverte aux intérêts des pays tiers et manque de transparence, ce que confirment les récentes conclusions du groupe d'experts (panel) de l'OMC (15 mars 2005).

Bien que la réforme du règlement AOP-IGP en 2003 ait commencé à corriger ce problème, puisqu'elle établit une réciprocité dans les procédures et les protections entre ce règlement et le droit international, il reste du chemin à accomplir pour établir réciprocité et transparence – par l'accréditation mondiale des organismes certificateurs notamment. Cependant, les conventions bilatérales et multilatérales (conventions de Madrid et de Lisbonne, par

Les produits d'origine : les enjeux du XXIᵉ siècle

exemple) apportent des protections mutuelles : il suffit aux pays qui veulent en profiter de les signer. Enfin, le groupe d'experts de l'OMC demande aux opposants aux indications géographiques d'accepter la coexistence d'une marque et d'une indication géographique (ainsi par exemple, la marque américaine Budweiser ne peut demander l'éviction de la marque tchèque du même nom qui correspond à la traduction pour l'export du nom d'une bière ancestralement fabriquée en Bohême).

Beaucoup de pays libéraux s'opposent à la proposition de l'Union européenne d'établir un registre international et d'étendre la protection accordée aux vins et spiritueux aux autres produits ; ils jugent une telle mesure déséquilibrée car tous les pays membres de l'OMC ne sont pas producteurs de vins. L'article 23 (protection des vins et spiritueux) avait été négocié durant le cycle de l'Uruguay en faveur de ces pays. Pourquoi tous les pays membres de l'OMC devraient-ils assumer des obligations supplémentaires sans obtenir de concessions en contrepartie ? Il est alors possible de répondre qu'il suffit à ces pays de demander des contreparties.

Enfin, les détracteurs de la position européenne redoutent que le système multinational d'enregistrement et de protection n'engendre une bureaucratie lourde et coûteuse. Autant de dépenses qui pèseraient tant sur les gouvernements que sur les producteurs. Ils soulignent le surcoût pour ces derniers, astreints à rechercher, pays par pays et marché par marché, des noms interdits, à modifier leurs étiquettes, risquant de perdre des parts de marché. Des coûts dont les consommateurs paient finalement le prix.

À ces objections, l'Europe répond qu'il ne s'agit pas de mettre sur pied une bureaucratie, mais un système législatif ; que la politique européenne consiste à expertiser différents systèmes et à reconnaître ceux qui sont équivalents. La forme que prendra la protection n'est pas déterminée à l'avance ; elle est laissée à l'appréciation de chaque État membre (art 1.1. des ADPIC), contrairement aux arguments des pays opposants, qui prétendent que l'Union européenne veut exporter son système. Or on peut noter que le registre des accords de Lisbonne est géré par l'OMPI sans coûts excessifs.

Enfin, compte tenu de l'intérêt que le système représente pour les producteurs, un financement par des taxes sur les produits protégés serait justifié. Pour prendre la mesure du coût pour les producteurs, il faudrait mener une étude systématique des coûts et bénéfices comparés des options en présence. Une recherche qui prendrait en compte les coûts de certification, de montage de dossiers, de protection, d'action en justice, de pertes de parts de marché du fait

La modernité des moyens de production au service de la qualité : tri de la récolte.

de l'usurpation, de pertes de parts de marché du fait de la protection, etc.). L'étude devrait prendre en compte de multiples facteurs, comme le nombre, la nature, la valeur, la réputation des produits à protéger, le nombre de personnes qui en vivent, leur rôle dans l'économie d'une région.

Pour les petits fabricants, l'intérêt d'un système multilatéral apparaît quand on envisage l'optique inverse : le dépôt de marque et la charge de la preuve sont alors à leur charge. En cas d'usurpation, dans le cadre de l'article 22, ils doivent prouver, dans le pays de l'usurpateur, que le consommateur est trompé. Ce qui n'est pas chose aisée : d'une part, les tribunaux peuvent considérer que le consommateur, qui ne connaît pas l'exis-

tence du produit d'origine, n'est pas lésé ; d'autre part les juridictions étrangères sont peu disposées à donner raison au plaignant. Assuré par l'INAO, le coût de la protection internationale contre les usurpations des indications géographiques a atteint 750 000 euros en 2002 et il est en croissance rapide (17 % par an sur la période 1998-2002). Il est financé par le budget de l'État et par une redevance sur les produits AOP-IGP. Ainsi, pour un producteur européen, le coût de protection d'un produit déjà enregistré est presque nul, alors que le coût d'opposition à un produit d'imitation recherchant une protection est de 12 à 18 000 euros, et que celui d'une procédure juridique contre une usurpation atteint 60 à 80 000 euros.

Une fois ces comparaisons faites, on pourrait sans doute apporter la preuve que le système multilatéral est plus avantageux pour le producteur. Comment serait-il financé ? Par des taxes sur les productions protégées ou une participation des producteurs.

Quelle information pour le consommateur ?

L'information du consommateur sur l'origine comporte deux aspects : la question de l'origine proprement dite et celle de la qualité liée à cette origine.

La question de l'origine... La première question fait déjà débat,

Les produits d'origine : les enjeux du xxıᵉ siècle

puisque l'article 22.3 des ADPIC qui s'y rapporte fait l'objet d'interprétations divergentes. Le texte stipule que « un membre refusera ou invalidera […] l'enregistrement d'une marque […] qui contient une indication géographique […] pour des produits qui ne sont pas originaires du territoire indiqué si l'utilisation de cette indication […] est de nature à induire le public en erreur quant au véritable lieu d'origine ».

Un juriste américain, Jim Chen, a soutenu que si le consommateur ne connaît pas l'origine habituelle d'un produit, il n'est pas induit en erreur. Selon cette interprétation libérale, le consommateur moyen néo-zélandais ne serait pas trompé par un « roquefort de Nouvelle-Zélande », puisqu'il ne sait pas que le roquefort est élaboré dans une zone délimitée du Sud-Ouest de la France. La décision appartient au

Les indications géographiques, gage de qualité pour le consommateur ? Un débat d'aujourd'hui.

tribunal néo-zélandais, même si les bases scientifiques permettant au tribunal de déterminer ce « consommateur moyen » et son attitude ne sont jamais spécifiées. Une telle approche ouvre la voie au laxisme en matière d'origine. Selon Lorvellec (1997), qui répond à Chen, il s'agit d'une « prime au producteur le plus malhonnête et au consommateur le plus stupide ».

Les consommateurs européens sont demandeurs d'une information complète et honnête sur l'origine véritable du produit et sont souvent prêts à payer le prix de cette clarté. Dans un monde globalisé, ils ne sont pas censés tout savoir sur l'origine de tous les produits du monde, si une telle information n'est pas mentionnée sur l'étiquette. Il appartient à la puissance publique de l'imposer à travers la réglementation de l'étiquetage. La convention de Madrid condamne et réprime les indications d'origine fausses ou fallacieuses. Cette exigence, admise sans réserves par les textes pour le vin, devrait s'appliquer avec la même force pour les autres produits.

… et celle de la qualité. On sait que l'appellation d'origine n'est pas une simple provenance, puisqu'elle s'assortit d'exigences sur la qualité, la réputation ou les caractéristiques du produit. Selon le règlement européen, la commission vérifie que figurent dans le dossier ses conditions de production, censées déterminer les quali-

tés liées à l'origine. Or si l'on s'en tient aux qualités intrinsèques – ou substantielles – du produit, elles sont encore très hétérogènes et à cet égard, les exigences du règlement européen sont incomplètement harmonisées. Dans ces conditions, même si pour certains produits, on a pu établir le lien entre terroir, conditions de production et qualité, il est encore difficile d'affirmer que le consommateur obtient toujours une information claire sur la qualité des produits d'origine qu'il achète.

Mais le terme de *qualité* peut aussi s'entendre au sens large. Aux yeux du consommateur, la qualité d'un produit ne se limite pas forcément à ses caractéristiques intrinsèques : qualités nutritionnelles, sanitaires ou sensorielles. Les conditions de production peuvent aussi entrer en ligne de compte. Ainsi, le recours à l'agriculture biologique, le souci du bien-être animal, l'utilisation ou non de farines animales ou de produits d'ensilage dans l'alimentation des bovins sont souvent des critères importants pour le consommateur. Pour autant, ces facteurs ne se traduisent pas forcément par une différence de goût.

Si l'idéologie libérale admet une définition réglementaire des produits de l'agriculture biologique alors que la qualité intrinsèque de ces produits n'est pas toujours distincte des produits standard, comment peut-on contester les produits sous indication géographique, au motif qu'ils ne se distinguent pas forcément par leur

*Des dégustations pour déterminer
la qualité intrinsèque des produits.*

C'est assimiler les deux concepts différents d'origine et de provenance. C'est aussi oublier le lien entre qualité, caractéristique ou réputation contenu dans le concept d'indication géographique. Cette assimilation, hélas répandue, est dangereuse.

Autre frein à la concurrence, les produits bénéficiant d'une protection géographique jouiraient d'une rente indue, qui augmenterait le prix au niveau du consommateur. Si leur valeur n'était due qu'à leur localisation, cet argument serait recevable, car aucun investissement particulier ne le justifierait. Cela n'est pas le cas : cette valeur tient le plus souvent à des coûts de production supérieurs.

Les indications géographiques limiteraient la gamme offerte au consommateur, disent encore leurs détracteurs. On constate au contraire que la variété des indications géographiques est liée à l'intensité de la concurrence qui prévaut sur leur marché. Pour combattre le nivellement des prix par le bas, la différenciation des produits et l'augmentation de leur qualité apparaissent comme une stratégie concurrentielle bien connue.

Les libéraux s'en prennent aussi aux délimitations géographiques considérées comme des clubs fermés, qui limiteraient l'offre sur le marché. En fait, il ne s'agit pas de clubs, car la loi leur impose de s'ouvrir à tout opérateur établi dans l'aire délimitée, s'il accepte d'appliquer les conditions de production : la liberté de concurrence

qualité des produits génériques ? C'est donc à juste titre que les promoteurs de ces produits mettent en avant leur valeur sociétale et soulignent leur aspect bénéfique pour l'environnement et le développement rural.

Les produits d'origine contre la libre-concurrence ?

Dans un contexte de libéralisation des échanges, les tenants de l'idéologie libérale reprochent aux indications géographiques de fausser la concurrence. Elles seraient en particulier l'expression d'une politique protectionniste : en réservant un nom à des produits originaires d'une région donnée, elles constitueraient des obstacles au commerce.

Les produits d'origine : les enjeux du XXIe siècle

Le riz Basmati, une origine à protéger

Le riz Basmati est cultivé au pied de l'Himalaya dans le nord-ouest de l'Inde (surtout le Punjab) et le nord-est du Pakistan. Il s'agit de variétés locales adaptées aux conditions difficiles et de faible rendement. L'appellation basmati désigne un riz très aromatique qui s'allonge à la cuisson en restant ferme et non collant. Sa notoriété influe sur son prix de vente – de 2 à 3 fois supérieur en Inde à celui du riz issu des cultures irriguées intensives.

Aux États-Unis, des chercheurs ont mis en évidence les gènes responsables des caractéristiques des riz Basmati et les ont transférés à des variétés de cultures intensives (« Texmati »). Un brevet international a été pris sur ces gènes. Dès lors, il peut être tentant de mélanger du riz d'origine authentique avec du riz bon marché de culture intensive.

L'Inde a attaqué en nullité le brevet sur les gènes « Basmati », et le service enregistrant les brevets aux États-Unis l'a annulé en novembre 2003. Le jugement a considéré que les tenants du brevet n'ont pas apporté la preuve qu'ils avaient négocié le droit de s'approprier les gènes auprès de la collectivité des paysans qui a obtenu et maintenu les variétés de type Basmati. Un droit de propriété collective sur un matériel végétal local est ainsi reconnu, mais il ne s'agit pas d'une protection d'appellation d'origine : les riz imitant le Basmati sans origine authentique existent toujours.

est bien sauvegardée, comme l'a confirmé le commissaire Pascal Lamy dans son discours lors de l'inauguration de l'association Origin en 2003.

Dernière « entorse » à la concurrence, les produits d'origine bénéficieraient d'aides publiques. La rencontre de Doha a clarifié cette question des aides en définissant celles qui doivent être considérées comme entraves au commerce : les mesures de soutien des prix, les restitutions à l'exportation ou les barrières douanières entrent dans cette catégorie. Les aides liées aux conditions de production (aides directes, aides à l'agriculture biologique, au bien-être animal, aux indications géographiques) restent admises. L'accord de Luxembourg, en 2003, officialise l'idée d'une aide spécifique aux produits répondant à des démarches qualité.

En matière de rémunération et de distribution de la valeur, Pascal Lamy a souligné que les indications géographiques sont des multiplicateurs de bien-être efficaces et qu'ils permettent une répartition plus juste de la valeur ajoutée dans les filières. De nombreux exemples vont dans ce sens même si les outils pour mesurer la réalité du phénomène ne sont pas encore au point. Surtout, les indications géographiques ont un effet structurant important sur le développement rural. Leur nature juridique collective protège les réseaux de petits producteurs, et maintient l'ancrage au lieu à la différence des marques, délocalisables par nature.

Un autre modèle de société

Nul doute que les négociations du cycle du Millénaire ne soient cruciales pour l'avenir des sociétés du monde : elles touchent aux modèles de production et de consommation, aux cultures (y compris l'alimentation), à l'accès au marché et au développement économique… Elles devraient mener à un accord, car le besoin en est ressenti par tous. Un accord qui modèlera les sociétés humaines pour longtemps. Cependant, l'exacerbation des positions en présence laisse planer une grande incertitude, qui n'est pas sans rapport avec les interrogations contemporaines portant sur l'avenir du climat, la biodiversité, l'accès à l'énergie et à l'eau. Certes, le modèle de la concurrence libérale garde son attrait pour de nombreux pays qui y nourrissent leurs espoirs de développement. Mais dans le même temps, la nécessité de préserver les ressources énergétiques, biologiques (races animales, espèces et variétés végétales, ferments), aquatiques, culturelles (savoir-faire) devient stratégique pour les peuples du monde ; cette exigence se trouve à la base d'un autre modèle de développement, plus durable, qui se définira au cours des décennies à venir. Les indications géographiques y joueront un rôle notable, si elles parviennent à accroître leur légitimité en termes de biens publics, conformément aux attentes des citoyens.

Des cafés d'origine

Les grandes marques de café vantent leur « savoir-faire » pour choisir les « plus nobles origines » de leurs cafés, mais elles omettent de les préciser. Or depuis ces dernières années, des consommateurs d'Europe et parfois des États-Unis demandent des cafés spéciaux comportant la référence à l'origine géographique.

Comme la culture du thé et du cacao, comme la viticulture, la culture du café est pérenne, peu mécanisée et très sensible au climat local et à la nature des sols. Dans la plupart des pays, la production est l'affaire de petites exploitations familiales. Chaque région de production est un « cru » qui a sa propre cotation avec un différentiel de prix constant par rapport au cours mondial. Le marché est libre, mais les acheteurs spécialisés connaissent parfaitement la hiérarchie des « crus », et la hiérarchie des prix en est le reflet quel que soit le mode de torréfaction. Même si à la différence de nombreux vignerons, le planteur ne finalise pas lui-même sa production, torréfiée par d'autres, il sait pourquoi son café est recherché. Depuis la signature des accords ADPIC de l'OMC, de nombreux États se préoccupent de faire respecter l'origine de leurs cafés. Les pays pionniers sont le Costa Rica, la Colombie, l'Éthiopie, l'Indonésie, la République Dominicaine et certains États du Brésil.

Le tour de France
des produits d'origine

PRODUITS LAITIERS & AGROALIMENTAIRES DE FRANCE

Régions de production des appellations d'origine contrôlée

MANCHE

OCÉAN ATLANTIQUE

MER MÉDITERRANÉE

Manoilles

Neufchâtel

Beurre et crème d'Isigny

Coco de Paimpol

Camembert de Normandie

Livarot

CAEN

ROUEN

REIMS

ÉPERNAY

MERZ

PARIS

Brie de Meaux

CHÂLONS-EN-CHAMPAGNE

STRASBOURG

Munster

Pont-l'Évêque

Brie de Melun

TROYES

BAR-SUR-AUBE

Miel de sapin des Vosges

COLMAR

LE MANS

ORLÉANS

Langres

Chaource

MULHOUSE

Maine Anjou

ANGERS

TOURS

BLOIS

GIENS

AUXERRE

Époisses

DIJON

BESANÇON

Morbier

Mont d'or

NANTES

Selles-sur-Cher

Sainte-Maure de-Touraine

VIERZON

Crottin de Chavignol

BEAUNE

Comté

LA ROCHE-SUR-YON

Chabichou du Poitou

Valençay

BOURGES

NEVERS

CHALON-S-SUR-SAÔNE

LONS-LE-SAUNIER

Beurre des Deux-Sèvres

Pouligny-Saint-Pierre

Volaille de Bresse

Bleu de Gex

POITIERS

Dinde de Bresse

MÂCON

Abondance

Pomme de terre de l'île de Ré

LA ROCHELLE

Beurre Charentes-Poitou

MONTLUÇON

Fourme d'Ambert

Saint Nectaire

ROANNE

Chevrotin Reblochon

ANNECY

Tome des Bauges

Beurre des Charentes

ANGOULÊME

CLERMONT-FERRAND

Bleu d'Auvergne

Fourme de Montbrison

LYON

VIENNE

CHAMBÉRY

Pomme du Limousin

Salers

Cantal

Lentille verte du Puy

Beaufort

Noix de Grenoble

Olives noires et Huile d'olive de Nyons

Bleu du Vercors-Sassenage

Noix du Périgord

Rocamadour

BORDEAUX

BERGERAC

VALENCE

DIE

Picodon

Bleu des Causses

MONTÉLIMAR

Huile essentielle de lavande de Haute Provence

CAHORS

Chasselas de Moissac

RODEZ

Roquefort

Dignon doux des Cévennes

Huile d'olive

Mascat du Ventoux

Banon

Olive et huile d'olive du Nice

MILLAU

Pélardon

NÎMES

AVIGNON

Huile d'olive de la Haute Provence

NICE

ALBI

Foin de Crau

AIX-EN-PROVENCE

Huile d'olive d'Aix-en-Provence

CANNES

MONT-DE-MARSAN

AUCH

TOULOUSE

Laguiole

MONTPELLIER

BASTIA

BAYONNE

CARCASSONNE

Taureau de Camargue

MARSEILLE

TOULON

Huile d'olive de Corse

Piment d'Espelette

Ossau-Iraty

PAU

TARBES

NARBONNE

Olives cassées, Olives noires et Huile d'olive de la Vallée des Baux de Provence

Brocciu

AJACCIO

Miel de Corse

Barègis-Gavarnie

PERPIGNAN

○ Produits laitiers

Produits agroalimentaires

Réalisation Sopexa

VINS ET EAUX-DE-VIE DE FRANCE

Régions de production
des Appellations d'Origine Contrôlée

MANCHE

Calvados

CAEN

Calvados

REIMS

CHÂLONS-EN-CHAMPAGNE

ROUEN

ÉPERNAY

PARIS

LE MANS

ORLÉANS

Anjou

BLOIS

Pays Nantais

ANGERS

TOURS

GIEN

Centre

NANTES

VIERZON

Touraine

BOURGES

LA ROCHE-SUR-YON

POITIERS

Vallée de la Loire

NEVERS

Vendée

MOULINS

LA ROCHELLE

MONTLUÇON

OCÉAN
ATLANTIQUE

Cognac

ANGOULÊME

Auvergne

CLERMONT-FERRAND

Libournais

Entre-Deux-Mers

Médoc

Bourgeais
et Blayais

Bergeracois

BORDEAUX

BERGERAC

Sud-Ouest

Graves

CAHORS

Bordelais

AGEN

Cahors-
Albigeois

Auvergne-
Aveyronnais

RODEZ

Garonne

MONT-DE-MARSAN

ALBI

Armagnac

Grands
Pyrénées

AUCH

TOULOUSE

MILLAU

BAYONNE

PAU

TARBES

Sud-Ouest

CARCASSONNE

NARBONNE

Roussillon

PERPIGNAN

TROYES

BAR-SUR-AUBE

Yonne

AUXERRE

Côte-d'Or

Bourgogne

DIJON

BEAUNE

Côte-de-Beaune

Côte-de-Nuits

Côte-
Chalonnaise

CHÂLON-SUR-SAÔNE

Mâconnais

MÂCON

Beaujolais

ROANNE

LYON

VIENNE

Lyonnais

Septentrionale

VALENCE

Vallée
du Rhône

DIE

MONTÉLIMAR

Méridionale

AVIGNON

NÎMES

MONTPELLIER

ARLES

Languedoc

MARSEILLE

TOULON

METZ

Lorraine

NANCY

STRASBOURG

COLMAR

Alsace

MULHOUSE

BESANÇON

Jura

Bugey

Savoie

CHÂLON-SUR-SAÔNE

LONS-LE-SAUNIER

ANNECY

CHAMBÉRY

Champagne

Provence

NICE

CANNES

Corse

BASTIA

MER
MÉDITERRANÉE

AJACCIO

OCÉAN
ATLANTIQUE

20 km

Rhum de la
Martinique

FORT-DE-FRANCE

MER DES
CARAÏBES

Département
d'outre-mer

Réalisation Sopexa

LA MÉDITERRANÉE

Antiques terroirs, berceaux de produits de caractère qui participent d'un art de vivre : vins, olives, miel, plantes à parfums et tant d'autres. L'agriculture contribue à la protection de ces aires méditerranéennes à la géographie complexe, souvent menacées par la pression touristique ou les incendies de forêts et de garrigues.

Les pays méditerranéens se présentent en trois sous-ensembles naturels et humains. À l'ouest, une bande littorale de 10 à 50 km, de Marseille à Perpignan, couronnée de costières, de garrigues ou de massifs montagneux. Les vents forts des vallées de l'Aude et du Rhône rendent l'hiver frais, tandis que l'été est particulièrement chaud et sec. C'est le cœur de l'ancienne province romaine de la Narbonnaise ; les Phocéens avaient auparavant laissé leur empreinte dans les cités vigneronnes de Banyuls, Port-Vendres et Agde. Longtemps marqué par la culture intensive, le Languedoc-Roussillon connaît depuis vingt ans une période de renouveau.

À l'est, les Alpes parviennent jusqu'à la mer. C'est la Provence, mosaïque de terroirs. Sur le littoral, le climat est très doux en hiver, peu venté, alors que la sécheresse estivale est atténuée par les rares pluies venues de la mer. Protégée par ses montagnes, la Provence a gardé ses vignes, ses oliviers et sa lavande. Si les Phocéens y ont fondé, outre Marseille, les cités de Hyères, d'Antibes et de Nice, les Romains ont mis en valeur la fertile vallée de l'Argens à partir de Fréjus. Au sud, l'île montagneuse de Corse a préservé ses paysages parmi les plus beaux du monde. Sous un climat clément grâce aux influences de la mer et des montagnes qui tempèrent les excès méditerranéens, elle offre des productions agricoles originales. La flore des maquis et des montagnes est un trésor que les abeilles exploitent. Les Romains ne surnommaient-ils pas ce pays « l'île du Miel » ?

La Provence

La seule prononciation du nom « Provence » évoque un art de vivre, la détente, le chant des cigales et le rosé frais savouré entre amis au bord de la mer. Car les vignerons provençaux ont eu ce coup de génie : de même que le champagne parle de fête partout dans le monde, de même le rosé de Provence est synonyme de vacances d'été. Pourtant, la mer et la vigne s'unissent rarement en Provence. Alors que le Languedoc s'offre tout entier à la Méditerranée sans le moindre écran, la Provence est structurée au moment des soulèvements pyrénéens et alpins, puis des phases d'érosion postérieures, en une série de chaînons orientés essentiellement est-ouest, qui délimitent de petits bassins où la vigne a trouvé autant de niches. Parce que ces chaînons bordent souvent la mer, la vigne ne rencontre la Méditerranée qu'à l'occasion de quelques trouées dans des paysages extraordinaires.

Côtes-de-provence

C'est la plus grande aire de production de vins rosés du monde. Ces « friands vins clérets de Provence », déjà appréciés à la cour de France aux XVIIe et XVIIIe s., ont obtenu l'AOC en 1977. Les côtes-de-provence se répartissent entre cinq terroirs. Au sud-est, le massif cristallin des Maures plonge ses pentes de granite et de gneiss directement dans la Grande Bleue, mais la vigne y est rare. Il est cerné au nord par la dépression permienne, de Toulon à Fréjus, où les ceps sont omniprésents sur des terres couleur lie-de-vin, puis par le plateau triasique calcaire, plus élevé en altitude, avec des vignobles très dispersés. Plus à l'ouest, deux grands bassins s'indivi-

dualisent : celui de l'Arc, dominé par la silhouette majestueuse et minérale de la Sainte-Victoire, et celui du Beausset qui, en bord de mer, entoure l'aire de bandol.
Le rosé est roi, tandis que les vins rouges et blancs représentent une petite production. Les cépages traditionnels méditerranéens (grenache, syrah, mourvèdre, cinsault, carignan) y côtoient quelques étrangers,

Dans le cadre majestueux du massif des Alpilles, le vignoble des Baux-de-Provence.

comme le cabernet-sauvignon, ou des originaux tel le tibouren dans la presqu'île de Saint-Tropez. En blanc, rolle, ugni blanc et clairette font bon ménage avec le sémillon.

Coteaux-d'aix-en-provence

Dans la partie occidentale de la Provence calcaire, le vignoble des coteaux-d'aix-en-provence s'étend de la Durance, au nord, à la Médi-

BANDOL
AOC 1941
[35 % rouges, 60 % rosés, 5 % blancs]
48 350 hl

LES BAUX-DE-PROVENCE
AOC 1995
[80 % rouges, 20 % rosés]
8 900 hl

BELLET
AOC 1941
[40 % rouges, 30 % rosés, 30 % blancs]
1 000 hl

CASSIS
AOC 1936
[5 % rouges, 25 % rosés, 70 % blancs]
6 600 hl

terranée, du Rhône, à l'ouest, à la ville d'Aix (l'ancienne Aquae Sextiae des Romains) et même un peu au-delà. Les chaînons régionaux – La Nerthe au sud, La Fare au centre, les Costes au nord – divisent l'aire en bassins viticoles inégaux, aux sols argilo-calcaires caillouteux. La vigne doit ici se battre pour garder sa place dans le paysage tant l'urbanisation et l'industrialisation sont des ennemis redoutables. Avec un encépagement très voisin de celui des côtes-de-provence, l'appellation produit des rosés fruités et souples, des rouges aptes à la garde et des blancs généreux.

Les baux-de-provence

La citadelle des Baux-de-Provence, fondée sur les ruines d'un oppidum gaulois, veille aujourd'hui sur la prospérité des vignes et des oliviers qui l'assiègent pacifiquement. Son terroir est parvenu à affirmer son identité et a obtenu en 1995 le statut d'AOC à part entière. Auparavant, Les Baux n'était qu'une dénomination à l'intérieur de l'appellation coteaux-d'aix-en-provence. Dans le cadre majestueux du massif des Alpilles, la production s'oriente majoritairement vers des vins rouges de garde, aux arômes de fruits noirs, de romarin et de thym.

Bandol

À côté des grands vignobles provençaux, quatre petits terroirs ont acquis leurs lettres de noblesse. Bandol en est le plus important. Autour du port du même nom, la vigne occupe un cirque bien protégé des vents frais du nord, sur des terroirs calcaires de toutes les périodes de l'ère secondaire. Au cœur de paysages d'une rude beauté, le mourvèdre s'est imposé ; il donne naissance à des vins rouges de grande classe qui exigent du temps pour s'épanouir. Bandol produit également des vins blancs élégants et de plus en plus de rosés ronds et fruités.

Cassis

À quelques kilomètres plus à l'ouest, le vignoble de Cassis a bâti sa réputation sur des vins blancs dont Frédéric Mistral disait :

Les vignes de Bandol, dominées par le mourvèdre, descendent vers la mer.

Cassis est à l'origine de vins blancs aromatiques.

« L'abeille n'a pas de miel plus doux. » L'alternance de calcaires durs et tendres du crétacé a dessiné ces paysages grandioses de calanques et de falaises qui forment un écrin au vignoble ouvert à la mer.

Palette et bellet

La Provence compte encore deux vignobles presque urbains. Palette, aux portes est d'Aix-en-Provence, jouit d'une formation géologique unique – le calcaire de Langesse – et d'une gamme de cépages originaux. Bellet, haut quartier de Nice qui domine la rive gauche du Var, produit des rosés et des blancs aromatiques, ainsi que des vins rouges structurés à partir du braquet et de la fuella nera plantés sur de petites terrasses étroites, les « planches ».

Coteaux-varois-en-provence

Aux environs de Brignoles, les coteaux-varois s'immiscent au sein de la Provence calcaire entre la plateau triasique et le haut bassin de l'Arc. Dans un décor de petites cuvettes séparées par des chaînons calcaires boisés et soumis à un climat moins chaud, les vins ont un caractère plus frais et plus friands que leur voisins.

COTEAUX-D'AIX-EN-PROVENCE
AOC 1985
[25 % rouges, 70 % rosés, 5 % blancs]
200 000 hl

COTEAUX-VAROIS-EN-PROVENCE
AOC 1993
[25 % rouges, 70 % rosés, 5 % blancs]
80 000 hl

CÔTES-DE-PROVENCE
AOC 1977
[15 % rouges, 80 % rosés, 5 % blancs]
900 000 hl

PALETTE
AOC 1948
[40 % rouges, 30 % rosés, 30 % blancs]
1 300 hl

Banon

Le banon est un fromage en forme de palet recouvert de feuilles de châtaigniers brunes, liées par un brin de raphia naturel composant de six à douze rayons (diamètre de 75 à 85 mm, hauteur de 20 à 30 mm). Ce produit serait apparu à la fin du XIIIe s. sur les foires et les marchés. Vache du pauvre, la chèvre produisait autrefois du lait qui servait à l'alimentation familiale à l'état frais et qui était aussi transformé en fromage – seule manière de prolonger dans le temps sa valeur nutritive.

Aujourd'hui plus petite AOC fromagère de France, le banon est produit sur 179 communes des Alpes-de-Haute-Provence, des Hautes-Alpes, du Vaucluse et de la Drôme (19 producteurs de fromages, dont 17 fermiers ; 1 affineur).

Le banon trouve un allié dans le coteaux-d'aix-en-provence rouge qui s'harmonise avec ses arômes de sous-bois et de garrigue.

Les chèvres doivent sortir 210 jours minimum par an, souvent dans la lande et la garrigue, ce qui donne à ce fromage ses senteurs de Provence mêlées de notes caprines. À déguster avec de l'huile d'olive AOC.

AOC 2003
Pâte : caillé présure, pâte molle
Lait cru de chèvre
Races : alpines, roves, communes provençales

Affinage : 5 jours mini, 10 jours maxi pour un palet nu + 10 jours sous feuille, soit 15 jours mini au total

Poids : 100 g
Production : 55 t

Agneau de Sisteron

La zone d'élevage de l'agneau de Sisteron s'étend en Provence-Alpes-Côte-d'Azur et en Drôme provençale. La cité de Sisteron a toujours été un centre d'échanges de troupeaux entre les Alpes, les plaines et les collines provençales ou méditerranéennes. La dénomination « agneau de Sisteron » est apparue dans les années 1920-1930 à l'initiative de chevillards sisteronnais. Les brebis transhument en montagne à la fin du printemps et redescendent en septembre pour agneler. Cet agneau de saison n'est donc vendu que du 1er décembre à la fin août (22 235 agneaux labellisés ; 300 éleveurs et 3 entreprises). Sa chair rosée est d'une tendreté remarquable.

La région du Sud-Est est le berceau de l'élevage ovin français. Sur le parcours des Alpes et de la Provence, les brebis pâturent depuis plus de six mille ans.

IGP 2005 (enregistrement communautaire en cours)
Label Rouge 2003
Races : mérinos d'Arles, Préalpes du Sud, Mourérous

Poids : 13 à 15 kg
Date d'abattage : de 70 à 150 jours

Alimentation : lait de la mère et fourrage de la zone après sevrage

Foin de Crau

AOC 1999
Poids : balle basse
densité de 30 à
40 kg ; haute densité
de 180 à 500 kg

Superficie : 12 000 ha

Production :
100 000 t
(300 producteurs)

Depuis le XVIᵉ s., des canaux apportent l'eau de la Durance et ses alluvions dans la plaine de la Crau (Bouches-du-Rhône). Aujourd'hui, 400 km de canaux irriguent les prairies par submersion, tous les dix jours pendant huit mois. Trois coupes de foin, riche en matière azotée, sont réalisées par an : en mai, en juin-juillet et en août-septembre. La première convient aux chevaux de course et à l'engraissement des bovins, la deuxième aux vaches et aux brebis, la troisième aux ovins et aux caprins. La pâture des prairies (légumineuses et graminées, dont le fromental *Arrhenaterum Eliatus*) est ensuite obligatoire : plus de 100 000 moutons transhument ainsi par les « coussouls », dont ceux qui produiront l'agneau de Sisteron.

Huile essentielle de lavande de Haute-Provence

AOC : 1981
Espèce : *Lavandula
Angustifolia* - P. Miller

Superficie : 4 200 ha
Production : 12,8 t
(1 ha donne 25 kg
d'huile essentielle de
lavande)

Producteurs : 59
Distilleries : 28

La lavande fine ne pousse qu'en altitude. Utilisée pour l'eau de toilette, pour parfumer le linge et apaiser les douleurs, cette plante vient de la plus haute Antiquité égyptienne. Véritable « or bleu » des Préalpes de Provence, elle est récoltée à plus de 800 m d'altitude sur l'aire d'appellation, au carrefour des Alpes-de-Haute-Provence, des Hautes-Alpes, du Vaucluse et de la Drôme. Elle est séchée et distillée à la vapeur. L'huile essentielle est recherchée en parfumerie pour sa finesse ainsi qu'en aromathérapie.
Il ne faut pas confondre l'huile essentielle de lavande, appellation réservée à la seule lavande fine, avec le nom générique de lavande qui s'applique à toute substance lavandée, qu'elle soit synthétique ou originaire du lavandin, hybride moderne cultivé dans les plaines.

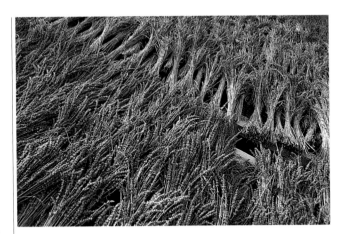

*Un hectare de lavande donne
au maximum 25 kg d'huile essentielle.*

Huile d'olive d'Aix-en-Provence

Les plus anciennes huileries (IVᵉ s. av. J.-C.) ont été découvertes en Provence dans l'île de Martigues. L'huile d'olive d'Aix-en-Provence doit provenir d'un assemblage d'au moins deux variétés principales. Elle se caractérise par des arômes intenses de foin coupé, de pomme verte, de plant de tomate, d'artichaut et de menthe. En fin de bouche, des flaveurs de beurre, de fruits secs et d'amande soulignent la sensation d'onctuosité.

D'un faible taux d'acidité, l'huile d'olive vierge extra d'Aix-en-Provence peut aussi bien être utilisée pour la cuisson que pour l'assaisonnement.

AOC 1999
Départements :
Bouches-du-Rhône, Var
(73 communes)
Superficie plantée :
800 ha (285 000 arbres)
Sols : brun calcaire,
riches en cailloutis

Variétés principales :
aglandau, cayanne,
salonenque
Variétés secondaires :
bouteillan, grossane,
verdale des Bouches-
du-Rhône et variétés
locales anciennes

Quantité d'huile :
260 t (9 moulins)

Huile d'olive de Haute-Provence

L'olivier commence à produire des fruits dès sa sixième année de plantation. Celui de Haute-Provence est cultivé à une altitude de 400 à 700 m.

Des textes médiévaux mentionnent l'existence d'une taxe à percevoir sur l'huile d'olive par le comte de Provence aux péages de Digne et de Valensole. Témoignage de l'ancienneté de cette production en Haute-Provence. L'huile d'olive de Haute-Provence se caractérise par une couleur jaune à reflets verts, des arômes de pomme verte, de pomme mûre, d'artichaut et de foin coupé. Fine et persistante en bouche, elle possède une légère amertume.

AOC 1999
Départements :
Alpes-de-Haute-
Provence, Vaucluse,
Bouches-du-Rhône, Var
(95 communes)
Superficie plantée :
800 ha (190 000 arbres)
Sols : issus des
formations géologiques
du secondaire. Sols
riches en cailloux
calcaires

Variétés principales :
aglandau (80 %
minimum en nombre
d'arbres)
Variétés secondaires :
bouteillan, picholine,
tanche et variétés
locales anciennes

Quantité d'huile : 150 t
(6 moulins)

Huile d'olive de la vallée des Baux-de-Provence

AOC 1997
Département :
Bouches-du-Rhône
(16 communes)
Superficie plantée :
1 700 ha (368 000)
Sols : calcaires du
massif des Alpilles

Variétés principales :
salonenque,
beruguette
(aglandau), grossane,
verdale des Bouches-
du-Rhône
Variétés secondaires :
picholine et variétés
locales anciennes
(limitées à 10 %)

Quantité d'huile :
300 t (7 moulins)

Cette huile d'olive vierge se distingue par son onctuosité, sa complexité et sa longueur en bouche. Les arômes évoquent les fruits secs, l'amande, la noisette, la pomme et l'artichaut. Certains moulins produisent des huiles au fruité noir caractéristique, particulièrement recherchées. Très douces, celles-ci expriment des arômes puissants de cacao, de truffe et de champignon.

Huile d'olive de Nice

AOC 2001
Département :
Alpes-Maritimes
(99 communes)
Superficie plantée :
1 300 ha
(400 000 arbres)
Sols : calcaires et
marno-calcaires en
terrasses

Variété : cailletier

Quantité d'huile :
300 t (27 moulins)

L'oliveraie niçoise est implantée au cœur d'une région caractérisée par l'absence de vents forts, où la montagne et la mer se rejoignent. Le drain majeur est le Var avec ses vallées affluentes de la Vésubie, de la Tinée et de l'Estéron. Cinq moulins perpétuent le fonctionnement ancestral selon « le système génois ». Ainsi celui de Contes, du XIIe s., est toujours mû par une roue à eau et des engrenages en bois. Cette huile douce est discrètement aromatique, mais complexe (pomme mûre et fruits secs tels que la noisette et l'amande).

Récoltée entre décembre et mars, l'olive de variété cailletier est à l'origine de la dernière-née des AOC d'huiles d'olive provençales.

Olives de Provence

- Les *olives cassées de la vallée des Baux-de-Provence* (250 t ; variétés beruguette (aglandau) et salonenque) sont des olives vertes aromatisées au fenouil. Produit primeur, elles ont une faible durée de conservation.
- Les *olives noires de la vallée des Baux-de-Provence* (12 t ; variété grossane) sont des fruits courts, gros, à base large tronquée, à pulpe abondante et savoureuse. Le mode de fabrication longtemps traditionnel (piquage manuel des olives) commence à se mécaniser.
- Les *olives de table de Nice* (300 t ; variété cailletier) sont de petit calibre et de couleurs variées, allant du vert-jaune au brun, ou du lie-de-vin à noir violacé. Elles doivent être fermes et leur pulpe doit se détacher aisément du noyau. Jamais acides, elles dévoilent une amertume légère et des arômes de fruits secs.
- La *pâte d'olives de Nice* a une couleur lie-de-vin caractéristique ; elle doit être onctueuse, fine, non grossière, avec des arômes de fruits secs comparables à ceux de l'huile d'olive de Nice. Elle provient exclusivement de la variété cailletier mélangée à l'huile d'olive de Nice sans ingrédients supplémentaires.

La Corse

La Corse est la fille de la mer et du soleil. Plongeant ses regards vers la mer Tyrrhénienne à l'est et la Méditerranée à l'ouest, elle a connu des influences diverses qui ont forgé son caractère. La vigne, implantée par les Génois au XVIe siècle, bénéficie d'une longue histoire que les multiples invasions n'ont jamais interrompue. « Montagne dans la mer », la Corse est un massif essentiellement granitique, à l'exception du tiers nord-est calcaire et du cap Corse composé de schistes lustrés. Elle se caractérise par des microclimats nombreux du fait de la présence de la mer et de la montagne. Les dominantes insulaires sont la douceur, une insolation exceptionnelle et une pluviométrie abondante.

AJACCIO
AOC 1984
[50 % rouges, 30 % rosés, 20 % blancs]
7 000 hl

MUSCAT-DU-CAP-CORSE
AOC 1993
2 000 hl

PATRIMONIO
AOC 1968
[50 % rouges, 35 % rosés, 15 % blancs]
14 000 hl

VIN-DE-CORSE
AOC 1976
[60 % rouges, 30 % rosés, 10 % blancs]
76 000 hl

Vin-de-corse

Le vignoble, essentiellement implanté à la périphérie de l'île, trouve sur la côte orientale ses plus vastes étendues, de Bastia à Ghisonaccia. C'est dans cette partie que se situent les plus grandes caves coopératives et propriétés. Cinq dénominations peuvent compléter l'appellation régionale. Au nord, là où les vignes dominent la mer, sont produits les vins-de-corse-Coteaux du cap Corse. Vers le sud, se trouve le petit vignoble de **Porto-Vecchio** qui résiste entre mer et maquis. Plus au sud encore, près de Bonifacio, **Figari** offre des répits verdoyants aux paysages arides et battus par les vents. En remontant vers Ajaccio, les vignes de **Sartène** tapissent les reliefs. Enfin, au nord-ouest, au-dessus de Porto, les ceps de **Calvi**, au cœur de la Balagne, côtoient les oliveraies centenaires.

Muscat-du-cap-corse

Comme la proue d'un navire, le cap Corse tient tête à la Méditerranée. Il est le siège d'une petite production de vin doux naturel. L'association des schistes, du granite et des calcaires du Nebbio au climat local et au cépage muscat à petits grains favorise un caractère non seulement velouté, mais aussi tout de finesse (abricot et raisins secs, fruits exotiques, agrumes, cannelle).

Ajaccio

Situé au sud-ouest de la Corse, le vignoble d'Ajaccio s'étend sur les terres granitiques des vallées du Prunelli et surtout de la Gravona, à l'est de la ville. Il produit principalement des vins rouges élégants à partir des cépages sciacarellu et barbarossa, mais également des vins blancs fruités et souples, marqués par le vermentinu qui possède une faible acidité naturelle.

Patrimonio

Les vignes s'inscrivent dans un cirque calcaire grandiose qui s'ouvre vers l'est et le sud à partir du golfe de Saint-Florent. Dans cette région climatique complexe, dénommée Nebbio en raison des brumes marines, le niellucciu prospère, accroché aux collines calcaires du secondaire et du tertiaire. Il produit des vins rouges charpentés qui demandent trois ou quatre ans de garde.

Brocciu corse

Autrefois les ressources de l'île de Beauté provenaient essentiellement de l'élevage des petits ruminants tels que les chèvres et les brebis. L'aire géographique du brocciu couvre ainsi la Corse entière. Initialement denrée de troc contre lequel on échangeait d'autres produits alimentaires, ce fromage a une origine légendaire : sa recette aurait été transmise aux bergers corses par Salomon, il y a des millénaires.

Le lactosérum est additionné de lait frais et chauffé à une température de 90 °C maximum. Le brocciu remonte à la surface du mélange et le fromager récupère ce précieux produit avec une écumoire avant de le transvaser dans des moules, initialement en jonc mais aujourd'hui en plastique de différentes tailles. Le brocciu est utilisé dans de nombreux plats traditionnels : gâteaux, pâtes, soupes, etc. Il peut aussi être consommé frais, additionné de sucre ou de miel AOC de Corse, avec ou sans feuilles de menthe, ou bien être affiné avec de l'huile d'olive de Corse et des aromates (thym, basilic, herbes locales). Affiné en *passu*, il sent le lait de brebis ou de chèvre ; son poids a diminué et sa pâte blanche est recouverte d'une fine croûte bleutée. Après un affinage plus long, les arômes de brebis et de chèvre ressortent pleinement.

Le brocciu s'égoutte dans des faisselles de moulage. Le type passu *est ensuite salé à sec et affiné.*

AOC 1983
Production : 485 t
Producteurs de fromages : 113 dont 93 fermiers
Type : fromage de lactosérum frais de brebis et/ou de chèvre additionné de lait entier de brebis et/ou de chèvre à l'état cru
Races : corses pour les ovins et les caprins

Poids : de 250 g à 3 kg selon les moules
Forme : tronconique

Affinage : type frais, sans affinage ; type *passu* affiné au moins 21 jours, avec salage à sec

Huile d'olive de Corse / Oliu di Corsica

Moins de neuf jours séparent la récolte des olives de leur pressurage pour la production d'huile d'olive de Corse.

L'olivier sauvage, ou oléastre, est implanté en Corse depuis le néolithique moyen (5e millénaire avant notre ère). Des noyaux d'oléastres ont été découverts lors de fouilles dans l'abri de Scaffa Piana. Aujourd'hui, les olives, recueillies sur des filets, sont récoltées directement sur l'arbre par gaulage traditionnel, par chute naturelle ou par des procédés mécaniques. L'huile d'olive de Corse, ou oliu di Corsica, se distingue par sa douceur en bouche, l'amertume étant quasiment absente. Les arômes, fins, rappellent les fruits secs, la pâtisserie et le maquis.

AOC 2004
Département : Corse (297 communes)
Superficie plantée : 2 080 ha (145 000 arbres)
Sols : granite et schistes majoritaires

Variétés principales : sabine, ghjermana, capanacce, zinzala, raspuluda, aliva nera, curtinese

Quantité d'huile : 150 t (21 moulins)

Miel de Corse / Mele di Corsica

AOC 1998
Aire géographique :
toute la Corse
Production : 146 t

Apiculteurs :
35 professionnels et
31 amateurs

Ruches : 6 397

Déjà signalée par les chroniqueurs grecs et romains pour sa production apicole, l'île a souvent payé des tributs en cire et en miel à ses envahisseurs. Presque toutes les familles possédaient des ruches dont certaines étaient implantées dans les murs même des maisons. Le rucher-mur de Venaco illustre l'importance de cette activité au xixᵉ s. Il existe un écotype corse de l'abeille noire, *apis mellifera mellifera L.* Adaptée aux variations climatiques de l'île – chaleur, humidité et froid en montagne –, celle-ci est l'une des rares abeilles au monde à travailler tout au long de l'année. La richesse de la végétation insulaire n'est pas étrangère à cette spécificité : 2 800 espèces de plantes et de fleurs, dont 127 endémiques.

L'enfumage des ruches se fait avec des combustibles naturels (aiguilles de pins, feuilles d'eucalyptus, romarin, etc.). La pasteurisation du miel est interdite. Six variétés de miels, aux arômes distincts, sont reconnues : Printemps, Maquis de Printemps, Mellats de maquis, Châtaigneraie, Maquis d'été, Maquis d'automne.

Le miel de maquis d'automne, de couleur ambre pâle, présente une légère amertume qui sied bien à un accord avec le brocciu.

Clémentine de Corse

IGP 2002
Superficie : 1 103 ha
(460 000 arbres)
Production : 27 000 t
(113 producteurs)

Variétés : commune,
2000, caffin, nules,
oroval, corsica 1,
corsica 2

Introduits en 1925, les clémentiniers corses poussent principalement sur la bande côtière nord-est de l'île et dans certaines communes de Corse-du-Sud. La station agronomique de l'Institut national de recherche agronomique sélectionna en 1959 des clémentiniers communs en provenance d'Afrique du Nord. Quarante ans après, l'Institut obtint un porte-greffe adapté au sol et aux conditions climatiques locales. En 1999, alors que la production était en déclin, des producteurs créèrent une association de défense et engagèrent un programme qualitatif. La clémentine de Corse se caractérise par son absence totale de pépins. Ramassée manuellement et mise sur le marché entre le 25 octobre et le 10 février, elle peut présenter en début de saison un « cul vert » qui ne doit pas être considéré comme un défaut. Avec ses petites feuilles vertes encore attachées à la tige, elle se reconnaît aisément au goût sucré-acidulé de sa chair juteuse. Elle peut être consommée nature ou en salade, ainsi que chaude en accompagnement de plats.

Le Languedoc-Roussillon

À la différence de la Provence, séparée en petits bassins par des chaînes montagneuses qui forment souvent la bordure maritime, le Languedoc-Roussillon s'ouvre entièrement à la Méditerranée, tel un amphithéâtre dont la mer occuperait la scène centrale, ourlée d'une plage de sable quasi continue de l'embouchure du Rhône à la frontière espagnole. Implantée il y a plus de deux millénaires par les Grecs, largement développée par les Romains, la vigne en occupe presque sans partage les gradins rocailleux pour former le plus important vignoble du monde.

Après deux mille ans d'une histoire tumultueuse, faite de périodes de fortune et de doutes, la viticulture de cette région a fait « sa » révolution, changeant radicalement de cap au début des années 1980. C'est à cette époque que furent reconnus en AOC la plupart de ses terroirs en coteaux qui représentent actuellement un peu plus de 10 % de la surface de ce vaste vignoble et qui constituent l'avant-garde d'un remarquable renouveau qualitatif.

L'AOC saint-chinian donne naissance à deux familles de vins rouges selon ses sols : argilo-calcaires au sud, schisteux au nord.

Le Languedoc

N'occupant que la bordure d'une province autrefois beaucoup plus vaste, les vignobles d'appellation d'origine du Languedoc, à quelques exceptions près (vins doux naturels), n'ont commencé à être reconnus qu'au sortir de la Seconde Guerre mondiale, avec les classements en AOC de fitou et de la clairette-du-languedoc, et la naissance des premiers VDQS (les vins languedociens formeront d'ailleurs l'essentiel des produits de cette catégorie avant les classements en AOC qui s'étaleront de 1982 à 1986).

COTEAUX-DU-LANGUEDOC
AOC 1985
[75 % rouges, 15 % rosés, 10 % blancs]
400 000 hl

FAUGÈRES
AOC 1982
[80 % rouges, 15 % rosés, 5 % blancs]
72 500 hl

SAINT-CHINIAN
AOC 1982
[90 % rouges, 5 % rosés, 5 % blancs]
130 000 hl

Le Languedoc bénéficie d'un climat méditerranéen marqué par des étés secs et chauds, et des printemps et des automnes plus humides, ponctués de violents orages. Les vents, souvent forts et entêtants dans les vallées de l'Aude et du Rhône, sont une constante régionale appréciée des viticulteurs, car ils protègent la vigne des maladies. Issus d'une histoire géologique complexe, résultat du soulèvement de la chaîne pyrénéenne, puis de son effondrement à l'emplacement du golfe du Lion, les terroirs du Languedoc recouvrent toutes les ères géologiques depuis les schistes primaires de Faugères jusqu'aux terrasses quaternaires caillouteuses, déposées par les cours d'eau.

Les coteaux-du-languedoc

Nés du regroupement de treize VDQS, les coteaux du Languedoc sont apparus en 1960 comme une

Les dénominations des coteaux-du-languedoc

La grande diversité des situations géologiques et climatiques a conduit à distinguer des sous-régions : **Pic Saint-Loup**, région fraîche où la syrah se sent bien au pied du pic majestueux ; **La Clape**, magnifique massif calcaire en bord de mer ; **Grès de Montpellier**, aux sols de graves entourant la capitale régionale ; **Terrasses du Larzac**, villages blottis au pied de l'imposant plateau… Les dénominations des sous-régions apparaissent sur les étiquettes en complément de l'AOC coteaux-du-languedoc et signalent les vins les plus typés. D'autres sous-régions sont en cours de reconnaissance par l'INAO. Chacune atteste le dynamisme et la détermination des producteurs à révéler les richesses et les subtilités des terroirs.

aire originale, différente des autres appellations régionales françaises. Ils acquièrent rapidement une notoriété sous ce nom, ce qui leur valut la reconnaissance en AOC en 1985. Les anciens VDQS sont donc devenus des dénominations au sein des coteaux-du-languedoc.

La montagne de l'Hortus veille sur les coteaux-du-languedoc.

Mais de nouvelles dénominations reconnues par l'INAO les remplacent désormais : les producteurs ont pris l'initiative de différencier strictement les vins selon les particularités des terroirs de cette vaste AOC.

Sur près de 140 km, de Narbonne à Nîmes, le vignoble des coteaux du Languedoc se présente comme un vaste escalier depuis les rives de la Méditerranée jusqu'aux contreforts des Cévennes et du Larzac. Les 168 communes de l'aire produisent essentiellement des vins rouges puissants et charpentés sur une base de carignan, de grenache, de cinsaut, auxquels sont associés la syrah et le mourvèdre. Les vins rosés sont plus rares, mais occupent une place de choix sur les schistes de Cabrières. Quant aux vins blancs, ils sont dominés par le Picpoul-de-Pinet, vin fruité et vif, issu d'un terroir qui flirte avec les étangs.

Faugères et saint-chinian

Les vignobles de faugères et de saint-chinian occupent les marches les plus hautes de l'escalier, c'est-à-dire la partie la plus montagneuse. Très tôt impliqués dans la « révolution languedocienne », ils ont bénéficié du classement en AOC dès 1982 pour les vins rouges et rosés. Depuis 2005, les vins blancs ont également droit à ces appellations.

Saint-chinian recouvre vingt villages séparés en deux terroirs : les argilo-calcaires de la partie sud, avec des vins rouges puissants et

Faugères, sur un sol schisteux.

tanniques, et les schistes qui confèrent un caractère plus soyeux. C'est sur ces derniers qu'ont été reconnus les crus de Roquebrun et de Berlou où s'illustrent respectivement la syrah et le carignan. Ces mêmes schistes forment le terroir homogène des sept communes de faugères, où la pente impose souvent des plantations en courbes de niveau.

Minervois et minervois-la-livinière

Prolongeant le vignoble de Saint-Chinian vers l'ouest, le Minervois prend, comme les coteaux du Languedoc, l'aspect d'un grand escalier adossé à la Montagne Noire, mais bordé dans sa partie basse par l'Aude. Il est séparé en trois compartiments par les collines de Laure-Minervois, à l'ouest, et celle d'Oupia, à l'est. La partie centrale, abritée des influences atlantiques et méditerranéennes, est la plus sèche. Des bords de l'Aude à la

Cabardès et côtes-de-la-malepère

Dans le prolongement du Minervois, le cabardès occupe des situations identiques : terrasses cailouteuses en bas, puis coteaux calcaires et, dans les parties hautes, adossées à la Montagne Noire, les gneiss et schistes primaires. Toutefois, un élément essentiel change tout : les influences atlantiques se font désormais sentir et les cépages aquitains cabernet-sauvignon et merlot trouvent leur place à côté des plants méditerranéens pour la production de vins rouges et rosés uniquement.

Tapis au creux de la vallée du Lauragais, entre Limouxin et canal du Midi, l'AOVDQS côtes-de-la-malepère s'étend sur les pentes calcaires entrecoupées de grès et de poudingues du massif éponyme. Dominée par les cépages aquitains, elle produit des vins rouges et rosés.

Montagne Noire, le promeneur rencontre successivement la zone des « mourrels » petites buttes gréseuses couronnées de pins d'Alep séparant des cuvettes marneuses, puis, une marche plus haut, la zone des terrasses aux vastes étendues cailouteuses apportées par les rivières descendues de la montagne. Plus au nord, la pente s'accentue brutalement derrière les villages de Trausse à Azillanet.

MINERVOIS ET MINERVOIS-LA-LIVINIÈRE AOC 1985
[90 % rouges, 5 % rosés, 5 % blancs] minervois : 200 000 hl ; minervois-la-livinière : 8 300 hl

Languedoc-Roussillon

Carcassonne et le vignoble.

C'est le domaine des causses calcaires qui, profondément entaillés par la Cesse et le Briand, ont donné naissance aux sites majestueux de Minerve et de La Caunette. On retrouve ici les schistes primaires, mais ils ne portent des vignes qu'à l'ouest de l'appellation. Avec des règles de production voisines de celles des coteaux-du-languedoc, minervois est surtout à l'origine de vins rouges. Adossée aux causses calcaires, la jeune appellation minervois-la-livinière produit sur cinq communes des vins corsés dominés par la syrah et le grenache noir.

Corbières, corbières-boutenac et fitou

Les Corbières jouxtent le Minervois sur près de 50 km de Carcassonne à Lézignan. Pourtant, tout oppose ces deux appellations. Si depuis l'Aude, on peut embrasser d'un seul regard le Minervois, les Corbières forment un massif montagneux de forme carrée, tourmenté par l'imbrication désordonnée des formations géologiques, due à la proximité des Pyrénées violemment soulevées à la limite de l'ère secondaire.

En effet, si les limites nord (vallée de l'Aude) et est (bordure maritime) présentent de vastes étendues relativement planes, quoique souvent très cailouteuses, le cœur du massif exige, pour être atteint, la traversée de petits cols ou de gorges étroites entre des falaises vertigineuses. Ces cols séparent de petits bassins où la vigne se rassemble sur les versants abrupts. Dans la partie sud-ouest, derrière le mont Tauch, le relief devient franchement montagneux et la vigne se fait plus rare, accrochée à des pentes de forte déclivité, couronnées par les derniers châteaux cathares.

Dans ces paysages à vous couper le souffle, la vigne plonge ses racines dans les formations géologiques les plus diverses, calcaires durs primaires ou secondaires, calcaires plus tendres, grès bigarrés, schistes noirs, éboulis ou alluvions quaternaires. Des situations où le carignan et le grenache, associés à un peu de syrah ou de mourvèdre, offrent des vins rouges, rosés et blancs aux multiples facettes, d'autant que le climat varie lui aussi, d'est en ouest et selon l'altitude. Deux secteurs s'illustrent particulièrement au sein de ce vaste puzzle. Tout d'abord, Fitou, curieuse construction reconnue au milieu du XXe s. avec une partie maritime à Leucate et une partie intérieure autour de Tuchan. Le vin doit une grande partie de son puissant caractère au carignan qui trouve ici des terroirs à sa mesure et doit, exception languedocienne, faire obligatoirement partie de sa composition.

Même obligation du carignan pour le secteur de Boutenac, cru des corbières reconnu récemment. Blotti au pied de la « pinada » aux grès argileux rouges, au sud de Lézignan, il produit des vins rouges corsés et élégants à la fois.

Limoux

Rejoindre Limoux en longeant le cours de l'Aude par l'autoroute et la nationale est certainement la voie la plus simple et rapide. Cependant, si lors de l'étape précédente on s'est attardé dans les hautes Corbières, il faut prolonger la route vers l'ouest et descendre vers Limoux par les petites routes tortueuses. On comprend mieux pourquoi cette région bénéficie d'un climat méditerranéen très atténué par les hauteurs des Corbières. Les influences atlantiques subissent d'ailleurs le même sort grâce à une série de collines qui jouxtent le Limouxin, à l'ouest. Ainsi Limoux est-il un havre de tranquillité blotti à l'écart de l'axe turbulent Toulouse-Narbonne où se pressent, pêle-mêle, vent de Cers, voitures, poids lourds et canal du Midi. Et de la tranquillité, il en faut pour ces millions de bouteilles de blanquette ou de crémant qui fermentent et s'affinent lentement dans les caves fraîches, creusées dans le calcaire. Car Limoux, c'est le pays du plus vieux brut du monde, mis au point par les moi-

nes de l'abbaye de Saint-Hilaire, au nord-est de la ville. Aujourd'hui, rien moins que trois vins effervescents y sont produits : la **blanquette ancestrale** au petit goût de pomme et dont la mousse est due aux seuls sucres du raisin ; la **blanquette-de-limoux** et le **crémant-de-limoux** en méthode traditionnelle. Le cépage mauzac est leur point commun ; seul dans la blanquette ancestrale, il s'associe au chardonnay et au chenin dans les deux autres vins.

Le terroir de l'appellation **limoux** est toujours calcaire, même si le relief est beaucoup plus tourmenté au sud où la vigne se fait plus rare, cherchant les pentes qui font face aux Pyrénées. Appellation de vins blancs tranquilles avant tout, limoux produit également des vins rouges depuis 2005, à partir de cépages méditerranéens et atlantiques.

Costières-de-nîmes

Il y a encore deux millions d'années, le Rhône rejoignait la Méditerranée non pas vers la Camargue, mais aux abords de Montpellier ; il a laissé de larges traces de ce cours avec des dépôts de cailloutis villafranchiens, identiques à ceux qui couronnent la colline de Châteauneuf-du-Pape. La costière en est le plus vaste exemple : terroir remarquable, elle forme un grand plateau rectangulaire qui domine les terres de Camargue de quelques mètres, aux portes sud-est de Nîmes. À partir d'un encépagement méditerranéen, elle produit des vins rouges,

Clairette-de-bellegarde et clairette-du-languedoc

La clairette, plant méditerranéen traditionnel, aux raisins bien dorés à maturité, est le cépage unique de deux appellations reconnues en 1948 et 1949. Sur les rives de l'Hérault, entre Aspiran et Cabrières pour la première, en bordure de la costières de Nîmes pour la seconde. Elles produisent des vins blancs frais et fins, mais aussi des moelleux et des rancios (vins vieillis pendant trois ans).

des rosés et des blancs tout en rondeur. Les rouges se distinguent par leur fruité, avec la touche de violette apportée par la syrah et la note épicée du grenache, ainsi que par leur caractère charpenté et chaleureux. Placées au cœur d'une riche région touristique, les costières-de-nîmes restent intimement liées au nom d'un homme du vin : Philippe Lamour.

Aux environs de l'abbaye de Saint-Hilaire, le vignoble de la blanquette-de-limoux.

BLANQUETTE-DE-LIMOUX ET BLANQUETTE MÉTHODE ANCESTRALE AOC 1975
blanquette-de-limoux : 38 700 hl ; blanquette méthode ancestrale : 6 900 hl

CRÉMANT-DE-LIMOUX AOC 1990
21 000 hl

COSTIÈRES-DE-NÎMES AOC 1986
(75 % rouges, 20 % rosés, 5 % blancs)
242 500 hl

Le Roussillon

Comme le Languedoc, le Roussillon possède une gamme des terroirs variée, des schistes et granites primaires aux galets quaternaires. Son vignoble, tourné vers la Méditerranée, jouit en été d'un ensoleillement généreux et d'un temps sec, encore renforcé par la tramontane. Souvent conduit en gobelet (les ceps ne sont pas palissés), il dessine un paysage caractéristique entre les Corbières au nord, le Canigou à l'ouest et les Albères au sud. Plus connu pour ses vins doux, il produit aussi des vins secs dans les trois couleurs.

Vignoble aux environs de Vingrau, dans l'aire des côtes-du-roussillon.

Côtes-du-roussillon

Sur un territoire de 5 300 ha, les côtes-du-roussillon sont nées du regroupement de trois anciens VDQS. Reposant sur le carignan, qui trouve ici ses meilleures expressions, associé au grenache noir, la production des vins rouges catalans, structurés et capiteux, s'est enrichie de la présence plus récente de la syrah et du mourvèdre, appelé ici mataro, qui a connu un retour en grâce. En blanc, le macabeu, autrefois vinifié en vin vert, est accompagné de la gamme des cépages régionaux : grenache, malvoisie, ainsi que marsanne, roussanne et vermentino. Les vins sont floraux et légers. Les rosés, de couleur pâle, fruités, présentent de la puissance (12 % vol.).

Côtes-du-roussillon-villages

Dès le classement en AOC, la région plus accidentée et plus élevée en altitude, située au nord de la Têt, a obtenu l'appellation côtes-du-roussillon-villages, uniquement en vin rouge. Sur ces terroirs magnifiques, souvent dominés par la silhouette du Canigou, quatre secteurs se sont très tôt distingués. Ce sont Caramany, sur des gneiss en versant majoritairement nord ; Lesquerde, sur des arènes granitiques ; Tautavel, sur des sols calcaires avec quelques schistes ; Latour-de-France, sur des terroirs plus variés.
Plus récemment, les meilleurs vins de la région située au sud de la Têt, au pied du Canigou et des

En bord de mer, Collioure produit des vins des trois couleurs sur des sols schisteux.

Albères, ont été reconnus en AOC côtes-du-roussillon-Les Aspres (« aspres » signifiant sol sec).

Collioure

Le Roussillon est riche d'une autre AOC en vin tranquille : le collioure est produit sur les communes de Banyuls-sur-Mer, Cerbère, Collioure et Port-Vendres. D'abord reconnue pour les vins rouges, majoritaires et les plus réputés, l'appellation désigne aussi des rosés et, depuis 2002, des vins blancs. Ces vins puissants et chaleureux, essentiellement vendus sur la côte Vermeille, sont les parfaits compagnons des anchois et autres plats catalans.

CÔTES-DU-ROUSSILLON
AOC 1977
[85 % rouges ; 10 % rosés, 5 % blancs]
200 000 hl

CÔTES-DU-ROUSSILLON-VILLAGES
AOC 1977
[100 % rouges]
83 500 hl

COLLIOURE
AOC 1971
[70 % rouges ; 25 % rosés, 5 % blancs]
200 000 hl

Vins doux naturels

Les vins doux naturels font la singularité de la viticulture roussillonnaise. Un savant catalan, du nom d'Arnaud de Villeneuve, découvrit au XIIIe s. le procédé du mutage qui, par adjonction d'alcool en cours de fermentation, permet au vin de garder une partie des sucres du raisin. Les Templiers développèrent cette spécialité dans leurs commanderies du Roussillon.

RIVESALTES
AOC 1936
[85 % blancs ; 15 % rouges]
126 000 hl

MUSCAT-DE-RIVESALTES
AOC 1956
150 500 hl

Les vins doux naturels sont produits dans des conditions naturelles difficiles, sur des terrains escarpés, aux rendements très faibles. Une série de lois, de 1872 à 1914, a défini réglementairement leur production afin de les protéger contre les produits industriels similaires : une fiscalité réduite sur l'alcool ajouté leur a ainsi été accordée. En conséquence, les vins doux naturels du Roussillon ont été parmi les premiers classés en AOC, dès 1936.

Rivesaltes

La plus importante appellation de vins doux naturels en volume est rivesaltes. Son aire recouvre les coteaux les plus escarpés des Pyrénées-Orientales, ainsi que neuf communes du département de l'Aude (celles de l'AOC fitou) Les seuls cépages autorisés sont le grenache (noir, gris ou blanc), le macabeu, le muscat d'Alexandrie, le muscat à petits grains, ainsi que la malvoisie, ou tourba, mais les

Secrets de cave

Les raisins sont récoltés à maturité élevée, au minimum 252 g/l de sucres, puis foulés et mis à fermenter. À mi-fermentation, le moût contient entre 7 et 8 % d'alcool. Le vinificateur ajoute alors entre 5 et 10 % d'alcool neutre à 96 °, ce qui stoppe la fermentation (les levures cessent leur activité lorsque le milieu contient plus de 15 à 16 % d'alcool). Une certaine quantité de sucres (de 70 à 125 g/l) demeure ainsi dans le vin et le taux d'alcool final se situe autour de 16 % vol. L'alcool additionné étant neutre, les caractères gustatifs proviennent uniquement des terroirs, des cépages et de la vinification. Les vins subissent ensuite un élevage plus ou moins long.

terroirs et les modes de vinification ou d'élevage sont si variés qu'il résulte une large gamme de vins, depuis les blancs ambrés jusqu'aux rouges tuilés.

En rouge, le vigneron a le choix entre pressurer directement le grenache noir ou le laisser macérer. Il lui revient aussi de décider d'ajouter l'alcool de mutage sur le jus de coule ou bien sur le moût et ses marcs. C'est ainsi qu'il élaborera un vin plus ou moins charpenté, nécessitant un élevage plus ou moins long.

L'élevage revêt une grande importance en blanc comme en rouge, car il influe sur la présentation des vins : rouge grenat pour les vintages, vins mis en bouteilles tôt ; rouge tuilé pour les vins vieillis longuement en foudre, en demi-muid ou en cuve laissée en vidange ; doré pour les blancs jeunes, puis ambré ; nuances verdâtres pour les rancios. L'élevage apporte aussi onctuosité et fondu des tanins, complexité et longueur.

muscat-de-rivesaltes

Le muscat-de-rivesaltes arrive premier parmi les vins doux naturels issus du muscat. Il est produit sur la même aire que le rivesaltes, ainsi que sur celle du banyuls. Contrairement aux autres muscats, il peut être élaboré non seulement avec le muscat à petits grains, mais aussi avec le muscat d'Alexandrie, cépage également apprécié en raisin de table. Ici, à la limite nord de sa culture, ce dernier plant est plus productif et plus tardif. Ainsi doit-il être réservé aux secteurs les plus chauds et aux sols les plus maigres.

Banyuls

Le vignoble de Banyuls se situe au « bout de la France », sur un gros rocher de schistes cambriens qui domine la mer à l'extrémité orientale de la chaîne des Pyrénées. Sur les pentes vertigineuses des quatre communes de l'aire, l'homme a

Le village de Banyuls et les fûts caractéristiques de vin doux.

Le maury peut être élevé en bonbonnes exposées au soleil afin d'accélérer le processus d'oxydation.

façonné un de ces paysages mythiques qui émerveille. Afin de maîtriser la pente et les eaux des orages, un savant système de terrasses en forme de pied de coq fut bâti par les Templiers, qui demeure intact aujourd'hui. Sur ces pentes où le grenache noir domine, sont produits des vins doux remarquables de structure et d'intensité aromatique (fruits cuits, fruits secs, épices, torréfaction) qui mûrissent lentement en fûts au fond des caves ou en plein soleil, ou bien encore en bouteilles. Le banyuls grand cru se distingue par un élevage de trente mois contre douze pour le banyuls.

Maury

Au nord du Roussillon, à l'intérieur des terres, se trouve l'autre perle des vins doux : maury. On retrouve ici aussi des schistes, mais cette fois du crétacé, pris en portefeuille entre les bancs calcaires qui dominent la vallée et qui portent notamment le château de Queribus, aux allures de nid d'aigle. Sur un relief en mamelons, le grenache noir règne en maître incontesté et produit des vins doux rouges de grande classe, aux arômes complexes de pruneau, de café ou de cacao.

Les muscats de l'Hérault

La tradition des vins doux naturels s'est étendue à tout le Languedoc ; quatre petites aires d'appellations se situent dans l'Hérault. Seul le muscat à petits grains y trouve place, sur des terroirs calcaires, à l'exception toutefois de Lunel où se prolongent les galets roulés de la costière nîmoise. Les vins sont empreints d'élégance. Sur les pentes caillouteuses du versant sud du massif de la Gardiole, au nord de Sète, les vins de Frontignan et de Mireval sont plus capiteux. Quant au muscat-de-saint-jean-de-minervois, produit en altitude sur des sols purement minéraux, il atteint des sommets de finesse.

Saint-Jean-de-Minervois produit un muscat remarquable de finesse aromatique.

**BANYULS ET BANYULS GRAND CRU
AOC 1936**
[90 % rouges ; 10 % blancs]
24 000 hl

**MAURY
AOC 1936**
[95 % rouges, 5 % blancs]
33 000 hl

**MUSCAT-DE-FRONTIGNAN OU FRONTIGNAN
AOC 1936**
21 500 hl

**MUSCAT-DE-LUNEL
AOC 1943**
10 300 hl

**MUSCAT-DE-MIREVAL
AOC 1959**
5 750 hl

**MUSCAT-DE-SAINT-JEAN-DE-MINERVOIS
AOC 1972**
5 000 hl

Pélardon

AOC 2000
Pâte molle
Lait : chèvre cru
Poids : 60 g mini à
11 jours
Races : alpine,
saanen, rove ou
croisement de ces
races

Affinage : 11 jours
mini à partir de
l'emprésurage

Production : 220 t
(dont 150 t de
fermiers, soit 66 %)
Producteurs : de lait
33 ; de fromages : 81
dont 77 fermiers
Affineurs : 3

Cévennes et garrigues du Gard, de l'Hérault et de la Lozère, Montagne Noire et Hautes Corbières de l'Aude forment les contours d'une aire d'appellation aux sols pauvres, mais riche en essences végétales. L'abbé Boissier de Sauvage, en 1756, définit le péraldou comme un fromage rond et plat fabriqué dans les Cévennes. Pélardou, paraldon, péraldon, péraudon sont les anciens noms de ce fromage dont la dénomination a été définitivement fixée à la fin du XIXe s. Le pélardon forme un cylindre à bords arrondis, d'un diamètre de 60 à 70 mm et d'une hauteur

Les chèvres se
nourrissent
naturellement des
herbes sèches
trouvées sur leur
parcours pour
donner un lait
riche.

de 22 à 27 mm. Peu affiné, il offre une texture onctueuse au goût de lait de chèvre. Après un affinage plus long, apparaissent un goût caprin marqué, une texture ferme et une croûte sombre. Accompagnez-le d'une salade à

l'huile d'olive AOC et de quelques feuilles de basilic, ou bien servez-le chaud sur une tartine de pain de campagne grillée.

Huile d'olive de Nîmes

AOC 2004
Départements :
Gard et Hérault
(223 communes)
Superficie plantée :
1 900 ha (400 000
arbres)
Sols : calcaires,
marneux et terrasses
alluviales

Variétés principales :
picholine (70 %
mini), négrette,
noirette
Variétés secondaires :
sauzen vert, olivastre,
broutignan, cul blanc,
verdale de l'Hérault,
aglandau, amellan,
piquette et variétés
locales anciennes
présentes avant le gel
de 1956

Production : 240 t
(9 moulins)

Au XVIIe s., les frères Piccholini ont mis au point la préparation des olives vertes « à la Picholine ». Produite dans un paysage de collines et de coteaux, d'une altitude inférieure à 350 m, l'huile d'olive de Nîmes est marquée par la prédominance de la variété picholine qui confère une certaine ardence en bouche avec, parfois, une légère amertume. Au nez, se révèlent des arômes d'artichaut et de végétaux. En bouche, ces notes végétales évoluent vers des flaveurs de garrigue et de fruits rouges. La couleur est verte, ornée de quelques reflets jaunes.

Issue d'un rendement maximal
de 10 t d'olives à l'hectare,
l'huile de Nîmes met en valeur
les caractères de la variété
picholine.

Taureau de Camargue

La première référence à la race Camargue ou raço di biou remonte à 1551 dans un texte de Quiqueran de Beaujeu. En 1869, le manadier Joseph Yonnet introduit la race brave, ou de combat, en Camargue ; à cette époque apparaissent les courses libres, typiques de la région, sans mise à mort. À l'origine, l'abrivado avait lieu au moment du déplacement des manades de leur pâturage d'hiver vers ceux d'été. Dans les villages traversés, les gardians lançaient leur troupeau au galop pour éviter que les spectateurs ne contrarient leur trajectoire. La ferrade consiste à marquer au fer les jeunes taureaux afin que chaque éleveur reconnaisse son cheptel. Actuellement, on estime à 700 le nombre de courses libres par an et à plus de 1 000 celui des ferrades et abrivado. La viande est consommée en steaks grillés à l'émulsion de vin rouge ou de beurre d'anchois, en émincé avec des oignons, de l'ail, du chili et de l'huile d'olive, ou bien en bouffade (jumeau ou paleron). Pour préparer la gardianne, plat camarguais traditionnel, on utilise le collet, le jarret, la poitrine ou le paleron, coupés en gros dés.

Le taureau de Camargue a bénéficié de la première AOC accordée à un produit autre que le vin et le fromage.

AOC 1996
Races : raço di biou ou de combat
Poids : 165 kg carcasses

Élevage : en liberté
Date d'abattage : de 18 mois à 8 ans

Superficie : 21 000 ha de pâturage en zone humide

Production : 1 500 (96 éleveurs)

Volaille du Languedoc

Les départements de l'Hérault, de la Lozère, du Gard, des Bouches-du-Rhône et les cantons limitrophes forment l'aire géographique d'élevage du poulet du Languedoc. D'abord pratiquée par des viticulteurs, cette activité a gagné en importance à mesure que les vignes, les châtaigneraies et les exploitations de vers à soie disparaissaient ; elle a permis de limiter l'exode rural.

Anchois de Collioure

Les anchois dits de Collioure sont pêchés dans le golfe du Lion et celui de Gascogne, ainsi qu'en Bretagne. C'est sur le processus de transformation, qui ne peut se faire que dans la commune de Collioure, que porte la protection de l'IGP. Les opérations de séchage sont faites à la main. Les anchois méditerranéens macèrent cent jours dans du sel marin contre 120 jours pour ceux de Bretagne. De couleur brun foncé, ils acquièrent une texture moelleuse dont l'odeur rappelle celle du jambon de montagne. Les anchoïeuses enlèvent les filets à la main et les font sécher sur du papier absorbant. Les anchois sont vendus sous trois formes : à l'huile, en saumure ou au sel.

VOLAILLE DU LANGUEDOC IGP 1996
Espèces : poulets

Production : 85 744 têtes
Éleveurs : 20

ANCHOIS DE COLLIOURE IGP 2004
Espèce : *Engraulis encrassicholus*

Production : 200 t non encore officiellement certifiée en IGP (2 entreprises)

Oignon doux des Cévennes

AOC 2003
Variété : semence fermière

Superficie : 42 ha

Production : 1 500 t
Producteurs :
100 (36 producteurs conditionneurs)

Trente-deux communes des Cévennes gardoises, dans le parc national des Cévennes, constituent l'aire de culture de cet oignon dont on trouve les premières traces dans un écrit de 1409 (dîme sur l'oignon à Roquedur). En 1600 apparaît la première référence à la vente d'oignons doux dans les Cévennes sous l'appellation raïolette. Les oignons poussent sur de petites terrasses en espaliers, séparées par des murs en pierre sèche qui emmagasinent la chaleur et leur assurent une levée rapide (entre quinze jours et trois semaines). Ils sont arrachés, triés et repiqués entre le 1er mai et le 10 juin. À la récolte, ils sont dépouillés des pelures qui se détachent et le reste des racines est gratté. Cet oignon blanc nacré, aux tuniques transparentes, est sucré, juteux et non piquant (il ne fait pas pleurer !). Vous le trouverez d'août à début avril et le consommerez cru, en salade, ou cuit dans des plats.

Reconnaissable à sa couleur blanc nacré, l'oignon doux des Cévennes peut être préparé en confiture pour accompagner viandes et gibiers.

Riz de Camargue

IGP 2000
Surface cultivée en IGP : 16 940 ha

Récolte : 74 297 t de riz paddy certifié IGP (soit 44 000 t en riz blanchi)

Commercialisés :
7 693 t (25 marques)
Producteurs : 175

À la fin du XIIIe s., une ordonnance autorisa la culture du riz dans la région camarguaise. Jusqu'au début du XXe s., celle-ci servait essentiellement à assécher les marais, à lutter contre le sel et à préparer les sols pour d'autres cultures telles que la vigne. C'est en 1940 qu'elle prit son essor pour répondre à la pénurie alimentaire. De faibles écarts de température, une luminosité parfaite, le mistral et le vent marin participent au bon développement du produit qui présente plusieurs aspects : riz mi-long pour les paellas et risottos ; riz long pour les salades ; riz très long pour les viandes et poissons ; riz ronds et fondants pour les entremets.

Les rizières sont devenues indissociables de l'image de la Camargue.

LA VALLÉE DU RHÔNE ET LA SAVOIE

Les Alpes et les affluents du Rhône forment des paysages d'une grande diversité, faits de terrasses alluviales, de collines, de lacs et de hautes montagnes qui, entrecoupées de cluses et de larges vallées, ne constituent pas un véritable obstacle aux communications. Les populations qui s'y sont installées sont parvenues à contrôler les échanges entre l'Italie, la Suisse et la Bourgogne au temps où celle-ci avait la haute main sur le commerce entre le sud et le nord de l'Europe. Pour contourner la ville de Lyon où de fortes taxes étaient appliquées sur les marchandises, une route fut ouverte, au XVIIᵉ s. : elle partait de Condrieu et passait par la Loire.

Les Alpes mêlent les influences de l'Italie du Nord et de la Bourgogne, enrichies des nuances méditerranéennes du Rhône. Au sud, le climat méditerranéen remonte jusqu'aux Préalpes. La vallée du Rhône est large, étagée en terrasses cailouteuses et en côtes calcaires. C'est le pays de la vigne, productrice de vins fort réputés, et de l'olivier dont la culture remonte en limite nord vers Nyons.

La partie centrale du Rhône correspond au Dauphiné. En raison du vent froid des montagnes, la viticulture se limite aux côtes les mieux exposées : des vignobles célèbres, implantés par les Romains. C'est le berceau de la syrah. Le noyer, arbre à floraison tardive qui ne craint pas le gel et affectionne le calcaire froid et sec, a trouvé sa terre d'élection dans la vallée de l'Isère.

Au nord-est, voici la Savoie avec les Préalpes. Vergers et vignobles dans les vallées, jusqu'aux rives du lac Léman, côtoient les produits d'alpages comme les fromages du Vercors, des Bauges, des Bornes et du Chablais. Plus à l'est, les prairies, à plus de 2 000 m, possèdent l'une des plus riches flores d'Europe. Les vaches de race tarentaise y produisent le fromage de Beaufort.

La vallée du Rhône

Deuxième de France en AOC, le vignoble de la vallée du Rhône se déroule comme un long ruban, de Vienne à Avignon, sur plus de 200 km. Pourtant, il est loin de présenter un visage homogène du nord au sud. De Vienne à Valence, il se recroqueville sur des terroirs confidentiels, le long d'un étroit coteau ouvert à l'est. Puis, il disparaît sur une soixantaine de kilomètres pour réapparaître au sud de Montélimar. Il explose alors et occupe tout l'espace, grimpant sur les pentes du Ventoux ou le plateau ardéchois. Tout oppose ces deux parties. Au nord, les vins sont généralement produits avec un seul cépage, syrah en rouge, viognier, marsanne ou roussanne en blanc. Au sud, l'assemblage de cépages s'impose autour du grenache roi. Au nord, la vigne se cramponne à des échalas, plantée à de fortes densités. Au sud, le gobelet ou le cordon de Royat, à 4 000 souches par hectare, domine. En fait, seuls deux éléments font le lien tout au long de la vallée : le Rhône, bien sûr, mais aussi le mistral qui, de bassins en bassins, prend toujours plus de force en allant vers le sud.

CONDRIEU
AOC 1940
4 000 hl

CÔTE-RÔTIE
AOC 1940
7 600 hl

SAINT-JOSEPH
AOC 1956
[80 % rouges, 20 % blancs]
30 000 hl

Taille de la vigne sur les coteaux vertigineux de la Côte-Rôtie, piquetés d'échalas.

LA VALLÉE DU RHÔNE SEPTENTRIONALE
Côte-rôtie

L'autoroute A 7, au sud de Lyon, change brutalement de rive à hauteur de Vienne. Est-ce pour éviter la ville ou pour nous faire approcher de plus près les pentes vertigineuses du vignoble de la Côte-Rotie dont les premières souches apparaissent ici ? Depuis l'époque romaine, la vigne est implantée sur ces terrasses étroites séparées par des murs en pierre sèche. Les souches de syrah, cépage unique, pointent vers le ciel leurs échalas ;

Le vignoble de Condrieu s'étage en petites terrasses.

elles produisent un des plus grands vins du monde sur des terroirs de gneiss ou de micaschistes : les côtes (dont les célèbres côte brune et côte blonde).

Condrieu et château-grillet

Prolongeant l'aire du côte-rôtie vers le sud, **condrieu** est une autre perle du nord de la vallée du Rhône. Sur les granites des versants sud de chaque petit vallon descendant vers le Rhône, le viognier a trouvé des niches où il acquiert ses plus beaux arômes d'abricot et de pêche. Château-Grillet est l'une d'entre elles : avec ses 2,9 ha orientés plein est, elle constitue une appellation d'origine à part entière, produite par un seul domaine.

Saint-joseph

En continuant à flâner le long de la rive droite du Rhône, on atteint les coteaux de Saint-Joseph qui s'étendent jusqu'à Valence. Autrefois cantonnée sur six communes

autour de Tournon où se trouve le lieu-dit historique Saint-Joseph, l'aire d'appellation compte maintenant vingt-six villages. Des vins rouges et blancs y sont élaborés à partir de la syrah, de la marsanne et de la roussanne, sur des terroirs récemment reconquis après une action exemplaire des producteurs pour recentrer le vignoble sur les coteaux traditionnels.

Crozes-hermitage et hermitage

La vigne s'aventure sur la rive gauche du fleuve, et quelle aventure ! Elle occupe sans partage le célèbre coteau de l'Hermitage dominé par la petite chapelle à laquelle il doit son nom, et qui arbore fièrement les noms des grandes maisons de négoce de la région. Ce coteau qui s'élève comme un mur derrière Tain-l'Hermitage apparaît homogène. Pourtant, deux terroirs bien distincts le composent. À l'ouest, ce sont les reliefs cristallins déjà rencontrés en rive droite et qui en sont séparés par l'échancrure du Rhône ; la syrah y domine. À l'est, ce sont les alluvions fluvio-glaciaires où les cépages blancs (surtout la marsanne) se sont

regroupés. En AOC **hermitage** sont produits de prestigieux vins rouges et blancs, aptes au vieillissement, ainsi qu'un confidentiel vin de paille. L'appellation **crozes-hermitage** semble se cacher derrière le majestueux coteau. Cependant, on y retrouve les mêmes terroirs : reliefs cristallins et galets roulés auxquels s'ajoutent des placages de lœss. L'aire s'étend également sur une terrasse au confluent du Rhône et de l'Isère. Moins prestigieux que ceux du célèbre voisin, les vins rouges et blancs sont de semi-garde ; ils présentent de la souplesse dès leur jeunesse.

Cornas et saint-péray

En revenant sur la rive droite, l'appellation **cornas** prolonge celle de saint-joseph. Derrière le clocher effilé du village, les coteaux granitiques abrupts ne portent que la syrah qui produit des vins puissants et charpentés, plus masculins qu'à saint-joseph. Au sud de Cornas, à l'abri de la barre calcaire du château de Crussol, le vignoble de **saint-péray** ne produit que des vins blancs et effervescents à partir de la marsanne et de la roussanne.

Hermitage et son emblématique chapelle.

SAINT-PÉRAY
AOC 1936
2 000 hl

CORNAS
AOC 1938
3 200 hl

CROZES-HERMITAGE
AOC 1937
[90 % rouges, 10 % blancs]
55 000 hl

HERMITAGE
AOC 1937
[80 % rouges, 20 % blancs]
5 000 hl

Avec les Dentelles de Montmirail en toile de fond, le vignoble du muscat de Beaumes-de-Venise.

CHÂTEAUNEUF-DU-PAPE
AOC 1936
[95 % rouges,
5 % blancs]
82 700 hl

CÔTES-DU-RHÔNE
AOC 1937
[75 % rouges, 5 %
rosés, 20 % blancs]
2 000 000 hl

CÔTES-DU-RHÔNE-VILLAGES
AOC 1966
[98 % rouges, 1 %
rosés, 1 % blancs]
400 000 hl

LA VALLÉE DU RHÔNE MÉRIDIONALE
Côtes-du-rhône

La deuxième appellation de France en volume s'étend dans la partie septentrionale et, plus encore, dans la vallée méridionale, de Bollène à Avignon, de chaque côté du fleuve, sur quatre départements : Gard, Ardèche, Drôme, Vaucluse.

Les deux rives sont très différentes. Sur la rive gardoise, la vigne couvre les flancs de collines calcaires, sans dépasser 250 m d'altitude : le terroir privilégie la finesse des vins. Sur la rive gauche, les ceps grimpent aisément jusqu'à 450 m d'altitude, sur deux formations géologiques principales : les sables du miocène et les immenses étendues de galets roulés apportés par les rivières descendues des Alpes, qui prennent leur extension maximale au Plan-de-Dieu. Les vins y sont

plus généreux.

Autour du grenache noir, ce ne sont pas moins de vingt-deux cépages qui peuvent être utilisés pour la production de côtes-du-rhône. Ainsi, pour les vins rouges et rosés, est-il accompagné par la syrah, le mourvèdre, le cinsault et le carignan. En blanc, les principaux cépages sont la clairette, le bourboulenc, le piquepoul et le grenache.

Côtes-du-rhône-villages

Regroupant les meilleurs vins des côtes-du-rhône, cette appellation s'est forgée en plusieurs étapes. Au départ, les vins d'un degré supérieur à ceux des côtes-du-rhône pouvaient adjoindre sur l'étiquette le nom d'un des treize villages référencés. Ces communes furent regroupées en 1966 dans la nouvelle appellation côtes-du-rhône-villages. D'autres vinrent les compléter ensuite, ainsi que des noms de secteurs géographiques comme Signargues, Plan-de-Dieu ou Massif d'Uchaux. Par ailleurs, soixante-dix communes peuvent produire des villages sans que leur nom figure sur l'étiquette. Grenache noir, syrah et mourvèdre sont à la base des vins rouges, tandis que grenache blanc, clairette, bourboulenc, marsanne, roussanne et viognier produisent les quelques rares vins blancs de l'appellation.

Châteauneuf-du-pape

Située en plein cœur de la vallée du Rhône, dans sa partie la plus sèche, châteauneuf-du-pape est l'appellation phare de la partie méridionale.

D'abord parce qu'elle en est la plus réputée ; ensuite, parce que l'une des plus grandes figures de l'histoire des appellations d'origine, le baron Le Roy, y était vigneron. Intimement lié à la papauté d'Avignon de 1316 à 1377, le village est aujourd'hui dominé par la silhouette altière de la Tour, seul vestige du château des papes. Celle-ci est de couleur rousse comme les murs du village, comme les galets ronds de la haute terrasse villafranchienne, terroir mythique de Châteauneuf. On retrouve également des sols de sables jaunes, traditionnels de la vallée, ainsi que des éclats de calcaires durs. Sur ces terroirs, seuls treize cépages sont autorisés : les classiques de la région auxquels s'ajoutent le muscardin, la counoise et le picardan. Grâce à un rendement très faible (35 hl/ha) et à un tri obligatoire du raisin, les vins rouges, d'une grande puissance, offrent une matière étonnante qui leur garantit une bonne évolution pendant cinq à vingt ans. Les vins blancs, fruités quand ils sont jeunes, sont remarquables d'ampleur après sept ou huit ans de garde.

Tavel et lirac

Situé sur l'autre rive du Rhône, juste en face de Châteauneuf-du-Pape, **Tavel** a choisi le rosé. Il y excelle si bien que la coopérative a inscrit sur son toit « Premier rosé de France ». Le grenache noir et le cinsault sont à la base de ce succès, associés à la syrah et au mourvèdre. Les sols sont les mêmes qu'à Châteauneuf : galets roulés, sables et éclats de calcaires durs.

L'AOC châteauneuf-du-pape, un terroir de galets roulés à l'origine de vins rouges puissants.

Ces trois formations se retrouvent à nouveau dans l'AOC **lirac** (communes de Lirac, Roquemaure, Saint-Laurent-des-Arbres et Saint-Geniès-de-Colomas) qui produit des vins des trois couleurs. Cette aire est le lieu de naissance de l'appellation côtes-du-rhône puisqu'en 1729 les trois lettres « CDR » furent rendues obligatoires en

marque à feu sur les fûts embarqués à Roquemaure.

Gigondas, vacqueyras et beaumes-de-venise

Ces appellations communales sont blotties au pied du majestueux massif des Dentelles de Montmirail. **Gigondas** est la plus ancienne. Si le village est accroché au flanc ouest de la montagne, la majeure partie du vignoble se situe sur la partie basse de la haute terrasse de galets roulés de l'Ouvèze et ne pro-

LIRAC
AOC 1947
[80 % rouges, 15 % rosés, 5 % blancs]
22 000 hl

TAVEL
AOC 1936
[100 % rosés]
40 500 hl

GIGONDAS
AOC 1971
[95 % rouges, 5 % rosés]
34 000 hl

VACQUEYRAS
AOC 1990
[95 % rouges, 4 % rosés, 1 % blancs]
44 000 hl

Rhône

*Tavel se voue entièrement au rosé
en mariant le grenache, le cinsault,
la syrah et le mourvèdre.*

duit que des vins rouges. Même
terroir pour l'appellation **vacqueyras**, sa voisine qui s'adonne aux
trois couleurs, même si les rouges
sont largement dominants.
Quant à la petite dernière, **beaumes-de-venise**, elle occupe les
pentes sud du massif, mais s'im-
misce également jusqu'au pied des
Dentelles de Montmirail. La cave
coopérative a fait un travail remarquable sur ses terroirs.

VINS DE L'ARRIÈRE-PAYS
DE LA VALLÉE DU RHÔNE

L'aire d'appellation côtes-du-rhône
recouvre une série de bassins bor-
dés par des monts plus ou moins
élevés, le plus important étant le
Ventoux qui domine toute la

région du haut de son sommet
d'une blancheur éclatante en toute
saison. Elle est cernée d'autres
petite aires AOC, à l'encépagement et aux modes de conduite de

Muscat-de-beaumes-de-venise
et rasteau

Le massif des Dentelles de
Montmirail offre au muscat à
petits grains l'un de ses terroirs
de prédilection. Ce cépage y
produit un vin doux naturel
remarquable par ses arômes de
rose : le **muscat-de-beaumes-
de-venise** (AOC 1945).
Quelques kilomètres plus au
nord, les grenaches noir, blanc
et gris donnent naissance à des
vins doux rouges ou dorés
d'appellation **rasteau** (AOC
1944).

la vigne identiques, mais dont l'altitude et les formations géologiques
différentes marquent le caractère
de leurs vins.

Côtes-du-vivarais

Seule appellation satellite en rive
droite, les côtes-du-vivarais occupent le plateau des Gras, lieu au
riche patrimoine préhistorique et
naturel (gorges, grottes) à 200 m
au-dessus du Rhône. Cette altitude
rend la maturation du raisin plus
tardive ; le couple grenache-syrah
domine. Les vins rouges y sont souples, les rosés frais et légers.

Coteaux-du-tricastin

Au sud de Montélimar, les coteaux-
du-tricastin sont incontestablement
les plus proches du « grand frère
régional ». À la porte nord de la
Provence, ce pays de cocagne, riche
de vignes, de champs de lavande,

d'élevages d'agneaux et surtout de truffes, est marqué par le mistral qui apporte de la fraîcheur. Les vins méritent d'être consommés jeunes pour profiter de leur fruité.

Côtes-du-ventoux

De Carpentras à Apt, de Vaison-la-Romaine à Cavaillon, le vignoble du Ventoux vit dans l'ombre du Géant de Provence. Une ombre toute relative, mais qui le protège des vents du Nord, et qui prodigue chaque nuit, pendant la maturation, un air frais favorable à la coloration des raisins rouges. Il en résulte des vins majoritairement rouges, plus fins que charpentés, fruités et épicés.

Côtes-du-luberon

Des villages perchés sous un ciel d'une exceptionnelle luminosité toute l'année : un havre de paix et

de fraîcheur. La vigne couvre les deux versants du massif du Luberon. Longé par la Durance qui crée des courants d'air frais, le côté sud est souvent le plus tardif, ce qui explique l'équilibre entre les

Le vignoble des côtes-du-ventoux, à l'abri du mistral par les Dentelles de Montmirail, le mont Ventoux et les monts du Vaucluse.

Le Luberon, une région déjà provençale par sa culture, son climat et ses vins.

trois couleurs dans la production, unique en Provence : des vins rouges soyeux, des rosés fruités et des blancs tout en fleurs et en agrumes.

Coteaux-de-pierrevert

Le long de cette même Durance, quelques kilomètres en amont, les coteaux-de-pierrevert se répartissent sur les deux rives du fleuve où ils bénéficient du microclimat particulier de Manosque, aux étés chauds et lumineux. Produits à une distance plus lointaine du Rhône, les vins présentent un titre alcoométrique plus faible et une vivacité qui relève bien les saveurs des fromages locaux.

**COTEAUX-DE-PIERREVERT
AOC 1998**
[55 % rouges, 30 % rosés, 15 % blancs]
12 000 hl

**CÔTES-DU-LUBERON
AOC 1988**
[50 % rouges, 30 % rosés, 20 % blancs]
170 400 hl

**CÔTES-DU-VENTOUX
AOC 1973**
[80 % rouges, 15 % rosés, 5 % blancs]
312 000 hl

Picodon

AOC 1983
Pâte : molle à croûte
fleurie
Lait : chèvre, cru
pour les fermiers,
thermisé pour les
laitiers
Races : alpines,
saanen

Poids : 60 g pour le
classique et 45 g pour
le dieulefit
Affinage : 14 jours
mini après
emprésurage

Production : 577 t
Producteurs de lait :
260 ; de fromages :
130 dont 125
producteurs fermiers
Affineurs : 4

Dans les départements de la Drôme et de l'Ardèche ainsi que dans deux cantons du Gard et du Vaucluse, les terres sauvages, pentues et trop arides pour être cultivées constituent le royaume des chèvres. Là est fabriqué ce fromage aux surnoms nombreux : picaoudu, picaudou, picaïdon signifiant tous « petit » en patois occitan. Le picodon a traversé l'histoire depuis que Ronsard le goûta au château de Tournon. Au XVIIIe s., il apparaît dans les livres de comptes des redevances en nature dans les baux fermiers, mais c'est au XIXe siècle qu'il prend son essor. Au cours des cinquante dernières années, les producteurs ont assisté, impuissants, à l'exode rural, à la friche et aux boisements anarchiques dans la région. Ce petit fromage en forme de palet de 5 à 7 cm de diamètre et de 1,8 à 2,5 cm de haut offre une pâte blanche, parfois jaune, de texture fine, régulière et souple sous une croûte fleurie allant du blanc à l'ocre, en passant par le bleu selon l'affinage. Il se décline en deux versions : le picodon et le picodon affiné méthode Dieulefit. Ce dernier bénéficie de deux phases d'affinage, entrecoupées d'un lavage (l'affinage dure ainsi jusqu'à trois mois). Au parfum caprique et au goût piquant, sa pâte devient cassante. À déguster avec de l'huile d'olive AOC et quelques aromates.

Volaille de la Drôme

IGP 1996
Espèces : poulets,
chapons, dindes

Département :
Drôme et cantons
limitrophes

Élevage : plein air
Production :
1 323 832
Éleveurs : 100

Cette IGP s'applique au poulet jaune et au poulet noir de la Drôme. L'élevage comporte également le pintadeau de la Drôme qui est en demande d'IGP. L'importation de la souche du pintadeau serait due à Hannibal, général carthaginois, qui séjourna à Crest. Les volailles s'échappèrent et vécurent à l'état sauvage. Ce n'est qu'au XIXe s. que l'élevage en fut organisé et que le volatile devint une spécialité du département. Celui-ci bénéficie de la garantie d'un cahier des charges label Rouge.

Muscat du Ventoux

Le muscat du Ventoux est cultivé sur cinquante-six communes du Vaucluse. Il bénéficie d'une situation privilégiée au pied du mont Ventoux : l'effet du mistral se conjugue à des températures nocturnes plus fraîches, favorables à sa coloration bleutée. Parce que le raisin doit être parfaitement sain, les grains altérés sont supprimés de la grappe : c'est le ciselage. La grappe doit aussi être bien formée et lâche. La date de vendange est fixée en fonction du taux de maturité (indice réfractométrique au minimum de 18 ° Brix, soit 324 g/l de sucre). Ce raisin présente un goût musqué et sucré très prononcé, et une peau légèrement craquante.

AOC 1997
Variété : muscat de
Hambourg
Poids : 250 g par
grappe mini

Superficie : 819 ha

Production : 1 500 t
Producteurs : 280

Huile d'olive de Nyons

La région du Nyonnais correspond à la limite nord de la zone de culture de l'olivier. Au-delà, les températures automnales et hivernales ne permettent plus une maturation correcte des fruits. Cette aire, délimitée par les Préalpes et le mont Ventoux, s'ouvre largement vers la plaine viticole des côtes-du-rhône. Elle se divise en deux bassins : les piémonts des Baronnies et les vallées de l'Aygues et de l'Ouvèze. À l'abri du mistral, les olives parviennent à pleine maturité et sont récoltées noires pour être vendues fraîches ou transformées en huiles. Le verger s'étend sur une mosaïque de sols calcaires et filtrants. Ces conditions naturelles conviennent à la tanche, variété d'olive qui, en subissant les premiers frimas, se déshydrate partiellement : sa peau prend de fines rides et sa teneur en huile augmente. L'huile d'olive de Nyons présente une couleur dorée peu intense, aux légers reflets verts. En bouche, elle est douce avec très peu d'amertume et d'ardence. Une riche palette aromatique se décline : fruits secs, pomme verte, amande, noisette et foin coupé.

L'huile d'olive de Nyons, produite dans la Drôme et le Vaucluse, est la première à avoir obtenu l'appellation d'origine.

AOC 1994
Variété : tanche
Départements :
Drôme et Vaucluse
(57 communes)

Sols : coteaux
superficiels argilo-
calcaires
Superficie plantée :
957 ha (220 000
arbres)

Quantité d'huile :
231 t (6 moulins)
Producteurs : 640

Olives noires de Nyons

Après avoir été récoltées directement sur l'arbre, les olives noires de Nyons sont stockées dans des caisses à claire-voie. Elles sont ensuite transformées en huile ou bien vendues au naturel.

Les olives noires de Nyons présentent une teinte bure de moine caractéristique et sont finement ridées. Le noyau assez gros est enveloppé d'une chair charnue et parfumée. La couleur de l'olive est celle du fruit à maturité. Comme pour toutes les olives en AOC, aucune coloration n'est admise, que ce soit par colorant ou par procédé chimique.

AOC 1994
Variété : tanche
Production : 400 t

La Savoie et les piémonts de montagne

Disposé en arc de cercle, le vignoble savoyard est essentiellement établi dans le voisinage des lacs (Léman, Bourget) et des cours d'eau (Rhône, Isère). Orienté au sud-est ou au sud-ouest, il atteint parfois 500 m d'altitude sur les basses pentes des Alpes. Ses terroirs favoris sont des produits de l'érosion du massif alpin : moraines glaciaires, notamment du lac Léman, ou éboulis de bas de pente, tels les sols des crus Apremont et Abymes qui résultent de l'effondrement spectaculaire du mont Granier, en 1248.

BUGEY
AOVDQS 1938
[45 % rouge, 5 % rosés, 50 % blancs]
13 400 hl

CHÂTILLON-EN-DIOIS
AOC 1975
[50 % rouges, 50 % blancs]
2 500 hl

CLAIRETTE-DE-DIE
AOC 1942
66 770 hl

CRÉMANT-DE-DIE
AOC 1993
4 800 hl

CRÉPY
AOC 1948
3 700 hl

Vin-de-savoie

L'aire de production s'étend du lac Léman à la rive droite de l'Isère, dans les vallées de la Savoie et de la Haute-Savoie, et sur les premiers coteaux des Alpes. Le climat est tempéré par la proximité des lacs. La roussanne (appelée bergeron dans le cru Chignin, sur le piémont sud du massif des Bauges) et la jacquère sont les cépages blancs dominants de l'aire d'appellation régionale. Leurs vins sont légers, frais et fruités. Dans le prolongement est, vers Arbin, la mondeuse produit les meilleurs vins rouges savoyards, tandis que le pinot noir domine à Chautagne. Originalité au bord de l'Arve, Ayze produit des vins pétillants ou mousseux.

Roussette-de-savoie

Le cépage altesse (ou roussette) produit, le long de la rivière des Usses (à Frangy) et au bord du lac du Bourget (Monthoux et Marestel), des vins blancs aux arômes de fruits secs, aptes à une garde de deux à cinq ans. Des compagnons idéaux du beaufort.

Bugey et seyssel

Dans le massif sauvage du Bugey sont produits des vins rouges et blancs à partir de cépages savoyards et bourguignons, ainsi qu'un effervescent : le bugey-Cerdon. Au nord de ce vignoble, répartie sur les deux rives du Rhône, entre Haute-Savoie et Ain, l'aire de seyssel s'illustre par des vins blancs tranquilles à base d'altesse et des effervescents issus de molette.

Vins du diois

À l'écart de la vallée du Rhône, au pied des grandes falaises du Vercors, le vignoble de Die est singulier. Sur un terroir fortement tourmenté par les soulèvements pyrénéens et alpins, la clairette et le muscat à petits grains jouent à cache-cache pour produire des vins blancs. À l'exception d'une petite quantité de vins tranquilles (les **coteaux-de-die**), on est ici au pays des effervescents. Le plus ancien et le plus typique d'entre eux est la **clairette-de-die méthode dioise ancestrale** : les bulles sont dues à

Les vins du lac Léman

Les crus de l'AOC vin-de-savoie produits sur les bords du Léman donnent la faveur au chasselas. Il en va de même du crépy, issu d'un terroir morainique : un vin aux arômes de fleurs et de noisette.

À gauche, le vignoble d'appellation vin-de-savoie aux environs des Marches. Ci-dessus, le cru Chignin, réputé pour ses vins de roussanne.

la fermentation des propres sucres du raisin, sans ajout de liqueur de tirage. Comme son nom ne l'indique pas, son cépage principal est le muscat.

Il existe également une **clairette-de-die** brute, issue du seul cépage clairette. Le vin offre des arômes élégants (muscat, rose, agrumes et miel) et procure une sensation de douceur. Il est peu alcoolisé (entre 7 et 8 % vol.) en raison d'une fermentation incomplète. Récemment, la gamme a été complétée par le **crémant-de-die** (clairette, muscat et aligoté).

L'aligoté est, avec le chardonnay, l'un des cépages blancs de l'AOC **châtillon-en-diois**, petite appellation située plus en altitude dans la vallée du Bez. Le gamay est le principal cépage en rouge. Des vins friands.

ROUSSETTE-DE-SAVOIE
AOC 1973
2 000 hl

SEYSSEL
AOC 1942
550 hl

VIN-DE-SAVOIE
AOC 1973
[30 % rouges, 70 % blancs]
130 000 hl

Abondance

AOC 1990
Pâte : pressée demi-cuite
Lait : vache, cru
Races : abondance, montbéliarde, tarine

Affinage : 90 jours mini
Poids : de 7 à 12 kg

Production : 1 500 t
Producteurs de lait : 242 ; de fromages et affineurs : 100 dont 70 fermiers

L'aire géographique de l'abondance correspond à la zone montagneuse de la Haute-Savoie. Au Moyen Âge, les moines de l'abbaye d'Abondance prélevaient une dîme sur les troupeaux de vaches abondance qui pâturaient dans leurs alpages ; en échange, ils fournissaient les chaudières nécessaires à la confection de fromages. Comme souvent en Haute-Savoie, les paysans mirent en place un système agropastoral : agriculture dans la vallée et élevage dans les alpages d'altitude. Ce fromage cylindrique, au talon concave, mesure entre 38 et 43 cm de diamètre, et de 7 à 8 cm de hauteur. Sous une croûte mordorée apparaît une pâte fondante, au goût de noisette et de flore naturelle des alpages, avec une petite pointe d'amertume en finale qui trouve un bon accord avec les saveurs de la pomme.

Paysage d'alpages dans l'aire de production de l'abondance en Haute-Savoie.

Bleu du Vercors-Sassenage

AOC 1998
Pâte : persillée demi-molle et non cuite
Lait : 50 % de lait cru pour la production fermière, sinon pasteurisé
Races : villard-de-lans ou villarde, montbéliarde, abondance

Poids : entre 4 et 4,5 kg
Affinage : 21 jours mini

Production : 158 t (fermier : 25 % ; 10 producteurs)
Producteurs de lait : 78 ; de fromages : 1

Au cœur du parc naturel régional du Vercors, sur un plateau calcaire, l'aire géographique du bleu du Vercors-Sassenage s'étend sur 27 communes de la Drôme et de l'Isère. Au Moyen Âge, le territoire appartenait au seigneur de Sassenage qui prélevait son impôt en fromages et les revendait. À la fin du XIVe s., la liberté fut rendue aux paysans et le bleu du Vercors-Sassenage commença à être commercialisé hors de son aire de production. Après avoir failli disparaître au début du XXe siècle, il connut un nouvel essor à partir de 1930. Alors qu'il était autrefois fabriqué avec un mélange de laits de vache et de chèvre ou de brebis, il est aujourd'hui exclusivement issu de lait de vache. Les paysans ont entrepris de sauver une race de vaches en voie de disparition : la villard-de-lans ou villarde, anciennement utilisée comme animal de trait et excellente laitière. Dans les années 1960, il ne restait que quelques dizaines de spécimens ; actuellement, l'élevage comporte environ 400 animaux.

Le bleu du Vercors-Sassenage forme un cylindre plat de 27 à 30 cm de diamètre et de 7 à 9 cm de hauteur. Onctueux, aux arômes de noisette, il présente la particularité de ne pas faire de gras en fondant, ce qui permet de l'incorporer dans la préparation de nombreux plats et dans celle de sauces d'accompagnement.

Beaufort

L'aire géographique du beaufort comprend les vallées du Beaufortain, de la Tarentaise, de la Maurienne et une partie du Val d'Arly. Les ancêtres de ce fromage avaient pour noms *vatusium*, comme le signale Pline le Jeune à la cour impériale de Rome, *vachelin* comme le rapportent les écrits du Moyen Âge ou bien encore grovire au XVIIe siècle. La dénomination beaufort apparut vers 1860. Dans les années 1960, les producteurs réagirent face à l'exode rural et la difficulté du travail en grande montagne. Afin de maintenir des pratiques pastorales à toutes les altitudes de la montagne, ils se lancèrent dans un aménagement rural et dans une démarche qualitative qui leur permit d'obtenir l'AOC. Cylindrique (diamètre de 35 à 75 cm), le beaufort présente un talon de forme concave dû à l'utilisation d'un cercle en bois au renflement convexe. Au goût typé sans pour autant être fort, il possède une pâte ferme, mais fondante, aux arômes de montagne et

de fruits. Le beaufort d'été correspond aux productions laitières de juin à octobre. Celui de chalet d'alpage provient de productions estivales : il est issu du lait d'un seul troupeau (donc d'un seul chalet) pâturant à une altitude de 1 500 à 2 500 m.

Le lait cru, porté à une température de 32 °C, est additionné de levain. Au bout de quarante minutes, le caillé peut être prélevé.

AOC 1968
Pâte : fromage à pâte pressée cuite
Lait : vache, lait cru
Races : tarine ou abondance (10 400 vaches)

Poids : de 20 à 70 kg (en général 42 kg)
Affinage : 5 mois mini

Production : 4 340 t
Producteurs de lait : 580 ; de fromages : 43 ateliers assurant aussi l'affinage

Reblochon

AOC 1958
Pâte : pressée non cuite
Lait : vache, cru
Races : abondance, tarine, montbéliarde

Poids : de 450 à 550 g ;
petit reblochon : de 230 à 280 g
Affinage : 15 jours mini

Production : 16 987 t dont 3 500 t fermiers
Producteurs de lait : 800 ; de fromages : 190 dont 180 fermiers
Affineurs : 15

Cent soixante-dix-sept communes de Haute-Savoie et sept communes de Savoie (région du Val d'Arly) forment l'aire géographique du reblochon. Celle-ci est bordée au nord par la Suisse et à l'est par l'Italie. Autrefois, le lait servait à rétribuer le propriétaire des alpages. Les paysans avaient coutume d'effectuer une traite incomplète devant le propriétaire ; celui-ci parti avec son dû, ils « reblochaient », c'est-à-dire effectuaient une fin de traite au lait plus riche dont ils faisaient un fromage réservé à leur usage. Ainsi est né le nom de reblochon. Pour identifier la provenance du fromage, des plaques de caséine y sont apposées :

verte pour le fermier, rouge pour le laitier. Cylindre plat de 14 cm de diamètre, le reblochon est conservé sur une fine rondelle d'épicéa qui absorbe l'humidité (deux entreprises produisent exclusivement ces feuilles). Affiné à point, il est recouvert d'une légère mousse blanche et présente une pâte onctueuse, au léger parfum de noisette. Bien affinée, la pâte moelleuse, au goût plus prononcé sort légèrement de la croûte.

Le reblochon : une pâte onctueuse, fruit de la flore des Alpes. Il se consomme à température ambiante.

Chevrotin

AOC 2002
Pâte : pressée non cuite à croûte lavée
Lait : chèvre, cru
Race : alpine

Poids : de 250 à 350 g
Affinage : 21 jours mini

Production : 76 t
Producteurs de fromages : 34 fermiers
Affineurs : 3

Petit frère du reblochon, le chevrotin est fabriqué selon les mêmes principes.

Les massifs du Mont-Blanc, des Aravis et du Chablais en Haute-Savoie ainsi que celui des Bauges en Savoie abritent la production de chevrotin. Initialement réservé à l'usage domestique et en cohabitation avec les troupeaux bovins, l'élevage de chèvres a toujours existé dans cette aire aux pentes abruptes. Le chevrotin, exclusivement fermier, est affiné dans les mêmes caves que le reblochon et

se présente, comme lui, sur une rondelle d'épicéa. C'est un cylindre de 9 à 12 cm. Sous une croûte légèrement orangée présentant quelques moisissures blanches, la pâte est moelleuse et fine. Plus mûre, elle devient friable et les arômes de lait de chèvre se manifestent davantage.

Emmental de Savoie

L'aire géographique de l'emmental de Savoie comprend les deux départements savoyards et trois communes de l'Ain. La tradition remonte au XIXe s., lorsque les paysans pratiquaient le « tour » : chaque semaine, un villageois fabriquait le fromage pour les autres. Puis, les producteurs ont rassemblé leur lait et créé des fruitières (coopératives). Il faut 900 l de lait pour fabriquer une meule cylindrique de 75 cm de diamètre. Pendant la fer-

Meule dorée de grande dimension, l'emmental est aisément identifiable grâce aux trous – les yeux – qui s'ouvrent dans sa pâte.

mentation se forment les fameux trous dans la pâte jaune ivoire. L'emmental doit être servi à 20 °C pour

profiter de ses parfums et de son onctuosité. Il est riche en calcium : 1 000 mg pour 100 g d'emmental.

IGP 1996
Pâte : pressée cuite
Lait : vache, cru
Races : tarine, montbéliarde, abondance

Poids : meule de 70 kg
Affinage : 12 semaines mini

Production : 3 200 t
Producteurs de lait : 1 000 ; de fromages : 9
Affineurs : 9

Tome des Bauges

La tome des Bauges est produite dans le massif des Bauges, dans quelques communes à cheval sur la Savoie et la Haute-Savoie. Autrefois, elle était réservée à la consommation domestique – élément essentiel du repas du soir et

des casse-croûte. En 1929, le canton de Châtelard fit sa révolution laitière selon le modèle des fruitières, mais quelques agriculteurs décidèrent de continuer à fabriquer leurs fromages de façon traditionnelle et de monter en alpages. Ils

créèrent ainsi leur marque tome des Bauges qui devint ensuite une AOC. Cylindre de 18 à 20 cm de diamètre, cette tome possède une croûte « tourmentée » qui a tantôt la couleur de la flore des prairies, tantôt celle de la terre mêlée de neige. Sa pâte de teinte ivoire à jaune libère des arômes fruités mêlés à une légère senteur de cave. Savourez-la avec du pain de campagne ou accompagnée de fruits tels que les pommes et poires de Savoie. Notez qu'à l'inverse des autres tommes, son nom ne prend qu'un « m ».

La tome des Bauges s'affine au moins cinq semaines sur des planches d'épicéa provenant du massif.

AOC 2002
Pâte : pressée non cuite, salée à croûte fleurie
Lait : vache, cru
Races : abondance, tarine, montbéliarde

Poids : 1,1 à 1,4 kg
Affinage : 5 semaines mini

Production : 600 t
Producteurs de lait : 68 ; de fromages : 27 dont 23 fermiers
Affineurs : 2

Tomme de Savoie

IGP 1996
Pâte : pressée non cuite à croûte fleurie
Lait : vache, cru
Races : de montagne

Poids : de 1,2 à 2 kg
Affinage : 1 mois mini

Production : 6 000 t dont 500 t fermières
Producteurs de lait : 900 ; de fromages : 50 dont 30 fermiers
Affineurs : 4

La tomme de Savoie est de longue tradition dans les deux départements de Savoie. L'IGP a ajouté à cette aire trois communes de l'Ain. Autrefois, on trouvait des tommes grasses ou sèches, fraîches ou affinées. Toutefois, ce fromage était plutôt consommé maigre, car la crème en était extraite pour faire du beurre. Aujourd'hui, une plaque de caséine indique la provenance : rouge pour la laitière et verte pour la fermière. Fabriquée à partir de

Sous une croûte grise apparaît une pâte aux subtils arômes.

lait entier ou écrémé, la tomme (d'un diamètre de 18 à 21 cm) est recouverte d'une croûte grise, à

l'aspect floral et tourmenté. Son goût est légèrement acide et ses arômes évoquent le champignon, la crème et le lait. Attention aux imitations nombreuses : 90 % des vraies tommes de Savoie portent la mention « Savoie » sur leur pourtour.

Pommes et poires de Savoie

Pommes et poires de Savoie
IGP 1996
Production : 3 000 t

Arboriculteurs : 67
16 variétés de pommes et 6 variétés de poires

Les arbres fruitiers poussent entre 400 et 800 m d'altitude dans les départements de la Savoie, de Haute-Savoie et dans cinq communes de l'Ain. En raison de l'altitude, le calibre du fruit reste petit au profit de la fermeté ; l'amplitude diurne favorise une belle coloration et une meilleure conservation. La richesse des sols en eau et en sels minéraux assure une croissance lente et régulière. Il en résulte des fruits sucrés, croquants, plus ou moins doux ou acides selon les variétés.

Noix de Grenoble

Noix de Grenoble
AOC 1938
Superficie : 6 714 ha (693 788 noyers)

Production : 4 218 t
Producteurs : 1 900

Variétés : franquette, mayette, parisienne
Diamètre : 28 mm mini

Dans le Dauphiné, des coquilles de noix datant de 2500 ans avant J.-C. ont été retrouvées. Deux fléaux, la maladie du ver à soie (la muscardine), en 1858 et le phylloxéra, en 1870 et 1927, obligèrent les paysans à arracher mûriers et vignes pour se tourner résolument vers le noyer. Lors de sa récolte au mois d'octobre, le fruit à pleine maturité possède un cerneau ferme, de teinte ivoire, qui se pèle facilement. Celui-ci sent le pain frais, le beurre et l'huile. Au goût, il mêle amertume et astringence à des arômes de noisette. Après novembre, elle sèche progressivement le reste de l'année et devient croquante.

Les noix de Grenoble sont récoltées mécaniquement fin septembre-début octobre.

LA BOURGOGNE ET LA FRANCHE-COMTÉ

La Bourgogne est au carrefour des flux de la Méditerranée et des voies qui mènent à la vallée du Rhin par la Moselle, aux Flandres par les routes de Champagne et aux vallées de la Seine et de la Loire. Les Gaulois y fortifièrent Alésia, les Romains y édifièrent Autun, dont les habitants établirent les premiers vignobles, et les Burgondes devenus Bourguignons fondèrent Dijon. La région tire largement sa réputation viticole de son histoire. Que l'on se rappelle le rôle dans la mise en valeur des vignobles des ordres monastiques clunisiens puis cisterciens, fondés dans ces terres, et, aux XIVe et XVe siècles, le faste des ducs de Valois. Hormis les vignobles de l'Yonne, la Côte est le principal écrin des vins de Bourgogne, prolongée par le Beaujolais. Elle résulte de bouleversements géologiques contemporains de l'orogénèse du Jura, à l'origine d'un réseau de failles et de coteaux orientés au levant. Le parcellaire y a été organisé dès le Moyen Âge par les Cisterciens en une hiérarchie de crus.

À l'ouest et au nord, les reliefs vallonnés sont couverts de prairies d'embouche. Le Mâconnais élève des chèvres, l'Auxois et le plateau de Langres des vaches laitières. La Bourgogne est le berceau de la race charolaise, de fromages et de spécialités raffinées qui en font une région de gastronomie. Au sud-est, sur l'autre rive de la Saône, les élevages de volailles sont justement renommés. À l'est de la Saône, les plateaux herbagers et les forêts montagneuses du Jura sont le domaine de la vache monbéliarde, et la Franche-Comté est la plus importante région productrice de fromage au lait cru d'appellation d'origine en France. Les villages vignerons du piémont préservent des pratiques originales avec les vins jaunes et les vins de paille évoquant les saveurs de l'Espagne. Sans doute furent-ils un terrain de recherche pour Pasteur, enfant du pays et inventeur de la science des fermentations.

La Bourgogne

Juridiquement, la Bourgogne viticole réunit les vignobles du Chablisien et de l'Yonne, la Côte-d'Or, qui se prolonge en Saône-et-Loire par la Côte chalonnaise et le Mâconnais. Elle inclut même le Beaujolais. On parle de « Grande Bourgogne » : quelque 300 km du nord au sud. Le climat y est semi-continental, mais entre les vignobles septentrionaux de l'Yonne et, à l'autre bout, le Mâconnais et le Beaujolais, presque méridionaux par le climat et l'habitat, quels sont les points communs ? Un vignoble séculaire installé sur des coteaux ; un petit nombre de cépages parfaitement adaptés à leurs terroirs ; des vins identifiés par le cru, ou *climat* ; une mosaïque complexe de parcelles et un grand nombre d'appellations qui s'ordonnent selon la hiérarchie bourguignonne, de l'appellation régionale au grand cru.

Les vignobles de Bourgogne

Selon un jugement de 1930, la Bourgogne est constituée, du nord au sud, des départements de l'Yonne, de la Côte-d'Or, de la Saône-et-Loire et d'une partie du Rhône, autour de Villefranche-sur-Saône. Au nord, les vignobles de l'Yonne et, situé en Côte-d'Or mais aux confins de l'Aube, le Chatillonnais. Plus au sud, la vigne s'interrompt avant de reprendre possession du paysage après Dijon : c'est la Côte-d'Or, où la Côte de Beaune fait suite à la Côte de Nuits, tandis que les Hautes-Côtes s'étendent en arrière du coteau. Le vignoble se prolonge en Saône-et-Loire, avec le Couchois, la côte chalonnaise et le Mâconnais. Enfin, le Beaujolais pénètre largement dans le départe-

Pinot noir et chardonnay forment le couple vedette des vins de Bourgogne.

ment du Rhône, ses limites méridionales se trouvant à une quinzaine de kilomètres de Lyon. Certains de ces vignobles ont acquis une identité propre, comme le Chablisien ou le Beaujolais. Ce dernier s'individualise par ses sols et sa fidélité au cépage gamay, alors que règnent dans la plus grande partie de la région le pinot noir en rouge et le chardonnay en blanc, complétés localement par d'autres variétés, comme l'aligoté, voire le sauvignon en blanc. Tous les secteurs peuvent produire des vins d'AOC régionale bourgogne.

La classification bourguignonne

La Bourgogne viticole se distingue par un très grand nombre d'AOC. Un fait lié à l'attention minutieuse et séculaire portée ici aux potentialités des terroirs et du morcellement de la propriété. Ces AOC s'ordonnent selon une hiérarchie. Cette dernière résulte d'un classement effectué en 1861, six ans après celui de Bordeaux. Mais en Bourgogne, ce sont les terroirs et non les propriétés qui ont été classés. Les décrets d'appellations d'origine contrôlée en 1936 ont largement repris cette hiérarchie. À la base, les appellations régionales (66 %), produites sur l'ensemble de la Bourgogne ou sur des aires géographiques étendues ; ensuite, les appellations communales (33 %) – les « villages » de la Côte-d'Or ou les « crus » du Beaujolais – qui naissent sur une aire délimitée dans le territoire d'une commune à l'intérieur de laquelle peuvent avoir été définis des premiers crus ; enfin, au sommet, les premiers et grands crus, issus d'une aire plus restreinte encore : un (parfois plusieurs) lieu-dit, appelé ici *climat*, souvent fort ancien et bien identifié par son sol, son exposition et son microclimat. D'autres *climats*, eux aussi délimités mais non classés, complètent souvent le nom de la commune sur l'étiquette.

Les appellations régionales

L'AOC **bourgogne** peut être produite sur l'ensemble de la région viticole, même si les vignobles dotés d'appellations plus restreintes privilégient ces dernières. Ce sont des blancs de chardonnay,

Marc de Bourgogne et fine de Bourgogne

Caractérisée par des arômes végétaux et des nuances de champignon, surtout dans les marcs de blanc, l'eau-de-vie de marc de Bourgogne demande aujourd'hui l'AOC. Des règles précises de production se mettent en place. L'AOC est également demandée pour une mistelle de production ancienne : le ratafia de Bourgogne.

des rosés et des rouges. Fins, fruités et à consommer jeunes, ceux-ci naissent du seul pinot noir, sauf dans l'Yonne, où cette variété est parfois assemblée au césar, cépage traditionnel qui apporte des tanins, et en Beaujolais, où peut intervenir le gamay. L'appellation bourgogne est parfois complétée par un nom géographique : AOC **bourgogne-hautes-côtes-de-nuits et hautes-côtes-de-beaune, bourgogne-**

Pernand-Vergelesses et son vignoble à flanc de coteau, dans la Côte de Beaune.

côtes-du-couchois, bourgogne-côte-chalonnaise. C'est souvent aussi le cas des bourgognes de l'Yonne.

Le cépage aligoté est à l'origine d'une autre AOC régionale, le **bourgogne-aligoté**, un vin nerveux aux arômes d'herbe coupée et d'abricot, qui accompagne le jambon persillé. Additionné de cassis de Dijon, il compose le kir. Quant à l'AOC **bourgogne-passe-toutgrains**, son nom indique qu'elle « laisse passer tous les grains » : pinot noir (un tiers au minimum) et gamay. On ne produit plus guère d'AOC **bourgogne-grand-ordinaire** : ce sont des vins à boire tous les jours alors que le terme désignait autrefois les vins du dimanche.

Les bulles de la Bourgogne

Blanc ou rosé, le **crémant-de-bourgogne** perpétue avec succès une vieille tradition de vins mousseux. Il peut être élaboré à partir de raisins provenant de toute l'aire délimitée de la Bourgogne. Selon les secteurs, il présente des nuances qui tiennent à l'encépagement : il est plutôt blanc de blancs (chardonnay) en Mâconnais et dans la Côte chalonnaise, plutôt blanc de noirs en Côte-d'Or. Quant à la vallée de l'Yonne, à l'origine de l'appellation, elle utilise en plus l'aligoté et même l'ancien sacy. Le Châtillonnais s'est développé grâce au crémant.

BOURGOGNE
AOC 1937
[50 % rouges ; 35 % blancs ; 15 % rosés]
190 000 hl

BOURGOGNE-ALIGOTÉ
AOC 1937
100 000 hl

BOURGOGNE PASSETOUTGRAINS
AOC 1937
[99 % de rouge]
43 500 hl

CRÉMANT-DE-BOURGOGNE
AOC 1975
78 000 hl

Le Chablisien et l'Yonne

Le vignoble du Chablisien suit le cours de la vallée du Serein, affluent de l'Yonne, dans un paysage de coteaux aux lignes douces souvent couronnés de bois. Dans cette partie septentrionale de la Bourgogne, les ceps affrontent de rudes hivers et sont parfois menacés par de traîtres gels de printemps. Les vignes blanches sont majoritaires : le chardonnay gagne sous ce climat une élégance aromatique, une vivacité et une aptitude certaine à la garde qui a valu au chablis une renommée mondiale. Les sols, dominés par des formations jurassiques marneuses du Kimméridgien, conviennent à merveille au cépage.

Du « petit » au « grand »

Héritier du vignoble planté par les Cisterciens du Petit-Pontigny, le Chablisien a bénéficié d'une forte croissance dans les vingt dernières années. Il le doit à son homogénéité climatique et pédologique. On retrouve dans ce vignoble une hiérarchie bourguignonne, du petit-chablis au chablis grand cru. Dans ce pays vallonné, les plateaux, impropres aux cultures, sont occupés par les bois. À la base de la hiérarchie, le petit-chablis, qui équivaut à l'appellation régionale, campe à proximité sur le pourtour des autres appellations. L'aire du chablis (environ 3 000 ha plantés sur 20 communes) s'étend sur des pentes marneuses, sur le rebord du plateau calcaire ou sur le plateau argileux.
Le chablis 1er cru (766 ha) et le chablis grand cru (100 ha) occupent les meilleurs terroirs.

Le chablis est réputé dans le monde entier pour son caractère minéral. (Ci-dessus, chablis 1er cru Montmains.)

Chablis grand cru

Le chablis grand cru naît surtout dans la commune de Chablis, sur la rive droite du Serein et sur les meilleurs terroirs du vignoble. L'appellation est constituée de sept lieux-dits qui sont indiqués sur l'étiquette. Bien abrités et bien exposés, ils sont installés sur les meilleurs sols, des terrains marneux riches en petits fossiles d'huîtres et en colluvions argilo-pierreuses. Tous les chablis grand cru partagent un côté structuré et opulent, un excellent équilibre entre le gras et l'acidité, une palette aromatique complexe et une aptitude à la garde, avec des nuances selon les *climats*. Les Preuses et Vaudésir ? Gras et solides. Valmur ? La finesse même. Bougros et Grenouille ? Solides et généreux. Les Clos ? Riches et fermes dans leur jeunesse. Blanchot ? Distingué et délicat.

Chablis premier cru

L'aire du chablis premier cru s'étend sur plus de 750 ha répartis dans une dizaine de communes. Le nom de l'appellation est généralement suivi sur l'étiquette du nom d'un lieu-dit. Si plus de 70 lieux-dits ont été classés, seuls 17 noms sont couramment utilisés. Les vins naissent sur les pentes marneuses du Kimméridgien qui ont fait la réputation du Chablisien. Les expositions des coteaux, très variées, impriment aux vins des caractères très différents. On les regroupe en deux grandes catégories : ceux de la rive droite du Serein, souvent plus solides, plus structurés et peut-être aptes à une plus longue garde. Ils s'appellent par exemple Fourchaume, l'Homme Mort, Montée de Tonnerre, Monts de Milieu ; ceux de la rive gauche, comme Montmains, Vaucopins, Séchet, Les Lys, sont souvent prêts à boire plus vite, mais certains, comme Côte de Léchet ou Vaux de Vey, peuvent très bien vieillir.

Chablis et petit-chablis

Existe t-il un vin blanc plus pur, plus minéral, plus riche en arômes – une note de miel mêlée de mousseron – que le chablis ? Un vin fait pour les huîtres, les crustacés, les poissons fins, les viandes blanches

Saint-Bris-le-Vineux s'est forgé une réputation grâce à son sauvignon aromatique.

et le soumaintrain, fromage local au lait de vache, en démarche d'appellation. C'est le vin blanc pur, droit par excellence. Est-ce pour cela qu'il a tant de succès et qu'il est tant copié ? Quant au petit-chablis, il n'a de petit que le nom. Venu des aires les plus périphériques de l'appellation chablis, il est plus tendre, se boit plus jeune et invite à l'apéritif. C'est, à prix modéré, un vin d'initiation à la famille chablis.

Autour de Joigny, de Vézelay, de Tonnerre

L'Yonne comprend aussi d'autres vignobles. Appartenant au bassin hydrographique de la Seine, les vignobles de la région, qui trouvaient un débouché facile vers la capitale, étaient étendus jusqu'à la crise phylloxérique. Il subsiste les vignes de l'Auxerrois, à l'ouest de Chablis, dans la vallée de l'Yonne ; du Tonnerrois, à l'est ; du Jovinien, au nord-ouest (autour de Joigny) ;

et au sud, le Vézelien, au pied de la « colline inspirée » et de sa basilique romane. Depuis vingt ans, le vignoble de Joigny, connu pour son vin gris de la Côte Saint-Jacques, renaît, tout comme celui de Vézelay, aux vins blancs structurés et aromatiques, ou encore celui du Tonnerrois, aux vins marqués par la minéralité.

La vallée de l'Yonne

Village vigneron situé dans un vallon débouchant sur la rive droite de la rivière, **Irancy** bénéficie depuis quelques années d'une AOC communale. Il le doit à ses rouges de couleur soutenue et au fruité complexe qui prend avec l'âge des notes épicées et animales. Des vins de garde concentrés et tanniques. **Saint-bris**, lui aussi promu récemment en AOC communale, a l'originalité de produire des vins issus du cépage sauvignon : des blancs fruités. Ceux de Chitry sont des blancs nerveux aux arômes végétaux, tandis que Coulanges-la-Vineuse, sur la rive gauche, fournit des vins rouges et rosés très fins. Ces deux communes peuvent faire suivre de leur nom l'AOC bourgogne. Quant aux bourgogne-côtes-d'auxerre, ce sont des vins solides et vineux produits sur la rive droite de l'Yonne.

PETIT-CHABLIS
AOC 1946
36 200 hl

CHABLIS
AOC 1938
174 000 hl

CHABLIS 1ER CRU
AOC 1938
45 000 hl

CHABLIS GRAND CRU
AOC 1938
5 185 hl

IRANCY
AOC 1946
6 000 hl

SAINT-BRIS
AOC 2002
6 500 hl

La Côte

Pour les Bourguignons, la Côte désigne le vignoble de la Côte d'Or, qui doit son nom à la couleur dorée des pampres à la fin des vendanges. S'étirant sur une cinquantaine de kilomètres, elle est constituée par le rebord oriental d'un petit massif calcaire qui regarde vers l'est et la plaine de Saône. Le vignoble occupe non seulement ce coteau, mais également ceux, bien exposés, des petites vallées ou combes transversales creusées dans les couches calcaires. Sur une dizaine de kilomètres en arrière de la Côte, dans les Hautes-Côtes, le paysage est plus vallonné et la vigne se cantonne aux meilleures expositions.

MARSANNAY
AOC 1987
[65 % rouges ; 27 % rosés ; 8 % blancs]
8 700 hl

FIXIN
AOC 1938
[97 % rouges ; 3 % blancs]
4 000 hl

GEVREY-CHAMBERTIN ET LES 8 GRANDS CRUS DE CHAMBERTIN
AOC 1936
17 805 hl (dont 3 305 en gd cru)

MOREY-SAINT-DENIS ET SES 5 GRANDS CRUS
AOC 1936
[99 % rouges ; 1 % blancs]
6 090 hl (dont 1 890 en gd cru)

À l'exception de la partie sud des Hautes-Côtes, aux formations très argileuses, les vignobles se développent sur des substrats calcaires ou marno-calcaires. Cette apparente unité cache une grande diversité, particulièrement mise en relief par les pratiques régionales séculaires : en Bourgogne, les vins sont vinifiés par *climat*, c'est-à-dire par lieu-dit, caractérisé par un sol, des expositions, un microclimat. Le vin de chaque premier cru porte un nom particulier, indiqué sur les étiquettes. La Côte est ainsi une mosaïque de *climats*. Certains d'entre eux ont atteint une grande notoriété grâce à la qualité des vins qu'ils engendrent. Ils occupent le sommet de la hiérarchie bourguignonne (voir p. 122). Les AOC grand cru sont exclusivement produites dans la côte. Des appellations qui ne jurent que par le pinot noir et le chardonnay.

LA CÔTE DE NUITS

Nés entre Marsannay, au sud de Dijon, et Buisson, hameau proche de Comblanchien, les vins de Nuits se différencient de ceux de Beaune par leur structure généralement plus solide et souvent leur aptitude à vieillir. La différence tient autant au climat qu'à la géologie. Les terroirs de la Côte de Nuits conviennent aux vins rouges qui atteignent des sommets.

Suivons la Côte du nord au sud, pas à pas. À Dijon, le lieu-dit Les Montre-Cul (AOC bourgogne) est un des rares vestiges du vignoble de la côte dijonnaise, rongé par l'urbanisation.

La Côte d'Or commence véritablement à **marsannay** ; l'AOC, qui s'étend sur les trois communes de Marsannay-la-Côte, Chenôve et Couchey, a acquis une réputation méritée avec ses vins rosés. Elle produit aussi des vins rouges soli-

Le clos de Vougeot fut fondé vers 1110 par l'abbaye de Cîteaux.

des, pleins, à attendre quelques années et des vins blancs. Les meilleurs lieux-dits pourraient être reconnus en premiers crus. À **fixin** naissent des vins rouges profonds en couleur, solides et charpentés, qu'il faut attendre. Ses premiers crus, la Perrière, les Arvelets ou Hervelets, le Clos du Chapitre, le Clos Napoléon méritent attention.

Rouges de grande garde

Gevrey-chambertin offre des vins solides, dominés par la puissance. Au sud du village s'étend une théorie de grands crus : **chambertin** le roi, auquel on associe le **clos-de-bèze**, et, au dessus de la route des Grands crus : **mazis**, **ruchottes**, puis au sud, **latricières**, tous produits sur sols peu épais. Au-dessous de la route : **griottes**, **chapelle**, **charmes** et **mazoyères** aux sols plus profonds. Gevrey possède aussi des premiers crus réputés, par exemple, le Clos Saint-Jacques, Les Cazetiers. Tous les vins de ces appellations ont en commun des caractères de puissance, de plénitude et des arômes de réglisse. Les vins du piémont, nés sur des sols graveleux, les crais, sont plus friands. Le chapelet de grands crus s'égrène plus au sud, autour du village limitrophe de Morey-Saint-Denis avec le **clos-de-la-roche**, proche par son style du chambertin, tandis que le **clos-saint-denis** possède une force cachée par une

Les côte-de-nuits-villages

Fixin et la commune limitrophe de Brochon, au nord, et, à l'autre bout de la Côte de Nuits, Prissey, Comblanchien, Corgoloin, peuvent aussi produire dans l'AOC côte-de-nuits-villages. On y trouve des expressions différentes selon le terroir, mais toujours des vins colorés, solides, distingués et fruités.

Romanée-conti, l'un des vins les plus prestigieux du monde.

élégance déjà perceptible dans les vins jeunes ; ce caractère se confirme dans le **clos-des-lambrays**, qui a dû attendre 1981 pour être promu en grand cru, et le **clos-de-tart**. Autre grand cru, le **bonnes-mares**, est un modèle de complexité ; ses vins conjuguent la puissance et la finesse, caractère commun aux **morey-saint-denis** qui assurent la transition entre les gevrey-chambertin solides et charnus et les **chambolle-musigny** fins et élégants. Le village ne manque pas de premiers crus prestigieux, comme Les Ruchots, Les Millandes et le Clos des Ormes. Chambolle-musigny est symbole de distinction avec le grand cru **musigny** qui donnent des vins rouges amples, pleins et élégants. Il faut nommer son premier cru Les Amoureuses, alliance de charme et de distinction. Les vins de l'appellation communale sont du même style, à part le premier cru Les Charmes, plus charnu.

Théorie de grands crus

Vougeot est la plus petite commune viticole de la Côte. Ses vins, dans l'AOC communale, sont voisins par leur style des chambolle. Le village se singularise par un excellent premier cru de vin blanc, le Clos blanc, une curiosité en Côte de Nuits. Quant à l'héritage des moines de Cîteaux, le **clos-de-vougeot**, grand cru dominé par le célèbre château médiéval qui servait de cellier aux moines, il offre une variété de vins étonnante. Une même propriété peut produire toute une gamme, du vin de jeune vigne, souple et soyeux, à la finale épicée et brève, au vin de vieille vigne, né au milieu du clos, dense et à la forte stature ; celui-ci est assemblé à celui-là. À **vosne-romanée**, on retrouve des vins solides et vineux. Cette appellation communale est assez restreinte en étendue, tant ses premiers et grands crus sont nombreux : sur Flagey, au-dessus du clos-de-vougeot, les **échézeaux** et **grands-échézeaux**, grands crus solides et distingués, plus au sud ;

Morey-Saint-Denis, l'une des communes de la Côte de Nuits les mieux pourvues en grands crus.

CÔTE-DE-NUITS-VILLAGES
AOC 1937
[97 % rouges ;
3 % blancs]
6 500 hl

BOURGOGNE-HAUTES-CÔTES-DE-NUITS
AOC 1937
[65 % rouges ; 21 %
blancs ; 14 % rosé]
31 000 hl

ALOXE-CORTON
AOC 1938
[97 % rouges ;
3 % blancs]
5 500 hl

CORTON
AOC 1937
[95 % rouges ;
5 % blancs]
3 800 hl

CORTON-CHARLEMAGNE
AOC 1937
2 300 hl

Les Suchots, remarquable premier cru et, regroupés au-dessus du village de Vosne-Romanée, riche-bourg, romanée-saint-vivant, la romanée, la romanée-conti, la grande-rue, et enfin, la tâche, qui complètent cette série extraordi-naire de grands crus. Là naissent des vins tous plus riches les uns que les autres, pleins, charnus, distin-gués, délicats et d'une grande lon-gévité, qu'il faut toujours accompa-gner de viandes rouges cuisinées. Avec nuits-saint-georges, qui déborde sur la commune de Pre-meaux, s'achève la Côte de Nuits. Ses vins sont solides, souvent riches en tanins ; il faut les laisser vieillir et l'on y rencontre une grande variété de caractères. Pas de grands crus ici, mais d'intéressants premiers crus qui n'ont rien à envier à leurs voisins : Les Saint-Georges, Les Vaucrains, Les Por-rets, les Clos de la Maréchale, des Corvées, à servir avec civets et gibier afin de masquer leurs aspéri-tés dans leur jeunesse. Après, le coteau s'amenuise et s'élargit, et l'on arrive dans la Côte de Beaune.

Hautes-côtes-de-nuits

Au-dessus de Nuits-Saint-Georges, le vignoble des Hautes-Côtes produit des vins portant l'AOC bourgogne-hautes-côtes-de-nuits, élégants dans leur jeunesse, vifs et fruités, permettant d'attendre leurs voisins du dessous. Sur certains coteaux, notamment sur marnes argoviennes, de belles cuvées, tant en blanc qu'en rouge, montrent pourtant une réelle aptitude à la garde.

LA CÔTE DE BEAUNE

La Côte de Beaune s'étire sur une trentaine de kilomètres, du hameau de Buisson à Ladoix jus-qu'aux Maranges. Elle offre des pentes moins raides que la Côte de Nuits, un paysage moins uniforme, découpé par plusieurs vallées pro-fondes, et apparaît plutôt comme

une succession de collines. Les expo-sitions sont plus variées et la vigne monte plus haut dans le coteau, s'é-tageant de 300 à 400 m. La Côte de Beaune est célèbre pour ses grands vins blancs produits entre la combe d'Auxey-Saint-Romain au nord et celle de Saint-Aubin-Chassagne au sud. Cela ne l'empêche pas d'en-gendrer d'excellents rouges. Des vins moins charpentés que ceux de la Côte de Nuits, élégants et plus agré-ables à boire jeunes.

Autour de la Montagne de Corton

Dominant la partie nord de la côte, une colline arrondie couronnée de bois. À ses pieds, les communes de Ladoix-Serrigny, Aloxe-Corton et Pernand-Vergelesses. Si cette Mon-tagne de Corton ne culmine qu'à 400 m, les deux grands crus qui naissent sur ses pentes atteignent des sommets. Rouges ou blanches, les vignes se répartissent selon le substrat et l'altitude. Le bas du coteau, pour les deux tiers, est à l'origine du seul grand cru rouge de la Côte de Beaune : le corton, vin riche, à la fois puissant et fin. Un nom de lieu-dit peut être asso-cié à l'appellation (corton-Clos du Roy, corton-Les Maréchaudes, cor-ton-Bressandes…) Le corton peut aussi être blanc. Quant à l'autre grand cru de la Montagne, il s'ap-pelle corton-charlemagne. Le chardonnay est installé sur les mar-nes blanches du haut de coteau, et les vignes regardent surtout le sud et l'ouest. Délicat et complexe par ses arômes, le corton-charlemagne

La Montagne de Corton : un amphithéâtre dans lequel s'inscrivent les villages d'Aloxe-Corton, Ladoix-Serrigny et Pernand-Vergelesses.

est un grand blanc de garde qui peut vieillir vingt-cinq ans.

À la porte de la Côte de Beaune, **ladoix** produit des vins rouges équilibrés et tout en finesse, avec de bons premiers crus (La Corvée, tannique, rappelant les vins de Nuits voisins, le Bois Roussot, fin et solide et, en blanc, Les Gréchons, voisin du corton-charlemagne).

L'AOC **aloxe-corton** peut provenir des trois communes se partageant la Montagne de Corton. Presque tous classés en premier cru, ses vins rouges sont sévères dans leur jeunesse, mais vieillissent très bien. Petit village typique, **Pernand-Vergelesses** est installé sur le flanc d'une combe qui conduit aux Hautes-Côtes. Outre le **corton-charlemagne**, la commune produit des vins blancs aux parfums floraux, balsamiques et mentholés, et des rouges souvent robustes et à attendre, mais parfois tout en dentelle, comme les Vergelesses, premier cru qui déborde au sud sur la commune de Savigny.

Savigny-lès-beaune, chorey-lès-beaune et beaune

L'AOC savigny-lès-beaune engendre d'autres premiers crus du même style (Les Lavières et Serpentières). L'appellation communale s'étend sur le cône de déjection de la Combe de Bouilland. Les vins y sont souples, à boire assez jeunes. Sur le versant beaunois naissent en revanche des vins tanniques (premiers crus Les Jarrons, Les Marconnets, Les Peuillets, La Dominode). Le cône de déjection se prolonge jusqu'au piémont dans l'AOC chorey-lès-beaune dont les vins offrent générosité et vinosité. Beaune est la plus grande commune viticole de la Côte de

Hautes-côtes-de-beaune

Étendue (1 000 ha) et présentant une grande variété de sols et de situations, l'AOC bourgogne-hautes-côtes-de-beaune fournit des vins divers, surtout rouges. Nés des calcaires durs et marneux du Jurassique moyen et supérieur, ils privilégient la finesse ; issus des terrains marneux du Lias, ils sont robustes. Les vins blancs, plus homogènes, sont vifs et solides.

LADOIX
AOC 1970
[90 % rouges ;
10 % blancs]
4 300 hl

PERNAND-VERGELESSES
AOC 1937
[77 % rouges ;
23 % blancs]
6 000 hl

SAVIGNY-LÈS-BEAUNE
AOC 1937
[92 % rouges ;
8 % blancs]
14 800 hl

CHOREY-LÈS-BEAUNE
AOC 1970
[96 % rouges ;
4 % blancs]
6 400 hl

BEAUNE
AOC 1936
[97 % rouges ;
3 % blancs]
17 900 hl

BOURGOGNE-HAUTES-CÔTES-DE-BEAUNE
AOC 1937
[70 % rouges ;
20 % blancs]
42 600 hl

Bourgogne

Les toits vernissés des Hospices de Beaune : image emblématique de la Bourgogne.

Beaune. Célèbre par ses Hospices aux toits vernissés où se déroule en novembre la célèbre vente aux enchères des vins de Bourgogne, elle est le siège de nombreuses maisons de négoce-éleveur. Elle est dominée par un coteau où s'étend la plus grande superficie de premiers crus. Les **beaune** sont d'une grande élégance qui n'exclut pas la tenue. Au nord, les Marconnets, Le Clos du Roy, Les Cents Vignes sont à attendre ; au centre, Les Grèves, Les Theurons, Les Avaux semblent aériens tout en étant charpentés. Au sud, voisins de Pommard, les Boucherottes, Les Épenottes, Les Vignes Franches allient souplesse et plénitude en rouge, tandis que Le Clos des Mouches en blanc crée un îlot de douceur. Quelques hectares sur la commune de Beaune bénéficient de l'AOC **côte-de-beaune** ; ils reposent sur les niveaux argileux du sommet de la Montagne de Beaune.

Pommard et volnay

Pommard livre des vins à la robe soutenue, tanniques et qu'il faut attendre, plus souples au nord (Les Épenots, Le Clos de la Commaraine), plus charnus au sud (Les Rugiens, Les Jarolières). Installé sur des formations marno-calcaires souvent recouvertes de cailloutis, **volnay** est réputé pour la finesse et l'élégance de ses vins rouges. Mais ceux qui proviennent des marnes blanches (Les Pitures, Clos des Ducs, Clos des chênes) sont charnus et solides, et ceux qui naissent sur les terres rouges argileuses (Les Caillerets, Les Champans), longs à se faire.

Monthélie, auxey-duresses

En suivant la colline au long de la combe qui s'enfonce dans l'arrière-pays jusqu'à Saint-Romain, on trouve **monthélie** et **auxey-duresses** qui produisent des vins rouges élégants, parfois charnus (Les Champs-Fulliots à Monthélie, Les Duresses et Le Clos du Val à

Côte-de-beaune-villages

On appelait jadis « vins de Beaune » les vins de toute la Côte de Beaune. Aujourd'hui, l'appellation côte-de-beaune-villages peut être revendiquée pour l'ensemble des vins rouges d'appellation communale de la Côte de Beaune (à l'exception d'aloxe-corton, beaune, pommard, volnay).

Auxey). À Auxey, on accède aux Hautes-Côtes recolonisées par la vigne sur les meilleurs terroirs. La Côte s'arrête à une falaise qui abrite le pittoresque village de Saint-Romain. L'AOC **saint-romain** est renommée pour son blanc fin et minéral.

Pommard ne possède pas de grands crus, mais vingt-huit 1ers crus dont certains de renom.

Meursault et blagny

Le versant sud de la commune d'Auxey inaugure une série d'appellations réputées de vins blancs. Les auxey-duresses sont frais et parfumés. **Meursault** est synonyme de grands vins blancs, même si on y déniche quelques rouges. Généreux, charnus, beurrés, miellés, avec des notes d'amande grillée et pour certains des arômes de fougère et de coumarine, ils affichent une grande classe, notamment les premiers crus (Les Gouttes d'or, Les Bouchères, Le Poruzot, Les Genevrières, Les Perrières, Les Charmes…). Entre la commune de Meursault et celle de Puligny-Montrachet, blagny est un îlot de vins rouges.

Autour de Puligny-Montrachet

Puligny-Montrachet et sa voisine Chassagne-Montrachet abritent l'un des rois des vins blancs, le grand cru **montrachet**. Né sur une chétive colline, celui-ci affiche la puissance d'un vin de garde, tout en étant élégant et d'une prodigieuse complexité. Il s'entoure d'autres grands crus dont les nuances reflètent la diversité d'un terroir de 30 ha seulement : **chevalier-montrachet**, plus prompt à s'ouvrir et distingué, **bâtard-montrachet**, gras et de grande garde, **bienvenues-bâtard-montrachet**, alliant force et élégance, **criots-bâtard-montrachet**, de grande structure. L'appellation communale **puligny-montrachet** offre des vins blancs souvent fruités et élé-

Vendanges dans le vignoble de puligny-montrachet, à l'origine de vins blancs bouquetés et concentrés.

gants, avec des premiers crus divers, solides comme Les Caillerets et Les Combettes, tout en finesse comme Les Pucelles et Les Folatières. **Chassagne-montrachet** produit aussi des blancs d'une belle tenue et des rouges chaleureux (Morgeot).

Saint-aubin, santenay et les maranges

Au bout de la combe de Saint-Aubin, où l'on retrouve les Hautes-Côtes, le chardonnay a remplacé assez récemment l'aligoté. L'AOC **saint-aubin** se distingue par ses blancs élégants et ses rouges fruités et riches dans les bons millésimes. Des premiers crus réputés ? Les Murgers des Dents de Chien, La Chatenière et Les Frionnes. Passée la combe de Saint-Aubin, les vignes rouges redeviennent majoritaires. À l'extrémité sud de la Côte de Beaune, l'AOC **santenay**, réputée pour ses vins rouges généreux, et **maranges**, déjà en Saône-et-Loire, pour la robustesse de ses vins rouges tanniques, aptes à une garde de huit ans.

SAINT-ROMAIN
AOC 1947
[73 % rouges ; 27 % blancs]
4 400 hl

PULIGNY-MONTRACHET ET SES 5 GRANDS CRUS
AOC 1937
[1 % de rouge]
12 690 hl (dont 1 490 en gd cru)

CHASSAGNE-MONTRACHET
AOC 1937
[51 % rouges ; 49 % blancs]
15 200 hl

SAINT-AUBIN
AOC 1937
[69 % blancs ; 31 % rouges]
8 200 hl

SANTENAY
AOC 1937
[93 % rouges ; 7 % blancs]
15 000 hl

MARANGES
AOC 1989
[99 % rouges ; 1 % blancs]
7 740 hl

BOURGOGNE-HAUTES-CÔTES-DE-BEAUNE
AOC 1937
[81 % rouges ; 19 % blancs]
42 700 hl

La côte chalonnaise

La Côte chalonnaise tire son nom du port de Chalon sur la Saône, qui expédiait autrefois ses vins. Par la géographie, elle s'inscrit en continuité avec celle de Beaune : un front de collines prolonge la Côte. Il n'en va pas de même de la géologie ; de nombreuses failles ont modelé un paysage qui offre à la vigne des expositions variées. Le substrat est plus divers, et le socle cristallin affleure par endroits. Les vins ont des personnalités assez différentes de ceux produits plus au nord. Sur le devant, en bordure de la plaine de la Saône, les premiers coteaux portent des AOC communales. À l'arrière, les coteaux bien exposés donnent des appellations régionales, dont le bourgogne-côte-chalonnaise.

BOURGOGNE-CÔTE-CHALONNAISE
AOC 1990
[66 % rouges ; 27 % blancs ; 7 % rosés]
27 800 hl

BOUZERON
AOC 1999
3 000 hl

RULLY
AOC 1939
[71 % rouges ; 29 % blancs]
14 000 hl

Bourgogne-côte-chalonnaise et côtes-du-couchois

L'AOC **bourgogne-côte-chalonnaise** peut produire les trois couleurs. Les vins rouges possèdent un caractère tannique qui les fait se conserver plusieurs années. Les arômes fruités de jeunesse évoluent au vieillissement vers des nuances animales ou de sous-bois. Quant au Couchois, qui jouxte au sud les Hautes-Côtes de Beaune, il a longtemps été le cellier des bassins miniers voisins et sa conversion vers la production de vins fins est assez récente. Depuis la naissance des AOC, elle s'est tournée vers la production d'AOC régionales. Le gamay a trouvé sa place dans les sols légers du trias gréseux, puis le pinot noir a surtout été implanté dans les niveaux marneux et calcaires du Lias. Il engendre des

vins colorés, robustes et charnus, très tanniques dans leur jeunesse et à attendre. Les producteurs ont essayé à plusieurs reprises d'intégrer les hautes-côtes-de-beaune. En vain. Ils ont alors décidé de jouer leur propre carte et l'INAO

Mercurey est l'appellation communale la plus étendue de la côte chalonnaise.

leur a reconnu en 2001 la possibilité de déclarer leurs vins sous l'AOC **bourgogne-côtes-du-couchois**.

Rully

Le vignoble fait suite à celui de Bouzeron, à une altitude de 230 à 300 m environ. On y retrouve le chardonnay, à l'origine de vins fins

Bouzeron : un aligoté en appellation communale

Entre Chagny et Rully, au nord de la Saône-et-Loire, l'appellation bouzeron constitue une exception en Bourgogne : c'est la seule AOC communale de vins blancs uniquement produite à partir du cépage aligoté. Cette appellation consacre une production auparavant déclarée en appellation régionale bourgogne-aligoté, à laquelle le nom de Bouzeron était associé. Si les vins conservent la vivacité et les arômes du cépage – des nuances végétales (herbe sèche) et une note de coumarine –, les sols carbonatés du terroir et leur situation en coteau leur confère une structure qui en fait des vins solides. Agréables dès leur jeunesse, les bouzeron méritent de vieillir. Ils acquièrent leur plénitude au bout de quelques années.

et élégants, d'une belle couleur dorée à reflets verts, qui ont fait la réputation de l'appellation. Leur odeur fruitée rappelle les fruits à noyau, en particulier la prune. Le pinot noir s'est installé un peu plus tard, lorsque l'on s'est aperçu qu'il pouvait donner naissance à des vins solides et généreux. L'AOC possède des premiers crus réputés dont les plus connus se nomment Les Clouds, La Renarde, Grésigny. Ils sont exposés est et sud-est.

Mercurey

Du bourg de Mercurey, perché sur un coteau, on aperçoit le Morvan d'un côté et de l'autre la vallée de la Saône. Quant à l'AOC, elle s'étend sur 740 ha, sur le territoire de la commune et de deux villages voisins ; c'est la plus vaste de la Côte chalonnaise. Adossée aux coteaux, elle concerne surtout des vins rouges, élégants lorsqu'ils sont produits sur les meilleures expositions et plus communs sur les marnes liasiques et dans le piémont. Les vins jeunes ont des arômes de fruits rouges qui prennent avec les ans des nuances de sous-bois, de mousse, de gibier et de fourrure. Ils se gardent jusqu'à une dizaine d'années dans les meilleurs millésimes. Mercurey comprend plus d'une vingtaine de premiers crus : Les Champs Martins, Clos du Château de Montaigu, Clos du Roy, pour n'en citer que quelques-uns. Les expositions plus difficiles sont consacrées au chardonnay qui donne ici des vins gras et solides.

Givry, un vignoble créé il y a mille ans par les moines de Cluny.

Givry et Montagny

Les **givry** étaient appréciés d'Henri IV. Aujourd'hui, ils sont surtout rouges. Implanté sur des marnes argoviennes, le pinot noir engendre des vins colorés et solides. Leur évolution au cours du vieillissement leur donne des arômes de sous-bois qui se marient très bien avec les viandes rouges en sauce. La superficie en premier cru représente environ le quart de l'AOC. Réservée aux vins blancs, **montagny**, la plus méridionale des appellations de la côte chalonnaise, annonce déjà le Mâconnais. Le relief y est assez accidenté, les sols sont marneux et marno-gréseux. Produits sur quatre communes, ses vins apparaissent frais et fins, avec des arômes d'aubépine et de noisette. Le vignoble s'est développé dans les dernières décennies. De nombreuses parcelles ont été classées en premier cru.

MERCUREY
AOC 1936
[91 % rouges ;
9 % blancs]
28 000 hl

GIVRY
AOC 1946
[88 % rouges ;
12 % blancs]
12 000 hl

MONTAGNY
AOC 1936
17 000 hl

Le Mâconnais

En bordure de la plaine de la Saône, le vaste vignoble du Mâconnais présente un caractère vallonné. Ses paysages ont déjà un caractère méridional, avec des maisons vigneronnes aux toits à faible pente couverts de tuiles rondes. Les monts du Mâconnais s'ordonnent en une double succession de chaînons orientés nord-nord-est sud-sud-est, entaillés par une série de failles. Une multitude de formations géologiques allant du socle granitique au Jurassique supérieur, des expositions variées permettent un éventail de production assez large. Appelés jadis « vins de Mâcon », les vins de la région sont en majorité blancs, issus du chardonnay. Ce sont eux qui ont acquis une réputation mondiale. Le Mâconnais livre aussi de bons vins rouges, et la présence du gamay annonce le Beaujolais.

MÂCON ET MÂCON SUPÉRIEUR
AOC 1937
[75 % rouges ; 25 % rosés ; 25 % blancs]
60 500 hl

MÂCON-VILLAGES
AOC 1937
186 000 hl

Des vins blancs dominants

Les vins blancs sont majoritaires et l'appellation régionale **mâcon-villages** représente le volume le plus important. Mais dans cette vaste région (un rectangle de quelque 50 km du nord au sud, et d'une quinzaine d'est en ouest), le potentiel du milieu n'a pas encore été complètement exploité. L'émergence récente de quelques appellations communales, saint-véran puis viré-clessé, qui complètent les appellations anciennes, pouilly-fuissé, pouilly-loché, pouilly-vinzelles, ouvre la voie. Les producteurs du Mâconnais se sont engagés dans un processus de hiérarchisation des productions en différenciant les terroirs.

Mâcon et les vins rouges

Mâcon existe dans les trois couleurs, mais produit surtout des vins rouges. Ces derniers proviennent essentiellement du sud-ouest de la région. Ils sont issus des sols du Trias gréseux ou du socle granitique. Des sols acides qui conviennent au cépage gamay. Certaines cuvées se rapprochent des beaujolais, avec toutefois davantage de chair, de tanins et d'arômes sauvages. Lorsqu'il est produit sur les sols carbonatés, le cépage engendre des vins qui rappellent parfois les bourgognes. À l'appellation **mâcon** peut être ajouté le nom de la commune de production. L'AOC **mâcon supérieur** s'applique à des vins qui ont davantage de degrés. On peut aussi produire sur l'ensemble du Mâconnais toutes les appellations régionales de Bourgogne.

Le Mâconnais, une région vallonnée au caractère méridional.

Le vignoble de pouilly-fuissé dominé par la roche de Solutré.

Mâcon-villages

Mâcon-villages concerne uniquement les vins blancs. D'abord définie sur 43 communes dont le nom de village pouvait être ajouté à l'appellation mâcon, elle est devenue une véritable AOC délimitée sur 75 communes. Certaines d'entre elles pourraient devenir dans le futur des appellations communales, à l'instar de Viré et de Clessé. Lugny, Chardonnay, Azé et Péronne sont sans doute les villages les plus connus. Les mâcon-villages sont frais et parfumés, avec des variantes aromatiques selon le secteur. Ils sont généralement marqués par des arômes d'herbe verte coupée et des nuances de fleurs blanches et d'agrumes.

Les appellations communales

Viré-clessé, dernière-née des AOC communales, offre une production homogène d'un territoire de coteaux. Les vins y sont riches, harmonieux et, en quelques années, ont réussi à se hisser au meilleur niveau des appellations communales. **Saint-véran** est située à la limite sud du Mâconnais et voisine avec le Beaujolais où l'on produit surtout des rouges. Les vins sont frais, souvent consommés jeunes, mais leur structure leur permet d'atteindre leur apogée après quatre ou cinq années de vieillissement.

Pouilly-fuissé est l'appellation la plus ancienne et la plus prestigieuse du Mâconnais. On peut lui associer ses deux voisines, **pouilly-loché** et **pouilly-vinzelles** qui, malgré des noms différents, présentent de grandes similitudes. Ces vins or vert, charnus et élégants, aux arômes d'amande et de pain grillé ont conquis le public ; ils accompagnent les poissons de la Saône et les volailles de Bresse.

Le pays de Lamartine

Alphonse de Lamartine, né à Mâcon en 1790, garde le souvenir de son enfance à Milly. « En quittant le lit de la Saône, creusé au milieu de vertes prairies et sous les fertiles coteaux de Mâcon […], on suit une route monteuse à travers les ondulations d'un sol qui commence à s'enfler à l'œil comme les premières vagues d'une mer montante. À droite et à gauche blanchissent des hameaux au milieu des vignes. » *Les Confidences*, 1849.

POUILLY-FUISSÉ
AOC 1936
43 600 hl

POUILLY-LOCHÉ
AOC 1940
1760 hl

POUILLY-VINZELLES
AOC 1940
2 500 hl

SAINT-VÉRAN
AOC 1971
40 000 hl

VIRÉ-CLESSÉ
AOC 1998
13 400 hl

Langres

AOC 1991
Pâte : molle à croûte lavée
Lait : cru (minoritaire), thermisé ou pasteurisé
Races : pas de spécificité

Poids : 150 g mini (petit format) 800 g mini (grand format)
Affinage : 15 à 21 jours selon format

Production : 363,5 t
Producteurs de lait : 63 ; **de fromages** : 7 dont 2 fermiers

Si la présence de fromages à Peigney, village voisin de Langres, est attestée au XVIIIᵉ s., le nom actuel n'apparaît qu'au XIXᵉ s. Le langres est produit au sud de la Haute-Marne et dans quelques cantons limitrophes de la Côte-d'Or et des Vosges. Il se reconnaît à la cuvette caractéristique à son sommet, la « fontaine ». Celle-ci se forme pendant l'affinage, car le fromage n'est jamais retourné. Avec sa croûte virant du jaune orangé au brun, le langres développe des notes lactiques quand il est jeune, puis des arômes sauvages de champignon et de noisette.

Produit entre Champagne et Bourgogne, le langres s'associe bien aux vins des AOC pommard et volnay.

Époisses

AOC 1991
Pâte : molle à croûte lavée.
Lait : cru (15 %) thermisé ou pasteurisé.
Races : brune, montbéliarde, simmental

Poids : 250-350 g et 700 g-1,5 kg
Affinage : 28 jours mini

Production : 877 t
Producteurs de lait : 57 ; **de fromages** : 4 dont 1 producteur fermier
Affineurs : 4

Il vient du nord et de l'ouest du département de la Côte-d'Or et de communes limitrophes de la Haute-Marne et de l'Yonne, ce fromage dont les moines cisterciens auraient transmis la recette aux paysans. En 1815, lorsque Talleyrand présenta à la diplomatie européenne réunie au Congrès de Vienne un plateau de fromages de toute l'Europe, l'époisses obtint la seconde place après le brie de Meaux. Sa production, en déclin après la Première Guerre mondiale, disparut dans les années 1950. La famille Berthaut a été à l'origine de sa renaissance. Les fromages, en forme de cylindre plat, sont frottés, lavés avec des solutions salées parfois additionnées de marc de Bourgogne. Leur croûte légèrement ridée tire sa couleur orange du ferment du rouge. Allant du beige clair au blanc, la pâte est souple, onctueuse, un rien acidulée. Si le nez est fort puissant, le goût est équilibré et franc. Vous terminerez votre dégustation du plateau de fromages par l'époisses.

Volailles de Bourgogne et du Charolais

IGP 1996

Les premières (poulets, pintades, dindes, chapons) sont élevées dans les départements de l'Yonne, de la Nièvre, de la Côte-d'Or et de la Saône-et-Loire ainsi que le sud de la Haute-Marne, les secondes (poulets, oies) dans la partie occidentale de la Saône-et-Loire et les cantons limitrophes de l'Allier, de la Loire et du Rhône. Élevées en plein air, les volailles grandissent plutôt dans la Bourgogne verte, comme la région charolaise réputée pour ses prairies d'embouche.

Le Beaujolais et le Lyonnais

Le Beaujolais prolonge au sud la Bourgogne viticole et représente à peu près la moitié de ses superficies et de ses volumes. Ses paysages, son habitat, ses sols, son cépage d'élection, le gamay, ses traditions sociales, agraires et ses pratiques viticoles lui donnent une identité propre. Son marché aussi. Ses vins ont longtemps trouvé un débouché à Lyon plutôt qu'à Paris. Ne disait-on pas qu'avec le Rhône et la Saône, le beaujolais constituait le troisième fleuve de la capitale des Gaules ? La géologie crée ici des paysages vallonnés aux contours arrondis où naissent des vins gouleyants appréciés du monde entier sous leur forme primeur. N'oubliez pas les crus du Beaujolais, solides et complexes.

C'est l'Arlois, petite rivière dont le cours emprunte la faille mettant en contact les formations calcaires du Mâconnais et le socle hercynien du Beaujolais qui assure la séparation entre les deux vignobles, entre les blancs et les rouges. Le caractère de la région diffère de celui des vignobles situés au nord. Sa ligne de pente descend vers Villefranche et vers Lyon, bien davantage que vers Beaune. Les monts du Beaujolais, qui s'adossent au Massif central, présentent des sols granitiques issus du socle primaire.

Depuis une cinquantaine d'années, le beaujolais nouveau, né d'un cépage gamay bien dans son territoire, vinifié en raisins entiers pour lui conserver tous ses arômes fruités, a donné de cette région une image qui colle bien au paysage arrondi et à la bonhomie de ses habitants. Le vignoble produit pourtant à partir du même gamay des vins plus charpentés qui prennent selon les sols des caractères différents.

Beaujolais et beaujolais-villages

L'AOC beaujolais existe en rouge, rosé et blanc mais les vins rouges sont majoritaires. Elle provient principalement de la partie méridionale du vignoble, à l'ouest et au sud de Villefranche-sur-Saône. Les ceps sont implantés sur des sols argilo-calcaires du Jurassique inférieur et moyen, et sur des calcaires à entroques appelés « pierre dorée » qui donnent leurs couleurs aux villages. Les vins rouges ont une robe légère, une nuance vive et des senteurs de petits fruits rouges qui dominent une structure fine.

Banni de la côte bourguignonne au XIVᵉ s., le cépage gamay a trouvé son terroir d'élection en Beaujolais.

Produits plus au nord, sur le pourtour des crus, les **beaujolais-villages** sont du même style, un peu plus charpentés, avec des arômes

BEAUJOLAIS
AOC 1937
[94 % rouges ; 3 % blancs ; 2 % rosés]
585 000 hl

BEAUJOLAIS-VILLAGES
AOC 1937
[83 % rouges ; 14 % rosés ; 3 % blancs]
351 000 hl

BROUILLY
AOC 1937
75 200 hl

CÔTE-DE-BROUILLY
AOC 1937
18 800 hl

CHÉNAS 1936
AOC
15 200 hl

CHIROUBLES
AOC 1936
20 700 hl

FLEURIE
AOC 1936
50 000 hl

Coteaux-du-lyonnais

Le vignoble des coteaux-du-lyonnais, situé aux portes de Lyon à quelques pas des derniers beaujolais, assure la transition avec la vallée du Rhône septentrionale. Mais les vins sont proches de leurs voisins du nord avec lesquels ils partagent cépages et la vinification. Les sols sont d'ailleurs souvent de même nature. Rubis vif avec des nuances violettes, les rouges allient finesse et légèreté et exhalent des arômes de fruits rouges et noirs où se mêlent la fraise et le cassis. On y produit aussi, comme dans le Beaujolais, des vins rosés et des vins blancs en faible proportion. Ici, l'aligoté vient quelquefois s'associer au chardonnay pour apporter un peu de vivacité.

Sur les pentes du mont Brouilly naît un vin charpenté : le côte-de-brouilly.

- JULIÉNAS
AOC 1938
32 000 hl

- MORGON
AOC 1936
64 000 hl

- MOULIN-À-VENT
AOC 1936
35 200 hl

- RÉGNIÉ
AOC 1988
30 000 hl

- SAINT-AMOUR
AOC 1946
17 200 hl

- COTEAUX-DU-LYONNAIS
AOC 1984
[71 % rouges ; 21 % rosés ; 8 % blancs]
22 560 hl

plus complexes et une aptitude parfois plus grande à la garde.

Les dix crus du Beaujolais

Dix appellations communales sont qualifiées de crus du Beaujolais. Ceux-ci sont tous produits au nord de Belleville-sur-Saône, sur des terrains cristallins, granitiques ou parfois schisteux. Chacun a sa personnalité et, comme pour souligner leur appartenance à la Bourgogne,

Le vignoble de Fleurie donne naissance à des vins d'une grande finesse, aux arômes floraux.

tous (sauf régnié) ont la capacité à se replier dans l'AOC régionale bourgogne. Les caractères de certains peuvent d'ailleurs tromper les amateurs les plus avertis après quelques années de vieillissement. À la limite du Mâconnais naît le saint-amour : souvent un tendre, aux senteurs de fruits rouges et d'abricot. Son voisin juliénas possède la force et la finesse. Le fleurie, qui grandit sur une colline sous la protection de la chapelle de la

Madone, est flatteur avec ses parfums d'iris et de violette. Mêmes parfums floraux dans la palette de son voisin le chiroubles, et une légèreté toute beaujolaise. Moulin-à-vent est solide et prend parfois les accents minéraux de ses sols gréseux riches en manganèse. Tout aussi charpenté, le morgon provient d'une « terre pourrie » faite de schistes désagrégés, riches en oxydes de fer, qui lui donne complexité et vertus de garde. Régnié, brouilly et côte-de-brouilly présentent eux aussi force, minéralité et souvent une grande aptitude à vieillir.

La Franche-Comté

L a Franche-Comté est la région du goût par excellence. Quel que soit le produit, il exprime des caractères forts et originaux. Voyez les vins : ici, les rosés sont des rouges, les vins blancs sont parfois jaunes, les vins liquoreux sont « de paille ». Le vignoble, qui fait face à celui de la Bourgogne de l'autre côté de la partie de la Saône, cultive les pinot noir et chardonnay d'en face, mais aussi des cépages locaux typiques. Nés de riches laits produits par la flore des plateaux calcaires, les fromages de la région trouvent avec ces vins des accords parfaits.

Côtes-du-jura

L'AOC côtes-du-jura recouvre tout le vignoble. Celui-ci forme une bande nord-sud qui traverse le département et couvre les pentes du premier plateau des monts du Jura. Plus dispersés que de l'autre côté de la vallée de la Saône, les vignobles sont soumis à un climat continental plus rude, d'autant plus qu'ils regardent l'ouest. Plantés sur des terrains argileux recouverts de calcaires vers le sud, les cépages sont bourguignons, comme le pinot noir et le chardonnay, ou locaux, comme en blanc, le savagnin ou, en rouge, le poulsard qui engendre des vins très peu tanniques – au contraire du trousseau à l'origine de rouges colorés et robustes. En côtes-du-jura, les vins blancs sont les plus représentés. Surtout à base de chardonnay, ils présentent une certaine minéralité et des arômes végétaux. Sur les marnes du Lias, le savagnin donne des vins jaunes opulents. Lorsqu'il est asso-

cié au chardonnay, il apporte de la structure et ses arômes de noix. Autre originalité jurassienne, les vins de paille, qui sont pour la plupart produits dans cette AOC ; ils sont obtenus à partir de raisins passerillés sur claies ou lits de paille en atmosphère bien aérée. Très doux, ils manifestent un bel équilibre entre sucrosité et acidité. Leur palette aromatique est dominée par le coing et les fruits confits.

Le mystère du vin jaune

Une authentique spécialité jurassienne, vendue dans une petite bouteille de 62 cl, le clavelin. Pourquoi 62 cl ? C'est tout ce qui reste d'un litre de vin après un long séjour de six ans dans le bois. Le vin jaune provient du savagnin local. Au cours d'un élevage dans un fût incomplètement rempli, le vin se couvre d'un voile de levures vivantes et prend peu à peu un « goût de jaune », mêlant la noix verte et les épices. Le vin jaune est sec et se boit chambré, avec les viandes blanches, le comté, certains desserts (aux noix). Bref, le vin jaune est un vin blanc qui se boit comme un rouge ! Un vin rare qui n'est pas produit les mauvaises années.

Franche-Comté

Arbois et l'étoile

Capitale du Jura viticole, la patrie de Pasteur produit des vins dans les trois couleurs. La couleur est cependant à peine un critère pour ces vins tant les cépages jurassiens en apportent peu, à l'exception du trousseau. Le poulsard conduit à des vins rosés élégants et de caractère, car vinifiés comme des rouges. Ils peuvent être consommés jeunes pour profiter de leur fruité, ou plus âgés, lorsqu'ils prennent une teinte tuilée et des nuances animales. Les vins jaunes d'Arbois sont remarquables par leur caractère iodé. Petit îlot homogène au sein de l'appellation, le village de Pupillin peut associer son nom à celui d'arbois. L'étoile ? Un joli nom pour des vins blancs, jaunes et de paille solides et typés, nés de sols marneux dans le village du même nom.

Château-chalon

Cette petite appellation (45 ha) naît en contrebas du village du même nom perché sur une falaise calcaire, ainsi que dans trois autres communes. Le savagnin, seul cépage autorisé, prospère sur des

Château-chalon : un site spectaculaire pour un grand vin de garde.

terrains marneux, bien abrité des vents du nord par une reculée sculptée par la Seille. Château-chalon est une appellation réservée aux vins jaunes. Depuis 1953, les producteurs ont su maîtriser leur production en constituant une commission syndicale visitant chaque parcelle de vigne avant la vendange. Ils revendiquent aujourd'hui la mention de « grand cru » pour ce vin dont la riche palette aromatique, faite de noix fraîche et de notes briochées et citronnées, n'a d'égale que la puissance et la capacité à vieillir plusieurs décennies, voire au-delà du siècle.

Crémant-du-jura

Comme les autres crémants de France, ces effervescents à la fine bulle sont élaborés selon la méthode traditionnelle : ils résultent d'une seconde fermentation en bouteille. Les vins de base proviennent de l'aire des côtes-du-jura. Les cépages ? Pinot noir, chardonnay et les autres variétés de la région viticole.

Les eaux-de-vie, marcs de Franche-Comté et le macvin-du-jura

Des eaux-de-vie vives et parfumées, perdant leur « feu » après quelques années de maturation. Quant au macvin-du-jura, il appartient à la catégorie des mistelles ou des vins de liqueur : il est le fruit du mutage, c'est-à-dire de l'adjonction d'une eau-de-vie vinique dans du moût de raisin en fermentation. Cette spécialité ancestrale existe dans les trois couleurs. Tous les cépages jurassiens peuvent intervenir dans son élaboration. L'alcool du mutage est un marc d'appellation vieilli dix-huit mois. Son fruité et un bon équilibre entre sucres, alcool et tanins font du macvin un apéritif recherché qui atteint son optimum quelques années après son élaboration.

Comté

Fromage de garde volumineux, le comté est fabriqué dans des ateliers coopératifs, ou fruitières.

AOC 1958
Pâte : pressée cuite
Lait : lait cru
Races : montbéliarde ou simmental
Poids : 30 à 55 kg

Affinage : 4 mois mini
(8 mois en moyenne, et jusqu'à 18, voire 24 ou 30 mois)

Production : 43 600 t
Producteurs de lait : 3 160 producteurs réunis en 176 fruitières

Affineurs : 20 maisons d'affinage

Le massif du Jura abrite la plus importante AOC fromagère de France par les volumes produits. L'aire d'appellation, qui inclut les départements du Jura, du Doubs et le nord de l'Ain, épouse les contours du massif jurassien. Les vaches montbéliardes en robe blanche et rousse éparpillées dans la prairie, les fruitières, où se met en commun depuis des siècles le lait des troupeaux donnent son identité à la Franche-Comté. Les fruitières commencent à apparaître dans la région au Moyen Âge. Elles étaient appelées alors « fructeries ». La taille importante des meules, jusqu'à 75 cm de diamètre, nécessitait beaucoup de lait, c'est pourquoi les paysans se rassemblèrent pour le mettre en commun. À l'époque, une meule servait de garde-manger pour tout l'hiver. À la fin du XIXe s., ce fromage prend son nom définitif : le comté.

Pour tous les fromages du Jura – AOC et IGP – l'ensilage est interdit. Les vaches ne se nourrissent qu'à l'herbe et au foin.

La prairie jurassienne, riche d'herbages multiples et de fleurs variées – la réputation de la flore du Jura n'est plus à faire – est à la source de l'alimentation des vaches, qui ne touchent jamais aux produits de l'ensilage. Aujourd'hui, le lait doit provenir d'un périmètre de 25 kilomètres maximum autour de la fruitière.

Com-té, Com-té, tout comme une horloge comtoise, ce fromage égrène son affinage dans le temps, jusqu'à trente mois pour certains. Son goût varie selon les fruitières et son âge. Il offre une croûte frottée, solide et grenée, de couleur jaune doré à brun. Un comté jeune développe des arômes de noisette ou de purée au beurre, un comté plus vieux s'affirme avec des senteurs d'épices et des arômes fruités. Lorsqu'il est suffisamment affiné, il procure l'agréable sensation de croquer de légers cristaux. À servir de l'apéritif à la fin du repas, froid ou chaud.

Le comté s'allie remarquablement avec les arômes de fruits secs d'un vin jaune du Jura.

Mont-d'or ou vacherin du haut Doubs

AOC 1981
Pâte : molle à croûte lavée
Lait : cru
Races : montbéliarde ou simmental
Poids : 400 g à 1,3 kg 2 à 3,2 kg
Affinage : 21 jours mini

Production : 3 724 t
Producteurs de lait : 310 ; **de fromages :** 6 producteurs privés et 5 coopératives

Perché au sein du territoire du haut Doubs, dans le département du Doubs, le mont-d'or a pris le nom de la plus haute montagne de la région. On dit qu'il était servi à la table de Louis XV qui l'appréciait particulièrement.

Ce fromage inclus dans l'aire du comté est produit en complément des gros fromages à pâte cuite pressée. Il était fabriqué traditionnellement l'hiver, lorsque les vaches ont moins de lait : celui-ci ne suffisait pas pour la fabrication du comté. Aussi les paysans eurent l'idée d'utiliser leurs faibles rendements hivernaux pour réaliser un petit fromage qui s'appela d'abord le fromage « de bois », « de crème » ou « de boète ».

Aujourd'hui, rien n'a changé, et la production est restée saisonnière : elle se déroule entre le 15 août et le 15 mars. L'éleveur apporte quotidiennement son lait à la fruitière. Le lait est emprésuré, puis placé dans des moules après coagulation. Démoulé, le fromage est cerclé d'une sangle d'épicéa – qui donna naissance au métier de sanglier : la partie se trouvant entre l'écorce et le tronc de l'arbre est découpée avec un outil spécifique extrêmement tranchant pour en tirer des bandes de 3 cm de large. En cours d'affinage, le mont-d'or est placé dans une boîte dont le diamètre est inférieur à celui du fromage pour qu'il « plisse ». Le mont-d'or n'est commercialisé que du 10 septembre au 10 mai.

Avec son odeur boisée ou balsamique unique apportée par l'épicéa, ses senteurs de champignon et de pomme de terre, il est très apprécié des connaisseurs. Il peut être servi soit au couteau, soit à la cuillère. Un délice froid ou chaud : il devient alors « la boîte chaude » à consommer avec des pommes de terre et de la charcuterie.

Le mont-d'or est toujours présenté dans sa boîte d'épicéa.

Emmental est-central

IGP 1996
Pâte : pressée cuite
Lait : vache ; lait cru
Races : diverses

Affinage : 12 semaines mini

Production : 8 159 t
Producteurs de lait : 880 ; **de fromages :** 14

Recouvrant neuf départements, de l'Isère au sud aux Vosges au nord, la zone de production de cette pâte pressée cuite est très vaste. Dans toute cette région, la tradition fromagère est ancienne. Quel était l'ancêtre de l'emmental ? Il est difficile de le dire. Toujours est-il que la fabrication des fromages volumineux a toujours existé dans ces régions de montagne enclavées et aux hivers rudes : ces produits de garde permettaient de passer l'hiver. Ils s'affinaient pendant la mauvaise saison, de sorte qu'ils étaient prêts à être vendus dès le printemps. L'emmental est-central bénéficie d'un affinage plus long (douze semaines) que certains autres emmentals. Il est fabriqué à partir de lait cru de vaches nourries d'herbe et de foin ce qui lui confère une saveur et une onctuosité particulières.

Bleu de Gex haut Jura

Un fromage appelé aussi bleu du haut Jura ou bleu de Sept-moncel. Quelques arrondissements des départements de l'Ain et du Jura composent la zone géographique de production du fromage. Au XIIIe s., des exilés volontaires du Dauphiné arrivèrent sur les terres de l'abbaye de Saint-Claude, dans le Jura, et apportèrent les techniques de fabrication de ce bleu alors appelé « gris de vache ». On dit que Charles-Quint, grand amateur de ce fromage, le fit connaître en 1530 à la cour de France. Le caractère herbager de la région permit son développement. Le *Penicillium Glaucum*, qui donne ces traces bleu-vert facilement reconnaissables lorsqu'on coupe le fromage, se développe dans la pâte pendant l'affinage, le fromage étant disposé sur une planche d'épicéa. Avec sa croûte fine, sèche, blanchâtre à jaune orangé, le bleu de Gex est plus doux que les autres bleus et recèle des parfums de champignon et de sous-bois auxquels se mêlent des notes de noisette et de cave. Aussi bon chaud, en raclette, que sur le plateau de fromages, il est à déguster nature pour les puristes. L'appellation « Gex » apparaît très visiblement sur le dessus du fromage.

Vendu exclusivement à la coupe, le bleu de Gex est un fromage au goût discret.

AOC 1977
Pâte : persillée non cuite et non pressée
Lait : cru
Races : montbéliarde ou simmental

Poids : 6,5 à 8,5 kg
Affinage : 21 jours mini

Production : 550 t
Producteurs de lait : 80 ; **de fromages** : 4

Morbier

Ce fromage est fabriqué dans le département du Doubs, dans celui du Jura et dans quelques communes de l'Ain et de la Saône-et-Loire. Sa tradition remonte à deux siècles environ. L'hiver, alors que les fermes étaient isolées dans la neige, le lait ne pouvait être livré aux fruitières pour produire le comté. Les paysans se mirent alors à fabriquer un fromage pendant cette période. Après la traite du matin transformée en caillé, pour protéger le lait on le recouvrait de cendres prises dans le chaudron. Le soir, on rassemblait le pain de caillé du matin avec celui du soir. La couche de cendres se retrouvait alors prisonnière de l'ensemble. Le morbier est le seul fromage utilisant ce savoir-faire.

Aujourd'hui, le morbier est fabriqué toute l'année. Le charbon de bois végétal a remplacé les cendres du chaudron, mais la pratique est restée la même. Sous la croûte gris clair à beige du morbier se développe une pâte onctueuse et fondante. Son goût est savoureux et fruité avec une nuance de crème.

À déguster froid, mais aussi chaud, grillé ou en fondue.

AOC 2000
Pâte : pressée non cuiteLait : vache ; lait cru
Races : montbéliarde ou simmental
Poids : 5 à 8 kg
Affinage : 45 jours mini

Production : 6 500 t
Producteurs de lait : 450
Entreprises : 25 fruitières coopératives, 12 artisans, 10 metteurs en marché
Producteurs fermiers : 2

Volaille de Bresse

AOC 1936
Type de volailles :
bresse blanche
Production :
1 409 568 têtes
Éleveurs : 308

Crête rouge, plumes blanches, pattes bleues : le portrait de la réputée volaille de Bresse, célébrée par Brillat-Savarin. Elle est élevée dans la plaine du même nom, sur 3 536 km², dans l'Ain (41 %), la Saône-et-Loire (57 %) et le Jura (2 %). Première évocation en 1591, dans les registres de Bourg-en-Bresse, lorsque les Burgiens offrirent des volailles grasses au marquis de Treffort pour le remercier d'avoir chassé les troupes savoyardes. Un élevage aux mains des femmes, les hommes s'occupant des bovins.

Les poulets sont élevés par bandes de cinq cents, sur un parcours herbeux de 5 000 m² minimum. L'alimentation est à base de céréales (maïs et blé) complétées de produits laitiers. La particularité de cette volaille ? Une finition en épinette : huit à quinze jours d'engraissement en cage pour les poulets et un mois minimum pour les poulardes et chapons. Cette période permet à la viande de se persiller et lui donne une finesse incomparable. Les volailles sont abattues au bout de 120 jours pour les poulets, cinq mois pour les poulardes et huit mois pour les chapons. Vous les reconnaîtrez facilement sur les étals : elles portent une bague personnalisée par l'éleveur à la patte gauche, un scellé tricolore apposé à la base du cou et l'étiquette du Comité interprofessionnel. Poulardes et chapons peuvent être présentés roulés dans une toile blanche accompa-

La volaille de Bresse est aisément reconnaissable à sa crête rouge et à ses plumes blanches.

gnés d'un sceau identifiant le type de l'animal. Certains recommandent de les porter à ébullition avant de les faire rôtir.

Dinde de Bresse

AOC 1976
Élevage : sur parcours herbeux
Production : 30 600 dindes
Éleveurs : 35

Si les poulets de Bresse sont blancs, les dindes sont noires. Elle provient de la même aire que la volaille de Bresse. Venue d'Amérique, la « poule d'Inde » apparaît au XVIᵉ s. Vers 1885, elle commence à figurer dans les concours. Pour mériter leur AOC, les sujets doivent être mis en place avant le 1er juin de l'année. Sur des parcours herbeux, ces volatiles bénéficient chacun de 20 m² et se nourrissent de vers, de céréales, de maïs et de lait. Trois semaines minimum avant leur abattage, qui intervient au minimum au bout de 210 jours, les dindes sont engraissées en claustration au maïs et au lait ; la chair acquiert ainsi une texture persillée et très tendre. Les dindes de Bresse sont authentifiés par une bague au numéro de l'éleveur ainsi que par un scellé métallique rouge.

Volaille de l'Ain

Une volaille IGP (1996) et label Rouge, élevée sur parcours herbeux dans le département de l'Ain et les cantons limitrophes par 64 éleveurs. 945 00 volailles (poulet blanc cou-nu, pintade, dinde, chapon) par an.

L'ALSACE ET LA LORRAINE

Présenter l'Alsace et la Lorraine, c'est évoquer la ligne bleue des Vosges qui sépare les deux régions, ainsi que les deux versants de la montagne, loin d'être symétriques, sans oublier la population d'origine francophone à l'ouest et germanophone à l'est.

Le versant lorrain est très étendu. Granitique ou gréseux au sommet, il se prolonge vers l'ouest par un vaste plateau coupé par les cuestas calcaires des côtes de la Meuse et de la Moselle. Il reste sous l'influence des masses d'air océaniques qui assurent un niveau de précipitations favorable aux pâturages. Il n'est donc pas surprenant d'y trouver l'essentiel de la production laitière destinée à la fabrication des fromages munster.

Au pied des cuestas et des buttes calcaires se trouvent vers le levant les terroirs du plus grand verger de mirabelliers du monde. Les côtes les mieux exposées autour de Toul et le long de la Moselle accueillent les vignobles lorrains.

Le versant alsacien est fort différent : plus ramassé puisqu'il résulte des champs de fracture qui ont présidé à l'effondrement du fossé rhénan, il porte des pâturages au sommet, la forêt à mi-pente et le vignoble sur le piémont. Le vignoble assure la transition entre la plaine du Rhin, réservée aux grandes cultures et à la vie urbaine, et la montagne vosgienne. Il s'agit d'une longue bande de 170 km de long et de quelques kilomètres de large, qui bénéficie de trois atouts. Sa géologie complexe, d'abord : granite hercynien, graves quaternaires, schistes, marnes, calcaires ou grès du trias, ou encore conglomérats marneux de l'ère tertiaire. Sa topographie, ensuite. Sous une exposition est et sud-est, elle est favorable à l'ensoleillement matinal, au ressuyage des sols et limite les risques de gelées de printemps. Un climat privilégié, enfin. La protection de la barrière vosgienne limite les précipitations et renforce la continentalité du climat.

L'Alsace

É tabli sur les collines sous-vosgiennes, le vignoble d'Alsace est un univers merveilleux qui semble surgir du Moyen Âge. Cette bande étroite qui serpente sur le piémont des Vosges, couverte de 15 000 ha de vignes, réunit la beauté des paysages viticoles, le charme des villages qui ont conservé leur patrimoine historique, la vie des 1 000 caveaux et les fêtes du Vin, sans oublier des sites remarquables comme le Haut-Kœnigsbourg. Tout ce qui fait de la route des Vins d'Alsace l'une des plus fréquentées de France, avec 3 à 4 millions de visiteurs chaque année.

L'histoire

Si le vignoble alsacien est riche de deux mille ans d'histoire, il connut son premier âge d'or à l'époque du Saint-Empire romain germanique qui lui apporta sept siècles de prospérité, de l'an 900 jusqu'à la guerre de Trente Ans (1618–1648). Le vignoble atteignit alors son extension maximale (160 villages viticoles à la fin du XVIe s. contre 120 aujourd'hui), grâce notamment à la proximité du Rhin, principale voie de communication européenne qui permettait de transporter les vins vers toutes les cours d'Europe du Nord. Témoigne encore de cette période faste la beauté architecturale des villages de la route des Vins.

Après son rattachement à la France par le traité de Westphalie (1648), l'Alsace traversa quelques turbulences. La Révolution démantela les anciens domaines seigneuriaux ou

Images d'Alsace : le vin de riesling et les façades colorées des maisons abondamment fleuries.

épiscopaux, mais surtout, priva le vignoble de ses débouchés traditionnels vers le Rhin. L'annexion par la Prusse, de 1871 à 1918, fit passer ce vignoble du statut de vignoble septentrional français à celui de vignoble méridional allemand, avec toutes les conséquences que l'on peut imaginer, non seulement en termes de marchés, mais aussi en matière de pratiques œnologiques. En conséquence, le traité de Versailles (1919) ainsi que le décret-loi de 1935 sur les AOC

fixèrent un régime particulier pour les vignobles des anciens départements annexés. Le statut des vins d'Alsace fut publié par une ordonnance de 1945, mais il fallut attendre 1962 pour que l'AOC alsace ou vins d'Alsace soit reconnue par l'INAO. Avec une production annuelle de l'ordre de 1,2 million d'hectolitres, le vignoble d'Alsace apparaît aujourd'hui comme un univers de vins originaux, par leur caractère aromatique et par la diversité des terroirs dont ils sont issus.

Cépages et terroirs

L'histoire de la province ouverte sur l'Europe a contribué à la grande variété de cépages cultivés : riesling originaire de la vallée du Rhin, gewurztraminer originaire du Tyrol ou encore famille des pinots issue de Bourgogne.

Si l'on utilise une dizaine de variétés aujourd'hui, on en recensait plus de 50 avant la crise phylloxérique. La complexité de la géologie, héritée des champs de fracture qui ont présidé à l'effondrement du fossé rhénan – avec des sols qui vont du granite jusqu'aux graves, en passant par les grès, marnes ou calcaires – est à l'origine de la recherche d'une adéquation entre le sol et le cépage et donc du maintien de cette diversité de cépages. En outre, le climat semi-continental, abrité des influences océaniques par la barrière vosgienne et caractérisé par des conditions anticycloniques plus fraîches durant la maturation, exacerbe ici le potentiel aromatique des grappes.

Ces éléments ont encouragé la vinification séparée des meilleurs cépages. Il n'est donc pas surprenant qu'à la différence des autres vins d'AOC, les vins d'Alsace soient d'abord identifiés par leur cépage.

• **Le sylvaner** est frais et léger, avec un fruité discret. Agréable et désaltérant, il accompagne les fruits de mer, les poissons et les charcuteries.

• **Le pinot blanc**, tendre et délicat, allie fraîcheur et souplesse. Il s'accorde avec la plupart des mets (fruits de mer, buffet campagnard).

Trois cépages nobles alsaciens : le gewurztraminer, le riesling et le pinot gris (de gauche à droite).

• **Le riesling**, sec, racé, délicatement fruité, offre un bouquet d'une grande finesse avec des nuances florales, voire minérales dans son évolution. Ce vin, gastronomique par excellence, est incomparable avec les poissons, les crustacés, les fruits de mer, les viandes blanches et, bien sûr, la choucroute.

• **Le muscat**, au fruité inimitable, se distingue des muscats doux méridionaux par son caractère sec. Il procure la délicieuse sensation de croquer le raisin frais. Parfait à l'apéritif, il sait aussi résister aux asperges.

• **Le pinot gris** développe une opulence et une saveur caractéristiques. Charpenté, rond et long en bouche, il présente des arômes complexes de sous-bois, parfois légèrement fumés. Il est excellent avec le foie gras, le gibier, les viandes blanches.

• **Le gewurztraminer** corsé et charpenté, développe de riches arômes de fruits, de fleurs ou d'épices. Puissant et séducteur, parfois légèrement moelleux, il est parfait en apéritif, avec les cuisines exotiques, les fromages corsés et les desserts.

• **Le pinot noir** est le seul cépage en Alsace à produire un vin rouge ou rosé ; son fruité typique évoque la cerise. Il déploie toute son originalité aux côtés des viandes rouges, des gibiers, des charcuteries, des fromages de chèvre ou du gruyère.

• **Le klevener de Heiligenstein** n'est autre que l'ancien traminer ; il a subsisté dans quelques communes voisines de Barr.

• **L'edelzwicker**, enfin, n'est pas un cépage, mais un assemblage de cépages. Généralement fruité et léger, il est servi avec les hors-d'œuvre ou les repas estivaux. Les assemblages d'élite peuvent également se référer à la marque collective gentil.

En vertu d'une loi de 1972, l'embouteillage de l'ensemble des AOC alsaciennes doit se faire dans la région, le seul contenant autorisé pour les vins tranquilles étant la flûte du Rhin.

Alsace

Alsace

L'AOC alsace (82 % de la production) est caractérisée par l'expression aromatique des cépages cités plus haut, le plus souvent vinifiés secs. La vigne y est conduite selon le système rhénan, avec un plan de palissage haut, efficace pour capter le rayonnement solaire. Si la vinification se déroule de plus en plus en cuverie moderne, le passage des vins en foudres de bois pour les assouplir reste de règle.

Alsace grand cru

L'AOC alsace grand cru suivie d'un nom de lieu-dit (4 % de la production) met en valeur la typicité des quatre grands cépages aromatiques (riesling, muscat, tokay-pinot gris et gewurztraminer) sur des terroirs distincts : cinquante lieux-dits ont été reconnus par l'INAO et délimités. Le rendement y est plus limité.

Cinquante grands crus ont été reconnus en Alsace, dont le Schlossberg au terroir d'arènes granitiques.

Vendanges tardives et sélection de grains nobles

Réservés aux grands vins liquoreux, les mentions vendanges tardives et sélections de grains nobles (reconnues en 1984) sont limitées aux quatre grands cépages aromatiques ; elles peuvent compléter les AOC alsace et alsace grand cru. Les vins proviennent de raisins concentrés par la surmaturation ou par la pourriture noble. Les richesses minimales en sucre définies par la réglementation rangent ces nectars parmi les liquoreux français les plus soignés : l'INAO contrôle chaque lot de vendange (le gewurztraminer, par exemple, doit atteindre 15,3 degrés d'alcool potentiel au minimum en vendanges tardives et 18,2 en sélection de grains nobles).

Marc de gewurztraminer

Les eaux-de-vie provenant de la distillation du marc sont une production traditionnelle des vignobles. Élaborée en alambic traditionnel à deux passes par quelque deux cents producteurs, professionnels ou viticulteurs artisans, celle de gewurztraminer mérite d'être signalée pour son caractère typique du cépage. On la trouve dans la plupart des propriétés. Une demande d'AOC est à l'étude.

Crémant-d'alsace

Le crémant-d'alsace (14 % de la production) se singularise par un mariage réussi entre l'élégance des arômes et la fraîcheur d'une effervescence apportée par la seconde fermentation en bouteilles.

Riquewihr, pittoresque village alsacien, est entouré des grands crus Sporen et Schoenenbourg.

**ALSACE
AOC 1962**
Gewurztraminer :
180 000 hl
Muscat :
25 000 hl
Pinot blanc :
150 000 hl
Pinot noir :
80 000 hl
Riesling :
230 000 hl
Sylvaner :
150 000 hl
Tokay-pinot gris :
130 000 hl

**ALSACE GRAND CRU
AOC 1975**
Cépages riesling, gewurztraminer, pinot gris, muscat
De quelques milliers d'hl à 45 000 hl selon les millésimes

**CRÉMANT-D'ALSACE
AOC 1976**
165 700 hl

Munster ou munster-géromé

Le munster est fabriqué dans une zone qui comprend principalement le massif des Vosges, à cheval sur l'Alsace, et la Lorraine. Bien que sa tradition soit plus ancienne, le fromage de Munster n'apparaît pour la première fois sous ce nom que vers le VIIᵉ s. en tant que fromage d'abbaye. Puis,

Riche en arômes, le munster mérite un vin tout aussi intense comme un alsace-gewurztraminer sec ou liquoreux.

la guerre de Trente Ans et la Révolution provoquèrent son déclin sans toutefois le faire disparaître totalement. Il connut un nouvel essor vers la fin du XIXᵉ s. Depuis, sa production n'a cessé de croître. Il doit sa double appellation à son appartenance à deux régions : si en Alsace il est munster, en Lorraine on le nomme souvent géromé, du nom patois de Gérardmer. Il se présente avec une croûte rouge ou jaune orangé due aux ferments du rouge. Lorsqu'il est fabriqué en laiteries, il est le plus souvent à base de lait pasteurisé ; en revanche, lorsqu'il provient de fabrications fermières, il est à base de lait cru. Ce fromage pré-

Crème fraîche fluide d'Alsace IGP 1996 • 1 entreprise.
La région Alsace a toujours produit de la crème. D'abord utilisée pour la fabrication du beurre dont les paysans avaient grand besoin, elle a évolué au cours du XXᵉ s. jusqu'à obtenir ses lettres de noblesse en tant que crème. Elle est vendue en contenant de 10, 25 et 50 cl. De couleur blanche, la crème fraîche fluide d'Alsace possède la particularité de prendre un volume important lorsqu'on la fouette. Idéale pour améliorer sauces et pâtisseries.

sente un goût de plus en plus subtil et franc à mesure de son affinage, cependant que la pâte perd de sa fermeté et devient onctueuse avec une texture souple.

AOC 1986
Pâte : molle à croûte lavée
Lait : vache
Affinage : 21 jours mini

Production : 7 239 t
Producteurs de fromages : 106 dont 99 fermiers

Affineurs : 13

Volaille d'Alsace

De tradition ancienne, cette volaille est produite sur tout le territoire alsacien. Mais ce n'est réellement qu'au XXᵉ s. que l'on commence à la voir dans des expo-

sitions. Initialement volatile de collection, elle deviendra au cours du siècle une poule recherchée pour sa chair et ses œufs. Les poulets bénéficient d'un parcours d'un

hectare pour 400 têtes et sont abattus au bout de 84 jours. (Cahier des charges label Rouge.)

IGP 1996
Type de volailles : poulet blanc, dinde noire, chapon.

Élevage : en plein air

Production : 590 678
Éleveurs : 32

Vins de Lorraine

côtes-de-toul
AOC 1998
20 % rouges ; 70 %
rosés (vins gris) ;
10 % blancs
5 200 hl

Moselle
AOVDQS 1951
10 % rouges 20 %
rosés (vins gris) ;
70 % blancs
1 700 hl

Autrefois florissante (30 000 ha en 1890), la viticulture lorraine eut à souffrir non seulement du phylloxéra et de la crise viticole, mais aussi de sa proximité des champs de bataille de la Première Guerre mondiale et de l'industrialisation de la région. Depuis, quelques récoltants ont su faire valoir l'originalité de leur production, devenue confidentielle (moins de 150 ha).

Les **côtes-de-toul** sont situées à l'ouest de Toul, le long d'une côte résultant de l'érosion de couches sédimentaires du Bassin parisien. Le vignoble produit des vins gris, assemblage de gamay et de 10 % de pinot noir, des rouges de pinot noir et des vins blancs issus d'auxerrois. L'AOVDQS **moselle**

prolonge le vignoble luxembourgeois le long de la vallée de la Moselle ; elle propose surtout des vins blancs secs.

Vignoble sur les coteaux de la vallée de la Moselle, à Sierck-les-Bains.

Miel de sapin des Vosges

AOC 1996
Production :
très fluctuante ;
environ 6 t

Nombre de ruches :
2 058
**Nombre
d'apiculteurs :** 100

Ce miel très particulier est produit dans les Vosges, à l'exception de l'extrême partie nord-ouest du département. Il a d'ailleurs toujours existé dans cette zone, mais sa production n'était pas organisée jusqu'à ce qu'il obtienne l'appellation judiciaire en 1950 puis l'appellation d'origine contrôlée en 1996. Chaque année, du 15 juin au 15 juillet, les ruches sont transportées en altitude dans le massif des Vosges. C'est un miel de miellat, butiné par les abeilles sur les rejets de sucre des pucerons vivant sur les sapins. Entre 1990 et 1995, l'absence de pucerons a empêché la production de miel. Le miel de sapin des Vosges présente un goût très peu sucré – bien qu'il renferme beaucoup de sucre –, et possède des arômes maltés et balsamiques évoquant la profondeur des forêts d'altitude. Il est majoritairement vendu au détail ou en demi-gros.

Le miel de sapin se distingue par ses arômes maltés et balsamiques.

Mirabelle de Lorraine

Aujourd'hui, la mirabelle est produite dans les départements de la Meuse, de la Meurthe-et-Moselle, des Vosges et de la Moselle. Pour certains, ce serait René II d'Anjou, également comte de Provence, qui, au XVᵉ s., aurait introduit dans son duché de Lorraine la mirabelle, originaire des vergers de la région de Mirabeau en Provence. Issues de la *Prunus insititia*, la variété messane sert principalement à la distillation tandis que la Nancy est utilisée à la fois pour la consommation et la distillation. La Lorraine cultive plus de 75 % des vergers de mirabel-

La mirabelle de Lorraine dans le verre

Les Lorrains font aussi passer la prune dorée de leur région par l'alambic, ce qui vous permet de respirer ses parfums toute l'année… avec modération. Fruit d'une distillation en deux passes, cette eau-de-vie blanche, appelée elle aussi mirabelle de Lorraine, est commercialisée à 45 % vol. Vendue en général trois à quatre ans après la distillation, elle peut se conserver de longues années. Elle acquiert avec l'âge une certaine douceur et exprime alors la quintessence des arômes du fruit.

Après avoir secoué les mirabelliers, on récolte les fruits sur une toile.

liers connus dans le monde. Le climat frais du plateau lorrain en été convient bien au mirabellier *Prunus insititia* originaire des montagnes du Moyen Orient qui ne supporte pas les fortes chaleurs estivales et craint le gel de printemps. L'IGP concerne les fruits frais, soit environ 30 % de la production. En plus de son IGP, la mirabelle bénéficie d'un label Rouge pour la catégorie extra (1 à 5 t/an). Arrivé à maturité, aux environs du 15 août, le fruit légèrement parfumé offre une couleur dorée et une peau satinée. Lorsqu'on le croque, la chair est dense et la pulpe juteuse avec un

Bergamote de Nancy
IGP 1996

Produit dans les quatre départements de Lorraine, ce bonbon à base de sucre et d'essence de bergamote fut inventé par le confiseur Illich en 1850. Coupé à la main, il se présente sous la forme d'un palet plat et carré, translucide et de couleur jaune pâle. Il est vendu dans quatre boutiques.

bon rapport sucre/acidité naturelle. Grâce à son excellente tenue à la cuisson, ce fruit est particulièrement apprécié des amateurs de tarte et de pâtisserie : il reste ferme, caramélise et conserve toutes les saveurs du fruit.

La mirabelle s'accommode de nombreuses recettes sucrées ou salées.

IGP 1996
Variétés : mirabelle de Nancy et mirabelle de Metz

Production : 3 300 t (100 000 arbres)

Arboriculteurs : 100
Entreprises : 2

AUTOUR DE LA CHAMPAGNE

Partie orientale du Bassin parisien, la Champagne bénéficie d'une situation géographique privilégiée pour les communications. Capitale de la Gaule Belgique après la conquête romaine, la cité des Rèmes était le point de convergence de routes qui empruntaient un réseau de vallées reliant la Bourgogne aux Flandres et aux îles Britanniques, la Belgique à l'Armorique et à la Loire. Cette situation de carrefour fit de la région un couloir d'invasions. Celle des Francs légua au paysage champenois ses villages groupés, reflet d'une forte organisation collective. Le baptême à Reims de leur roi Clovis créa les premiers liens entre la ville et la monarchie, qui se consolidèrent avec la pratique des sacres royaux, inaugurée au IXe s. Au Moyen Âge, les comtes de Champagne ont puisé richesse et prestige dans des foires qui attiraient toute l'Europe. Dès 1284, leur terre est passée dans le domaine royal.

Confondu jusqu'au XVIIe s. avec le « vin de France », le vin de Champagne s'est hissé au sommet des productions françaises au cours du Grand Siècle. De grands personnages propriétaires en firent l'article à la Cour, voire en Angleterre. Par ailleurs, les soins méticuleux de cellériers d'abbaye, tel l'emblématique dom Pérignon, des perfectionnements techniques comme celui de la bouteille, dont l'emploi facilite la prise de mousse, et l'utilisation de vastes crayères où le champagne mûrit dans l'ombre furent autant de facteurs de succès. L'intense activité commerciale des maisons de champagne, à partir du XVIIIe s. et surtout au XIXe s., a fait le reste. La marque s'est mise ici au service du terroir. C'est ainsi que ce vignoble septentrional produit le vin de fête par excellence, sans doute le plus célèbre du monde.

Le champagne n'est pas le seul produit d'origine du Bassin parisien. Citons les fromages, nés dans les plateaux herbagers de la Brie, dans la Champagne humide et en Thiérache, ou les volailles. Celle de Houdan, à l'ouest de Versailles, ne fit-elle pas, elle aussi, les délices de la Cour ?

La Champagne

Jusqu'à 1600, « champagne » désignait l'ingrate et rase campagne longtemps qualifiée de « pouilleuse », et non les vins qui naissaient sur les coteaux de cette partie orientale du Bassin parisien. Cela fait environ trois siècles que le plus célèbre des vins effervescents a acquis les caractères qui ont fait son succès ; dom Pérignon, « père du champagne » fut un contemporain de Louis XIV. C'est à son époque ou peu après que le champagne s'est mis à mousser et à briller, à la Cour puis dans le monde entier. Symbole de fête, ce vin naît dans une région septentrionale, sous un climat semi-continental. De ce milieu difficile, les hommes ont peu à peu découvert les atouts pour produire un vin à la fois unique et pluriel, le seul et combien illustre survivant des « vins de France ».

Du « vin de France » au champagne

Présent dès l'époque gallo-romaine, le vin a ensuite prospéré à l'ombre des abbayes, autour du massif de Saint-Thierry et à Hautvillers. Il ne s'agit pas encore de mousseux. Ce n'est d'ailleurs pas avant le XVIIe s. que le terme « champagne » a commencé à désigner les vins d'Épernay, de la Montagne de Reims, de la rivière (vallée de la Marne, Ay, Hautvillers…) et de Vertus. La région produit le plus souvent des vins rouges de pinot noir, élaborés sur le modèle des vins de Beaune ou d'Orléans, célèbres depuis le Moyen Âge. De grandes familles parisiennes s'attachent à promouvoir à la Cour les vins de Champagne, longtemps qualifiés de

Cultivés traditionnellement dans les régions septentrionales de la France, les pinots, cépages noirs, sont depuis trois siècles vinifiés en blanc pour donner le champagne.

« petits et verdelets ». Servis au sacre de Louis XIV à Reims en 1654, ceux-ci connaissent alors une réputation croissante.

Naissance de l'effervescence

La qualité fait l'objet de tous les soins. Le traité intitulé *Manière de cultiver la vigne et de faire le vin en Champagne*, attribué à Dom Péri-

gnon, décrit les techniques permettant d'obtenir le meilleur vin : choix des terrains, des plants, tri des raisins, assemblage de vendanges recueillies en plusieurs cantons. Le cellérier de l'abbaye de Hautvillers n'est sans doute pas l'inventeur des bulles champenoises, mais en bon moine-vigneron, il a développé une connaissance fine des terroirs et des assemblages qui est encore

Le vignoble de la Marne pousse sur des formations crayeuses. L'épaisse couche de craie a été exploitée dès l'Antiquité pour bâtir les monuments de Reims. Elle recèle aujourd'hui des centaines de kilomètres de galeries où mûrissent longuement les champagnes.

aujourd'hui un des fondements de la qualité du champagne.

C'est aussi à cette époque que le vin perd ses couleurs. Le pinot donne un vin gris, œil-de-perdrix, avant d'être vinifié en blanc comme à présent. Son effervescence, à l'origine spontanée, est recherchée depuis que les mousseux deviennent à la mode auprès de l'aristocratie. C'est sans doute en Angleterre que l'on commença à mettre en bouteilles ces vins instables. La conservation en flacons de verre soigneusement bouchés permet une bonne prise de mousse. Vers 1720, le champagne acquiert ses caractéristiques actuelles. La Régence consacre son règne. En 1728, un édit royal donne l'autorisation de commercialiser ce vin en bouteilles. L'industrie de la verrerie se développe dans la région.

À la conquête des marchés

En 1729 est fondée la première maison de négoce. C'est aussi à partir du XVIIIᵉ s. que l'on met à profit les galeries creusées dès l'époque gallo-romaine dans la craie, substrat de la région, pour faire mûrir les vins entre 8 et 12 °C. Mises bout à bout, celles-ci couvriraient aujourd'hui une distance de plusieurs centaines de kilomètres. Au XIXᵉ s. les maisons de champagne se multiplient. Plus de 30 millions de cols sont déjà vendus dès la fin du XIXᵉ s., dont les trois quarts sont exportés. Un succès dû au dynamisme de négociants champenois ou étrangers qui voyagent pour ouvrir des marchés jusqu'en Amérique. L'esprit d'entreprise des femmes, veuves de négociants, est à souligner, de Mme Clicquot à Mme Pommery. La clientèle des cours européennes permet d'asseoir l'image prestigieuse du produit.

La première moitié du XXᵉ s. est une période de crise : ravages du phylloxéra puis destructions de la Première Guerre mondiale, chute des tsars, Prohibition aux États-Unis, conflits liés à la délimitation de l'aire du champagne… Après bien des remous, la région bénéficie en 1927 d'une appellation d'origine contrôlée – huit ans avant la mise en place de l'édifice des AOC. Le vignoble retrouve son dynamisme à partir des années 1950 et gagne en surface. Le champagne s'est peu à peu démocratisé et est devenu le vin de fête de toutes les catégories sociales. En 1960,

50 millions de bouteilles étaient expédiées. En 2004, 300 millions de cols ont été vendus, dont 59,1 % en France et 40, 9 % à l'étranger. Si les maisons de négoce assurent 87,5 % des ventes à l'export, les récoltants-manipulants, vignerons qui élaborent du champagne à partir des raisins de leur domaine, ainsi que les coopératives contribuent pour leur part au succès du champagne.

Les vertus d'un milieu austère

Hormis les quelques îlots viticoles lorrains, le vignoble champenois est le plus septentrional des vignobles de France. Le climat est semi-continental. L'hiver, le thermomètre peut descendre à -25 °C ; le gel de printemps est aussi à redouter. La pluviométrie est assez abondante (entre 650 et 750 mm), et l'été, des orages de grêle ne sont pas rares. Les récoltes sont irrégulières. La fraîcheur des températures est un atout : elle contribue à une maturation lente des baies, gage de finesse aromatique.

Les quelque 31 000 ha de vignes, plantés à 10 000 pieds par ha, sont

Blotti autour de son église romane, Cuis, village vigneron typique à l'entrée de la Côte des Blancs.

Sur la rive droite de la Marne, le vignoble de Cumières se déploie tel un ruban le long de la vallée, dominé par les hauteurs boisées du versant sud-ouest de la Montagne de Reims.

installés sur des coteaux, sur les pentes desquels s'égrènent les villages viticoles. Les ceps forment un ruban entre le sommet du plateau, boisé, et la plaine, vouée aux grandes cultures. La pente et le sol permettent un bon drainage. Géologiquement, le vignoble fait partie du Bassin parisien, vaste ensemble constitué de formations sédimentaires empilées qui affleurent en couches concentriques. Des dépôts laissés par la mer qui s'est retirée il y a soixante-dix millions d'années. Les sols sont essentiellement calcaires, crayeux dans la Marne (craie campanienne), marno-calcaire dans l'Aube (formation du Kimméridgien). Trois cépages principaux – en noir le pinot noir (38 %) et le pinot meunier (35 %), en blanc le chardonnay (27 %) – se partagent les surfaces plantées. Quelques producteurs sont attachés aux variétés anciennes, tel le petit meslier.

Les régions productrices du champagne

Géographiquement, le vignoble s'étend dans trois départements : la Marne (plus de 21 000 ha), l'Aube (6 600 ha), l'Aisne (2 800 ha), avec quelques prolongements en Seine-et-Marne et en Haute-Marne. Il se répartit en quatre régions principales.

La Montagne de Reims donne une large place au pinot noir. Sur son flanc sud, les terroirs d'Ambonnay et de Bouzy assurent la transition avec la **vallée de la Marne**.

De chaque côté de la rivière, le vignoble prospère jusqu'en aval de Château-Thierry, dans l'Aisne. Le pinot meunier y occupe une place de choix.

Le chardonnay a donné son nom à la **Côte des Blancs**, qui commence au sud d'Épernay et se poursuit jusqu'à Bergère-les-Vertus.

Dans l'**Aube**, le vignoble s'est développé autour de Bar-sur-Seine, de Bar-sur-Aube et de Troyes.

La Champagne viticole a deux capitales, Reims, aux nombreux monuments et musées, et Épernay.

L'échelle des crus

Les communes de Champagne sont classées de 100 % à 80 % sur une échelle des crus qui sert à déterminer le prix du kilo de raisin lors des transactions entre vignerons et négociants. On citera, en grand cru, Ambonnay, Avize, Ay, Beaumont-sur-Vesle, Bouzy, Chouilly, Cramant, Louvois, Mailly-Champagne, Le Mesnil-sur-Oger, Oger, Oiry, Puisieult, Sillery, Tours-sur-Marne, Verzenay, Verzy.

Question de méthode : l'élaboration

Les vendanges et le pressurage. En Champagne, les vendanges s'effectuent toujours à la main. Le but est d'amener au pressoir des baies en parfait état, non écrasées. Il ne s'agit pas seulement d'éviter l'oxydation, mais d'empêcher que le moût, souvent issu de raisins noirs, ne soit coloré – « taché » – par le contact avec les matières colorantes contenues dans les pellicules. Le pressurage doit s'accomplir sans délai et les pressoirs sont installés en grand nombre dans les communes viticoles.

Le pressurage est sévèrement réglementé. Seule une partie des jus obtenus peut bénéficier de l'appellation. 160 kg de vendanges ne peuvent produire que 102 l de moût. Les moûts sont alors vinifiés en vins blancs.

L'assemblage. Une opération effectuée par le chef de cave à la

CHAMPAGNE
AOC 1936
[70 % blancs,
30 % rosés]
2 300 000 hl

Champagne

La sélection des vins en vue de l'assemblage dans une vieille maison champenoise.

fin de l'hiver, avant la mise en bouteille. Le champagne assemble souvent des vins de terroirs différents, et surtout d'années différentes. C'est pourquoi la plupart des champagnes sont des « sans année », non millésimés. Ils résultent du mariage des vins de l'année avec des « vins de réserve » des millésimes antérieurs. Les cuvées millésimées ne sont produites que les meilleures années (la décision de millésimer ou non une cuvée appartient au producteur). L'assemblage peut encore marier des vins de plusieurs cépages selon des proportions variables. Chaque producteur propose ainsi une gamme de plusieurs cuvées qui correspondent chacune à un assemblage précis.

La prise de mousse. Elle résulte d'une seconde fermentation en bouteille. On ajoute au vin, avant la mise en bouteille, une « liqueur de tirage » composée de levures, de sucre et de vin. Sucres et levures sont à l'origine de la refermentation ; celle-ci s'accompagne d'un dégagement de gaz carbonique qui reste emprisonné dans la bouteille : c'est là l'origine de la mousse. Ensuite, un long vieillisse-

Les eaux-de-vie

Une distillerie très importante traite presque tous les marcs de la Champagne et approvisionne toutes les grandes marques en marc de Champagne, appellation réglementée. Quelques exploitations viticoles possèdent leur propre alambic, pour perpétuer la tradition.

ment sur lattes s'impose. Au contact des lies (levures mortes), le vin gagne en richesse et en complexité aromatique.

Le remuage, le dégorgement et le dosage. Le dégorgement consiste à évacuer le dépôt formé par les lies. Il est précédé par le remuage : les bouteilles sont inclinées sur des pupitres pour rapprocher le dépôt du goulot. Une opération automatisée grâce aux gyropalettes. Le dépôt est ensuite emprisonné dans un bain réfrigérant et expulsé. Pour remplacer le dépôt, on ajoute la « liqueur de dosage » : du vin plus ou moins édulcoré.

Le remueur incline les bouteilles pour rapprocher le dépôt du goulot. Un travail qui peut être automatisé.

Le champagne pluriel

S'il n'existe qu'une seule appellation, le champagne offre les styles
les plus variés. Ils peuvent être
blancs ou rosés. Les seconds résultent d'une macération de raisins
noirs suivie d'une saignée ou
– exception champenoise – d'un
assemblage de vins blancs et de
vins rouges. Les cépages utilisés
et leurs proportions créent des
goûts divers.

Né du seul chardonnay, le **blanc
de blancs** présente une couleur or

Ay, célèbre depuis des siècles pour ses vins de pinot noir.

Rosé-des-riceys

Cette appellation provient
exclusivement de la commune
du même nom. Situé dans
l'Aube, c'est le plus vaste village
viticole de la Champagne. Situé
aux confins de la Bourgogne, il
cultive avec amour le pinot
noir. Le cépage donne ici aussi
des vins de base pour le
champagne, mais les parcelles
les mieux exposées de l'aire
d'appellation fournissent
également ce rare rosé qui n'est
proposé que par une poignée
de producteurs. Obtenu par
saignée après plusieurs heures
de macération, il est parfois
élevé en pièces de bois. Si sa
robe est souvent légère,
saumonée, son corps est solide
et ample, rappelant parfois les
vins rouges, et sa palette
aromatique apparaît complexe
– on parle de « goût des
Riceys ».

Coteaux champenois

Ils nous rappellent que jusqu'à la fin du XVIIe s., la Champagne
produisait des vins tranquilles. Depuis que le champagne mousse,
ces vins « natures de Champagne » étaient stockés d'une année sur
l'autre dans les chais afin de pallier une faible récolte ou pour servir
de « vins de réserve » dans les assemblages. Ils sont devenus coteaux
champenois. Ce sont des vins tranquilles produits dans l'aire
délimitée de l'appellation champagne. L'étiquette indique
généralement le nom de la commune de production. Les volumes
commercialisés sont faibles. Les plus connus sont les rouges (Bouzy,
Ay, Vertus, Sillery…) qui perpétuent la renommée des crus
médiévaux. Les meilleures années, ils peuvent vieillir et leur palette
aromatique fruitée prend des nuances de sous-bois ou de musc.

**COTEAUX
CHAMPENOIS
AOC 1974**
[70 % rouges, 25 %
blancs, 5 % rosés]
1 280 hl

**ROSÉ-DES-RICEYS
AOC 1947**
600 hl

vert, un palais vif et des arômes de
fleurs blanches, d'agrumes et de
noisette. Un vin d'apéritif, de poisson et de fruits de mer.

Le **blancs de noirs** et les
champagnes dominés par les
pinots sont dorés, pleins et riches,
et accompagne les repas. Le pinot
noir donne des vins corpulents et
de plus longue garde, le pinot
meunier de la rondeur et du fruité.
La proportion de sucre dans la
liqueur de dosage détermine enfin
le style de champagne, de l'extra-
brut (non dosé ou très peu dosé)
au doux. Les bruts sont secs, ce qui
n'est plus le cas des « secs ».
Quant aux demi-secs et aux rares
doux, ce sont des vins de dessert.
Les cuvées de prestige – ou cuvées
spéciales – regroupent l'ensemble
des types : elles sont commercialisées dans des bouteilles aux formes
recherchées.

Brie de Meaux

AOC 1986
Pâte : molle à croûte fleurie, moulée à la main, à la pelle à brie
Lait : vache ; cru exclusivement
Races : pas de recommandation, principalement prim'holstein

Affinage : 4 semaines mini
Production : 6 774 t
Producteurs de lait : 697 ; **de fromage :** 7 dont 1 fermier

Affineurs : 5

I tire son nom de sa région de production, située au cœur du Bassin parisien, entre Marne et Seine. Celle-ci, à l'origine limitée aux arrondissements de Meaux et de Coulommiers (Seine-et-Marne), sur des terres argileuses propices aux herbages, est devenue beaucoup plus vaste. La culture de la betterave, encouragée par Napoléon et jugée plus rémunératrice que l'élevage, puis l'urbanisation de la région de Meaux contribuèrent à décaler les zones de pâture vers l'est. L'aire de production s'étend aujourd'hui jusqu'à la Meuse. Selon la légende, le brie remonterait à Charlemagne, mais il faut attendre le XVIIe s. pour en trouver une description sous la plume du poète Saint-Amand : un fromage

d'or sur lequel il suffit de poser le doigt pour qu'il « rie et se crève de graisse ». Le brie était présenté soit en pot, soit en fromage. Seuls les fromages étaient destinés au marché de Paris. Présenté par Talleyrand lors du Congrès de Vienne, il fut sacré « roi des fromages » par le gotha de la diplomatie européenne. Sa fragilité et sa grande taille (36 à 37 cm de diamètre) ont longtemps rendu son transport difficile. Son format impose l'utilisation d'un outil spécifique, la pelle à

Les bries se découpent en quartiers, du centre vers l'extérieur. Leurs meilleures saisons de dégustation sont l'été, l'automne et l'hiver.

brie, pour le mouler manuellement. Le brie de Meaux demande au minimum quatre semaines d'affinage au terme desquelles mieux vaut le laisser dormir deux à trois semaines pour qu'il devienne bien moelleux, d'un jaune uniforme. On le dégustera onctueux, mais pas coulant.
Le mot « brie » n'est pas protégé. Il est devenu générique et seuls ont droit à l'AOC les bries provenant de Meaux et de Melun.

Brie de Melun

AOC 1980
Pâte : molle à croûte fleurie
Lait : cru
Races : principalement prim'holstein

Poids : 1,5 kg
Affinage : 4 semaines mini

Production : 231 t
Producteurs de lait : 61 ; **de fromages :** 5 ; **fermier :** 2
Affineurs : 4

L'aire géographique du brie de Melun, plus restreinte que celle du brie de Meaux, se limite au département de la Seine-et-Marne, avec quelques prolongements dans l'Aube et l'Yonne. Est-il le brie le plus ancien ? Certains le disent. Plus petit que le brie de Meaux (27 cm de diamètre), il ne peut être

confondu avec ce dernier : son aspect extérieur est plus coloré. Sa pâte souple et élastique ne coule pas. Le goût est plus marqué et plus fruité que celui de son cousin de Meaux, et le parfum de terroir plus présent, à condition d'acheter le fromage à six semaines d'affinage.

Le brie de Melun est affiné à cœur au bout d'une cinquantaine de jours. Il ne peut être vendu qu'à la coupe.

Chaource

Produit dans la Champagne méridionale humide, le chaource tire son nom d'un bourg de l'Aube. Il provient d'une petite aire à cheval sur ce département et l'Yonne, au sud de Troyes et au nord d'Auxerre. Au XVIᵉ s., les habitants de Chaource envoyèrent au gouverneur, qui se trouvait à Langres, cent onze chapons de cent trente-six fromages. Les moines, propriétaires des prés nécessaires à la fabrication de fromage, contribuèrent au développement de l'élevage.

Le processus de fabrication du fromage a très peu changé. Après quatorze jours d'affinage, le chaource se recouvre d'une croûte blanche qui se colore légèrement de pigments jaune orangé portant la marque des moisissures du *Penicilium candidum*. La pâte est blanche, fine et lisse. Avec l'affinage, elle devient souple et onctueuse. Au goût, une légère acidité, des senteurs de noisette et de champignon.

Salage du chaource au sel sec avant affinage.

AOC 1970
Pâte : molle à croûte fleurie
Lait : cru minoritaire (environ 37 %)
Races : pas de race dominante

Poids : 200 ou 400 g
Affinage : 14 jours mini

Production : 1 986 t
Producteurs-affineurs de fromages : 6 dont 1 fermier
Affineurs : 2

Maroilles

Dans l'ancienne province de Thiérache (départements du Nord et de l'Aisne), un sol imperméable, marneux, argileux en sous-sol et un vert pays de bocage favorisent l'élevage bovin. Cette vocation est précoce : dès 1245, un arrêt de l'évêque de Cambrai imposait aux habitants de Maroilles et des environs de « convertir le lait de leurs bêtes en fromage le jour de la Saint-Jean-Baptiste (24 juin) et de les remettre aux commis de l'abbaye de Maroilles le jour de la Saint-Remy (1ᵉʳ octobre) », soit cent jours plus tard. L'aire d'appellation s'étend dans le département du Nord et dans celui de l'Aisne.

De forme carrée, ce fromage est entreposé dans des séchoirs dans lesquels il se recouvre d'un léger feutrage bleu qui prépare à l'arrivée ultérieure du *Brevibacterium linens*, autrement dit, le ferment du rouge. Puis il est brossé et lavé à l'eau salée afin d'enlever la moisissure bleue qui s'est formée et termine son affinage dans les caves de l'Avesnois. Les consommateurs

peuvent le trouver en divers formats : entier (720 g), en sorbais (540 g), en mignon (360 g) ou en quart (180 g). Sa couleur rouge orangé permet de le différencier au premier coup d'œil du pont-l'évêque. Avant même de se déguster, ce fromage se sent. Il doit être affiné à cœur. Sa pâte est alors souple, onctueuse et grasse. Un goût de terroir prononcé, à la fois fin et puissant, irrésistible, pousse à le laisser fondre sur le palais ou à le déguster dans une recette : la flamiche au maroilles, par exemple. Un fromage de caractère.

La Thiérache, un pays de bocage parcouru de cours d'eau.

AOC 1955
Pâte : molle à croûte lavée
Lait : vache ; cru pour 184 t fermières et thermisé pour 2 161 t laitières
Races : non définies

Poids : 180 à 720 g selon format
Affinage : 5 semaines mini

Production : 2 345 t
Producteurs de lait : 384 ; **de fromages :** 13 dont 8 fermiers
Affineurs : 5

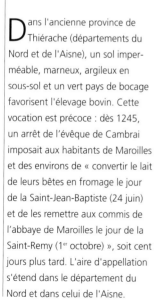

Boudin blanc de Rethel

IGP 2001
Production : 143 t,
dont 80 % en
décembre

Transformateurs : 3

La zone géographique de cette spécialité comprend les cinq cantons de l'arrondissement de Rethel au sud du département des Ardennes. La recette en serait due à Chamarande, un officier du roi contraint de se réfugier à Rethel pour avoir enfreint l'interdiction des duels instituée par Richelieu. Selon la légende, il aurait adapté une vieille recette du Moyen Âge, la bouillie de lait, consommée à Noël, pour en faire un boudin. La recette définitive remonte au milieu du XIXe s. Composé de lait pasteurisé ou stérilisé, de morceaux nobles de viande de porc, d'œufs frais entiers, l'appareil est injecté dans un boyau de porc naturel. Les boudins pèsent entre 100 et 130 g et mesurent 17 cm de long. Ils ont une robe claire et homogène et peuvent être vendus natures, truffés ou aux champignons. Le boudin de Rethel offre une saveur distincte des autres boudins blancs, un goût plus prononcé et une texture différente.

Jambon sec et noix de jambon des Ardennes

L'aire de production recouvre le département des Ardennes et des cantons limitrophes. Il s'agit d'un jambon au sel sec (durée de séchage de 210 jours minimum). Ce produit n'est plus commercialisé pour l'instant.

Volaille de la Champagne

IGP 1996
Élevage : en plein air

Production :
469 381 volailles
Éleveurs : 42

IGP 1996
Type de volailles :
chapons, dindes de
Noël, poulets blancs
et poulets rôtis

Production :
1 250 000 têtes
Éleveurs : 102

Des poulets, pintades, poulards, chapons et dindes garantis par un cahier des charges label Rouge et élevés en plein air dans les départements de la Marne, de l'Aisne et des Ardennes.

Volaille de Licques

Cette IGP s'étend sur la partie occidentale du Pas-de-Calais (Calais, Boulogne-sur-Mer, Montreuil-sur-Mer, Saint-Omer), sur les premiers contreforts du Boulonnais, à quelque 20 km de la côte d'Opale. Sa renommée est liée à la dinde de Noël qui fut introduite ici au XVIIe s. par les moines Prémontrés. La dinde de Noël est issue du mariage de la dinde blanche et du dindon noir de Varaignes. Chaque année on célèbre la fête de la Dinde le troisième week-end de décembre. Ces volailles sont garanties par un cahier des charges label Rouge.

Pomme de terre de Merville
IGP 1996 • **Variété :** bintge
L'aire géographique comprend quarante-trois communes de la vallée de la Lys concentrées autour de la commune de Merville, à cheval sur les départements du Nord et du Nord-Pas-de-Calais. Les pommes de terre récoltées sur un sol de limon argileux sont triées puis conservées dans des conditions de température et d'hygrométrie constantes. Elles présentent une très bonne tenue à la cuisson. La production en label Rouge est arrêtée.

Volaille de Houdan

La zone d'élevage de ces volailles se situe à l'ouest des Yvelines dans l'arrondissement de Mantes et les cantons de Montfort-l'Amaury, Rambouillet, autour de Pacy-sur-Eure (Eure), de Dreux et de Maintenon (Eure-et-Loire). Cette volaille singulière figure sur des tableaux des XVIᵉ et XVIIᵉ s. et elle était consommée à la cour jusque sous Napoléon III. Dans la vingtième édition de l'*Atlas de Géographie physique et politique* de 1885, une carte présentant les principales productions agricoles en France indique l'élevage de cette volaille comme principale activité dans la région de Houdan. Elle connaît son apogée entre 1870 et 1914 lorsque sa réputation gustative en fait la « poule française par excellence ». Six millions de volailles étaient ainsi vendues sur les marchés de Houdan et des communes voisines, dont trois millions étaient ensuite dirigées vers le marché parisien.

La poule de Houdan ne peut s'acclimater correctement hors de sa zone d'origine, ce qui montre bien le lien qui unit l'animal à son terroir. Ce beau volatile de couleur noire « caillouttée » de blanc avec une grande hupette sur la tête et une crête rouge est aussi un oiseau de collection. Sa chair incomparable de finesse offre un goût à mi-chemin entre celui de la pintade et du faisan. Aucune autre volaille ne lui ressemble. Son squelette est très fin, mais d'une robustesse à toute épreuve, avec des pattes marbrées à cinq doigts. Elle est vendue en tant que poulet, abattue vers 130 jours, ou en tant que « moelleux fini en épinette ». Malheureusement, son prix élevé entraîne une distribution très sélective : on ne la trouve que chez quelques bouchers-volaillers de renom.

Cuite de préférence en cocotte, accompagnée de champignons des bois, elle ravit le palais des plus exigeants. Cette volaille est garantie par un cahier des charges label Rouge.

IGP 1996
Type de volailles : poulets et moelleux
Souche : houdan

Élevage : en plein air
Production : 10 400
Éleveurs : 2

Une apparence extraordinaire pour un poulet qui s'est mal accommodé de la production intensive et qui mérite d'être redécouvert.

LE GRAND SUD-OUEST ET LE BORDELAIS

Bassin aquitain et Pyrénées forment le sud-ouest de la France. Le premier est une vaste cuvette de sédiments siliceux, peu fertiles, venus du Massif central et des Pyrénées. Les calcaires durs n'apparaissent qu'en appui du Massif central (Quercy et Périgord) et dans la vallée de la Dordogne (grottes préhistoriques, vignoble et cité troglodytique de Saint-Émilion inscrite au patrimoine mondial de l'Unesco).

Sur la façade maritime, vaste zone sableuse sillonnée de rivières, la Dordogne et la Garonne ont formé des terrasses graveleuses qui portent aujourd'hui les vignobles bordelais. Les Romains ont appelé cette région Aquitaine, « le domaine des eaux ». Au Moyen Âge, les nouvelles du monde étaient transmises via les chemins de Compostelle qui franchissaient les Pyrénées par la côte basque. Puis, les estuaires de la Gironde et de l'Adour s'ouvrirent au commerce maritime sous l'impulsion des Anglais qui, dès le XIIIᵉ s., développèrent la navigation.

Pour faire face aux aléas du climat et à l'irrégularité des récoltes, les grands domaines pratiquaient la polyculture et exploitaient la forêt. Leurs métayers, éleveurs d'oies, préparaient leurs viandes en confits et élaboraient du foie gras. Au nord, les calcaires sont propices aux noyers, à la production de fromages de chèvre et de vins. Ailleurs, ce sont des sols siliceux légers (boulbènes), faciles à travailler : collines des hauts pays de la Garonne, plaine abritée de Toulouse ou cône de déjection des Pyrénées (Armagnac). L'élevage extensif et les cultures pérennes (vergers et vignobles) permettent d'éviter l'épuisement des sols. Au pied des Pyrénées, l'Adour draine vers le port de Bayonne les richesses du pays basque, du Béarn et de la Gascogne. Le vent séchant des Pyrénées permet d'élaborer des salaisons, des fromages de brebis, des légumes et des condiments séchés. De la rencontre avec des peuples lointains comme des rivalités locales entre Bordelais et haut pays, sont nés des produits de forte typicité.

Le Bordelais

C omme tous les ports d'estuaire, Bordeaux s'est naturellement installé à l'endroit où le fleuve devient franchissable, même s'il a fallu attendre le début du XIXᵉ s. pour qu'un pont y soit bâti. Les fouilles effectuées ces dernières décennies ont confirmé l'importance du port dès l'époque romaine, et celle-ci ne s'est jamais démentie.

L'histoire

Le mariage d'Aliénor d'Aquitaine (1152) avec Henri II Plantagenêt qui allait devenir roi d'Angleterre en 1154 n'a fait que resserrer les liens commerciaux noués plus de mille ans auparavant. Tout grand vignoble ne pouvant se développer qu'à la condition de disposer d'un marché d'amateurs solvables, cette proximité fit la prospérité des viticulteurs et des marchands bordelais, même après la reconquête de la province par les Capétiens, parachevée par la bataille de Castillon en 1453.

Les courants d'échanges étaient créés, et le négoce élargissait peu à peu son champ d'action à toute l'Europe du Nord. Venus des pays acheteurs, attirés par un marché en plein développement, mais aussi chassés de chez eux par les trou-

Le port de Bordeaux vu du quai des Farines, au XVIIIᵉ s.

bles politiques, les négociants s'installaient sur le bord du fleuve, dans le faubourg des Chartrons. Les vins venus du Bordelais et de tout le Grand Sud-Ouest par voie fluviale s'y entassaient dans les chais, de même que les grains, les minots (farine), les pruneaux des vallées de la Garonne et du Lot.

Une ville prospère

Bordeaux comptait 110 000 habitants en 1789. Le lucratif trafic triangulaire des marchands d'esclaves s'était ajouté à l'honorable commerce des vins pour faire sa prospérité. Sur les rives de la Dordogne,

Libourne avait aussi commencé à jouer le même rôle de plaque tournante pour les vins de son arrière-pays (Saint-Émilion, Castillon, Bergerac). Ces ressources avaient enrichi la noblesse terrienne, la bourgeoisie commerçante et profitait également à la magistrature, le parlement de Bordeaux étant devenu un des plus puissants de France. Les ensembles architecturaux du XVIIIᵉ s. témoignent de cette opulence.

Les conditions climatiques, méridionales, mais tempérées par l'influence océanique ont permis d'obtenir un type de vin plus aromatique que puissant et de longue garde. Les sols de graves filtrantes ou de calcaires naturellement

Aménagée entre 1730 et 1755, la place de la Bourse témoigne de la prospérité de Bordeaux au siècle des Lumières.

BORDEAUX
AOC 1936
2 700 hl

BORDEAUX
SUPÉRIEUR
AOC 1936
[92 % rouges]
477 000 hl

BORDEAUX SEC
AOC 1936
350 000 hl

BORDEAUX ROSÉ ET
CLAIRET
AOC 1936
171 870 hl

CRÉMANT-DE-
BORDEAUX
AOC 1990
9 200 hl

drainés étaient aussi propices à une viticulture de qualité. Il n'en allait pas de même des bas-fonds alluvionnaires, les « palus », que l'on planta dans les époques de pénurie, après la crise phylloxérique.

À l'origine des AOC

Quand la France créa les appellations d'origine au début du XXᵉ s., les Bordelais furent à la tête du mouvement sous la houlette du sénateur de la Gironde Joseph Capus. Le travail de délimitation avait commencé bien avant 1935, puisque le débat principal, concernant « l'enveloppe » géographique de l'appellation régionale, fut tranché en 1911 quand on décida que le bordeaux ne pouvait être produit que dans le département de la Gironde. Une première commission réunie en 1907 avait en effet intégré le Bergeracois et le Marmandais où l'on cultive les mêmes cépages sous le même climat à peine plus continental et sur des sols de nature voisine.

C'est ainsi que sont nées les appellations dites « régionales », bordeaux, bordeaux supérieur, bordeaux rosé et clairet, bordeaux blanc sec et crémant. Le bordeaux n'est pas un vin issu d'un seul cépage par couleur. Chaque viticulteur est maître de ses assemblages en fonction des aptitudes de chacune de ses parcelles et du type de vin recherché. Pour le rouge, ce sont le merlot, le cabernet-sauvignon et le cabernet franc ; pour le blanc, les sémillon, sauvignon et muscadelle.

Les classements de Bordeaux

La notion de cru est apparue au XVIIᵉ s., sans doute grâce à Haut-Brion, fondé un siècle auparavant et qui avait acquis un grand renom en Angleterre. Mais aussi grâce aux châteaux du Médoc édifiés par la bourgeoisie parlementaire. Les crus du Sauternais prirent leur essor au XVIIIᵉ s. Les courtiers et le négoce prirent l'habitude de les hiérarchiser dès cette époque, On en trouve des traces dans les livres de courtage du bureau Tastet-Lawton depuis 1742.

En 1816, André Jullien, dans sa *Topographie de tous les vignobles connus*, répertoriait les vins de Bordeaux en cinq classes, accompagnés des prix pratiqués. Une idée qui trouva son apothéose avec le classement réalisé par le syndicat des courtiers à la demande de la chambre de Commerce de Bordeaux pour figurer à l'exposition universelle de 1855.

En Médoc, les courtiers classèrent ainsi en cinq catégories 60 crus de vins rouges, auxquels ils avaient ajouté Haut-Brion qui fait partie des Graves. Le classement des vins blancs de 1855 comportait de son côté 26 crus, tous en Sauternes et Barsac, car seuls les vins liquoreux étaient alors considérés dans cette catégorie.

Saint-Émilion n'y figure pas. Le vignoble était encore en émergence, après une période brillante au Moyen Âge. Le premier classement de Saint-émilion date de 1955. Dès sa création il fut décidé qu'il n'était pas immuable mais qu'il devait être systématiquement revu par une commission tous les dix ans. Le prochain devrait voir le jour en 2006. En 1996, 68 domaines ont été classés dont 13 en premiers crus.

Enfin, en 1959, 16 crus des graves furent classés. Ils appartiennent aujourd'hui à l'aire du pessac-léognan.

Les Graves et le Sauternais

S ur la rive gauche de la Garonne, en amont de Bordeaux et jusqu'à la jalle de Blanquefort, aux portes du Médoc, c'est là qu'est né le vignoble. Au plus près de la ville et de son port, avec les fameux « clarets » destinés à l'exportation. C'est là aussi qu'est née la notion de château viticole, sur des terrains accidentés aux fortes pentes, composés de galets mélangés d'un peu de terre peu fertile appelés graves. Et qui se poursuit au sud par le Sauternais, terre des grands liquoreux.

Graves

De Langon à la Brède, terre de Montesquieu, l'aire d'appellation graves recouvre les clairières de la grande forêt landaise qui vient par endroit déferler jusqu'à la rive gauche de la Garonne. Nés des divagations des cours successifs du fleuve, les sols sont constitués de graves pyrénéennes produisant des vins rouges de garde, puissants, amples et aromatiques (violette, épices, notes de gibier). Lorsque le sous-sol mêle le sable aux argiles, on obtient de beaux vins blancs secs. Une faible production de moelleux répond à l'AOC graves supérieures.

Pessac-léognan

La grande forêt landaise vient déferler jusqu'à la rive gauche de la Garonne. Plus on s'approche de Bordeaux, plus les clairières sont importantes et plus nombreux les châteaux. Le sol est aussi original. Les terrasses du sud cèdent place à

Vins de longue garde, les sauternes déclinent toutes les nuances de l'or avec l'âge (ci-contre Château d'Yquem).

une topographie plus accidentée constituée de croupes graveleuses parfaitement drainées. C'est ce qui a conduit à la partition de l'appellation graves en 1987, cinquante ans tout juste après sa création. Dès 1984, les viticulteurs du nord avaient obtenu de pouvoir adjoindre la mention Pessac ou Léognan à celle de Graves et, trois ans plus tard, on consacrait la nouvelle appellation pessac-léognan. Celle-ci peut s'enorgueillir d'abriter la totalité des 16 crus classés en 1953 pour les rouges et en 1959 pour les blancs secs. Ses vins aptes à la vinification en barriques et à

l'élevage sont unanimement appréciés. On a mis longtemps à découvrir que les Graves pouvaient produire de grands vins blancs secs.

Sauternes-barsac

Il est bien difficile de dire quand on découvrit les bienfaits de la pourriture noble, même si on en trouve la trace dans les grands vignobles européens à la même époque : Tokaj en Hongrie, Johannisberg sur la Rheingau dans le Land de Hesse, etc. D'ailleurs, Thomas Jefferson, dont Yquem reçut la visite en 1787, ne manqua pas l'année

GRAVES
AOC 1937
170 000 hl (graves)
19 000 hl (graves supérieures)

PESSAC-LÉOGNAN
AOC 1987
[77 % rouges, 23 % blancs]
55 000 hl

SAUTERNES
AOC 1936
32 000 hl

BARSAC
AOC 1936
12 570 hl

À Barsac (ci-dessus château Dudon), les eaux du Ciron engendrent des brumes matinales favorables au développement de la pourriture noble sur le raisin.

Le Botrytis cinerea assèche les baies tout en favorisant leur concentration en sucres et en arômes.

suivante de visiter son homologue des bords du Rhin.

C'est un petit miracle que produit le botrytis sous ces climats aux étés chauds et dont l'arrière-saison est le plus souvent ensoleillée, tandis que les nuits se rafraîchissent. La présence d'une masse d'eau, Garonne et Ciron ici, Rhin là-bas, favorise la formation de brumes nocturnes et celle de pourriture noble qui assèche le raisin sans le dénaturer. D'où ces extraordinaires concentrations d'arômes et de sucre pour qui sait attendre, en prenant le risque de tout rater. La plus grande attention est nécessaire, notamment en récoltant par « tries successives » et à la main, grappe par grappe, voire grain par grain pour ne vinifier que ce qui est arrivé

à maturité optimale.

À Sauternes et à Barsac, c'est le cépage sémillon, associé à un peu de sauvignon et de muscadelle, qui donne ce résultat. Sa finesse d'arômes n'apparaît pas toujours dans les vinifications en blanc sec, alors qu'elle est exaltée au plus haut point dans ces conditions extrêmes. Ses fragrances d'agrumes confits, de fruits jaunes, de fleurs, de cire, de miel sont aussi subtiles que complexes.

Cérons

Cérons, enclavé dans l'aire des graves du Sud, s'étend sur trois communes aux sols de graves et de sable. Son vin, apte à une bonne garde, peut être moelleux ou liquoreux.

Le Médoc

Immense presqu'île de près de 100 km de long, calée entre Océan et Gironde, le Médoc ne présente qu'une mince bande de terre utile à la viticulture, celle qui regarde l'eau du fleuve. Là, on trouve la plus belle expression des formations géologiques qui ont fait la réputation des grands vins de Bordeaux. Ce sont des dépôts de graves, venus des Pyrénées par la Garonne, mais aussi du Massif central par la Dordogne. Les graves les plus récentes, datant seulement du quaternaire ancien, le Günz, seraient les plus aptes à une viticulture de qualité, et elles se sont déposées en affleurement qui constituent des reliefs respectables, très au-dessus du niveau du fleuve, comme on peut le voir nettement à Saint-Estèphe ou à Saint-Julien.

MÉDOC
AOC 1936
280 000 hl

HAUT-MÉDOC
AOC 1936
210 000 hl

La primauté du Médoc, sanctionnée par le classement de 1855, peut être datée de la création de Château Latour en 1680, et surtout de son développement au début du siècle suivant par le marquis de Ségur. Mais il ne faudrait pas imaginer une terre vierge de vignes avant cette date. La rive gauche de la Gironde est en effet irriguée par de nombreuses jalles dont les embouchures ont constitué autant de points de fixation pour le peuplement en permettant la navigation. On en trouve trace dès l'époque romaine, et certains châteaux, comme La Tour Carnet, cru classé de Saint-Laurent-du-Médoc, remontent au Moyen Âge. Si le XVIIIᵉ s. fut l'apogée de la plantation médocaine, on avait eu tout le temps d'y acclimater la vigne et

d'y sélectionner ses cépages, dont certains, comme le petit verdot ou la carmenère, ont été presque partout abandonnés. La gestion et les contraintes agronomiques ont poussé à une certaine simplification, puisque les cabernet-sauvignon et cabernet franc, ainsi que

Château Latour, premier cru classé en appellation pauillac.

le merlot ont peu à peu fait la preuve de leur excellence, en permettant suffisamment de combinaisons pour s'adapter à toutes les parcelles.

Médoc et haut-médoc

Le terroir viticole de la presqu'île est divisé en deux sous-appellations régionales. De la jalle de Blanque-fort jusqu'à Saint-Seurin, c'est le haut-médoc, au sein duquel sont nichées les grandes appellations communales. Il est lui-même reconnu depuis longtemps, puisque cette appellation abrite cinq crus classés de 1855 : La Lagune à Ludon, La Tour Carnet, Camensac et Belgrave à Saint-Laurent, Cante-merle à Macau. Les sols formés de graves, travaillés et connus depuis longtemps, plantés essentiellement de cabernet-sauvignon, y donnent des vins très typiques du bordeaux le plus classique, rouge profond et apte au vieillissement.

Au nord de Saint-Seurin et jusqu'à Saint-Vivien, à 15 km du Verdon, on trouve par endroits de véritables îlots de graves, aussi hauts et bien constitués que dans le haut-médoc. C'est là qu'est revendiquée l'appel-lation médoc, bien que les vins du Sud y aient droit également. Beau-coup de vignes n'ont été plantées que depuis une trentaine d'années, même si d'anciens domaines s'y étaient installés depuis beaucoup plus d'un siècle, comme Loudenne à Saint-Yzans, By à Bégadan, ou Le Bourdieu à Valeyrac. Comme la presqu'île se resserre au nord, l'influence maritime ne s'y mani-feste pas seulement par la Gironde, mais aussi par les vents dominants de nord-ouest. Ils parviennent là, depuis l'Océan, après avoir traversé quelques kilomètres de forêt seulement.

LISTRAC-MÉDOC
AOC 1957
30 000 hl

MOULIS-EN-MÉDOC
AOC 1938
27 000 hl

MARGAUX
AOC 1954
53 342 hl

Château Margaux, élégante demeure néoclassique, est célèbre pour ses vins depuis le XVIIIe s.

Listrac-médoc

Anomalie géologique en Médoc, la plaine de Peyrelebade est en fait constituée d'un anticlinal décapé par l'érosion. Les sols y sont donc argilo-calcaires sur un substrat calcaire, très loin du type médoc. On y trouve des vins « virils et char-nus » peut-être plus proches de ceux que l'on « mâche » de l'autre côté de la Gironde entre Bourg et Blaye. Un caractère accentué par la forte proportion de merlot que l'on y a plantée au milieu de l'océan de cabernet médocain parce que ce cépage est mieux adapté aux terres plus froides.

Moulis-médoc

L'appellation moulis-en-médoc, la plus exiguë, est loin d'être la plus homogène, puisqu'elle se divise en trois parties. À l'est, on y trouve une formation de graves du Günz, classiquement médocaine, et ce sont ses croupes qui portent les châteaux les plus renommés, à l'instar du fameux Chasse-Spleen. Au centre, on retrouve les terrains argilo-calcaires qui prolongent l'appellation listrac-médoc, et à l'ouest, sur la nationale 215, le ver-sant de l'anticlinal de Peyrelebade est tapissé de graves pyrénéennes. On comprend qu'il soit bien diffi-cile de définir un type de vin pro-pre à moulis, d'autant plus que les viticulteurs ont su adapter le choix des cépages aux caractéristiques géologiques.

Margaux

Sur le territoire de cinq communes, Labarde, Arsac, Margaux, Cante-nac et Soussans, l'appellation s'est réservée exclusivement le sommet des plus belles croupes de graves, les autres aires viticoles étant dévo-lues au haut-médoc ou au bor-deaux. Le centre de l'appellation est constitué d'un plateau de 6 km sur 2 de graves blanches d'un seul tenant, avec le château Margaux en son centre. À l'ouest et au sud, émergent d'autres îlots de graves que se partagent aussi quelques grands crus classés comme le château du Tertre, point culminant de l'appellation à 24 m d'altitude. Le margaux est surtout réputé pour sa finesse et son élégance, que l'on attribue à la maigreur des sols qui favorise la maturité des raisins, mais également à un équilibre fréquent entre merlot et cabernet-sauvignon.

Saint-julien

Entre le marais de Beychevelle et les croupes de Pauillac, l'appellation saint-julien est formée de façon pratiquement homogène d'un magnifique plateau günzien qui domine de 16 m au moins le palus littoral. Il est entaillé de quelques vallons qui assurent son drainage et même le sous-sol est constitué

Agneau de Pauillac

IGP 2004 • Races : tarasconnaise, blanche du Massif central et lacaune pour les femelles ; suffolk, berrichon du Cher, rouge de l'Ouest et charollais pour les mâles • Production : 4 260 têtes • Éleveurs : 30.

L'agneau de Pauillac est issu de la rencontre entre deux transhumances : celle des bergers pyrénéens qui venaient hiverner dans l'Entre-deux-Mers et celle des moutonniers de la Lande de Médoc qui quittaient la zone mouillée l'hiver pour se rendre dans la zone sèche des croupes de graves du Médoc. Ces transhumances ont disparu, laissant la terre pour le vignoble, mais aujourd'hui plusieurs éleveurs ont repris le flambeau et décidé de s'unir autour d'une démarche label Rouge pour mettre en valeur l'agneau de Pauillac, à la chair rosé rouge. Cet agneau de bergerie abattu très jeune (entre 40 et 75 jours) est élevé au pis de sa mère et reçoit une ration complémentaire de céréales.

d'une seule sorte de calcaire. La finesse rapproche son vin du margaux, mais sa structure ne le cède en rien au pauillac. Les grands crus (dont 11 sont classés) s'y

**SAINT-JULIEN
AOC 1936**
35 000 hl

Le château Beychevelle (AOC saint-julien), l'un des plus imposants ensembles architecturaux du Médoc.

taillent la part du lion – le château Léoville Las Cases a d'ailleurs cet animal pour emblème. Cependant, il reste encore quelques petites propriétés paysannes que le hasard des héritages n'a pas fait disparaître. De l'harmonie classique de Beychevelle au romantisme à l'anglaise de Lagrange, cette petite appellation recèle les visions les plus charmantes du Médoc.

Pauillac

À Pauillac, avec trois premiers et deux seconds crus classés, c'est le royaume du superlatif. On y trouve les plus vastes plateaux de graves du Médoc, les domaines les plus vastes et les vins les plus tanniques ainsi que les plus aptes au vieillissement. C'est aussi, et ceci explique en grande partie cela, le terrain d'élection du cabernet-sau-

Chai d'élevage du château Lafite-Rothschild (AOC pauillac), réalisé en 1988 par l'architecte catalan Ricardo Bofill.

vignon, héritier, dit-on, de la biturica antique, qui compte en moyenne pour 70 % dans l'encépagement des crus classés. Sur de tels terrains, on ne craint pas les années médiocres où la précocité du merlot permet de sauver les meubles. Les grands seigneurs, pour gagner, savent prendre des risques.

Saint-estèphe

Occupant un plateau presque d'un seul tenant, l'aire d'appellation saint-estèphe a une forte personnalité. Comme ailleurs, le sol est un tapis de graves, mais dessous se cachent du calcaire ou des marnes

à huîtres, particulièrement faciles à pénétrer par les racines de la vigne. Riche de crus classés de grande renommée (Montrose, Cos d'Estournel entre autres), l'appellation compte aussi beaucoup de petits domaines dont la production est accueillie par la coopérative. Le saint-estèphe est réputé pour sa générosité et sa couleur puissante ; il nécessite quelques années de vieillissement pour parvenir à une parfaite harmonie.

Reconnaissable à ses toits en pagode, Cos d'Estournel.

Le Libournais

L ibourne n'a pas l'ancienneté de Bordeaux, puisque la ville ne fut fondée qu'en 1269, au confluent de la Dordogne et de l'Isle. Malgré cela, le port fut aussi un lieu d'embarquement idéal pour les vins locaux et de l'arrière-pays périgourdin. Les chais, construits sur les rives de la Dordogne, témoignent toujours de ce transport fluvial aujourd'hui abandonné. Le négoce tirait parti d'une vaste aire viticole aux caractéristiques très différentes de celles de Bordeaux. Son origine sociale est également bien distincte ; autre trait caractéristique du Libournais, la prédominance du merlot qui, assemblé aux cabernets, atteint des sommets.

En Libournais, point de grande bourgeoisie urbaine ou de noblesse, fût-elle de robe. La prépondérance des Corréziens, d'origine modeste et paysanne, arrivés là par la vallée de la Dordogne, donne un tout autre caractère aux maisons libournaises dont beaucoup son restées familiales. Quant aux exploitations, elles sont le plus souvent de petite taille. D'un point de vue géologique, le trait dominant est une vaste table calcaire qui constitue dans son centre le fameux plateau de Saint-Émilion, excavé à de nombreux endroits pour servir de carrière.

Autre trait caractéristique du Libournais, l'encépagement : ici, le choix s'est porté bien davantage sur le merlot et accessoirement sur le cabernet franc, sans doute mieux adaptés à un climat déjà plus continental, aux extrêmes plus marqués qu'au bord de la Gironde. C'est le domaine exclusif des vins rouges qui trouvent là plus de souplesse et de rondeur qu'en Médoc.

Pomerol et lalande-de-pomerol

Minuscule (800 ha), située en grande partie sur la commune de Libourne, l'appellation pomerol semble constituée d'une seule vigne. Quelques rares bouquets d'arbres apportent une note de diversité. Cela n'empêche pas la

Pomerol : un terroir minuscule, mais aux sols variés, voué au merlot.

Si pomerol ne possède pas de crus classés, Petrus a acquis une notoriété mondiale.

variété des parcelles et la multitude des propriétaires. Petrus, le plus cher des grands bordeaux rouges, provient ainsi d'un domaine de moins de 12 ha. Seul, le château de Sales, avec sa chartreuse de la fin du XVIIe s. et ses 47 ha de vignes, répond aux canons médocains. Très variés, les sols de l'appellation comportent cailloux roulés,

POMEROL
AOC 1936
27 000 hl

LALANDE-DE-POMEROL
AOC 1936
47 250 hl

Fronsac, au confluent de l'Isle et de la Dordogne : un paysage de collines boisées.

terrasses de graves, sables éoliens parfois dégradés en grès ferrugineux et même des affleurements argileux, notamment à Petrus. Difficile d'en déduire l'unité d'une appellation qui est pourtant indéniable. La prééminence du merlot, qui atteint là sa plénitude (souplesse et soyeux), y est sans doute pour quelque chose. Ce cépage acquiert sur ce terroir une qualité qu'on lui dénie parfois ailleurs, l'aptitude au vieillissement.
La vallée de la Barbanne, minuscule affluent de l'Isle, sépare l'aire de lalande-de-pomerol de celle de son prestigieux voisin. Le vignoble (1 120 ha déclarés) bénéficie de sols très bien drainés, surtout dans sa partie sud. Il engendre des vins proches des pomerol.

Fronsac et canon-fronsac

Les appellations du Fronsadais sont situées entre les rives droites de l'Isle et de la Dordogne. Le tertre de Fronsac, culminant à plus de 70 m, constitue un point de repère important du Libournais qui a encore gagné en visibilité depuis que l'autoroute A 89 de Bordeaux à Clermont-Ferrand passe à ses pieds, au fond de la vallée de l'Isle. L'appellation **fronsac** joue le rôle

de « sous-régionale » (33 000 ha), tandis que seuls les vins produits sur les communes de Fronsac et Saint-Michel-de-Fronsac peuvent revendiquer l'AOC **canon-fronsac**. Le relief tourmenté de ces buttes fournit aux vignes des sols bien drainés et surtout de remarquables expositions. C'est là qu'il faut chercher l'unité de l'appellation, plus que dans les sols, variés : argilocalcaires (canon-fronsac), plateaux calcaires, molasses. Comme dans le reste du Libournais, le merlot dominant donne couleur et corps à des vins rehaussés d'arômes épicés.

Saint-émilion et saint-émilion grand cru

S'il faut chercher l'antériorité en Libournais, on la trouvera plutôt au sommet de la colline de Saint-Émilion, sur ce plateau calcaire aujourd'hui entièrement planté de vignes. On attribue la création de la ville à un moine breton, Emilianus, qui y installa son ermitage à la fin du VIIIe s. quand l'empire de Charlemagne préparait la renaissance carolingienne en important son clergé d'Irlande et du nord de l'Angleterre. Saint-Émilion, inscrit au patri-

Saint-Émilion, cité médiévale dominée par la tour du Roy du haut de laquelle la Jurade proclame chaque année le ban des vendanges.

Le classement de Saint-Émilion

Établi pour la première fois en 1954, révisé en 1969, 1986 et 1996, le classement de Saint-Émilion est le seul que les producteurs se sont imposé de réviser à intervalles réguliers, ce qui donne parfois lieu à des contestations. En 1996 ont été reconnus 13 premiers crus classés (deux A et onze B) et 55 crus classés. Le prochain classement devait être promulgué en 2006.

moine mondial de l'Unesco, est une cité médiévale dont l'ensemble de la juridiction (huit communes au total) est désormais un seul vignoble qui s'étend jusque sur le territoire de Libourne.
Le terroir ne présente guère d'unité géologique. Le sol le plus typique est celui du plateau, constitué d'un affleurement calcaire autour du village de Saint-Émilion. La côte de ce plateau le borde au sud, en descendant vers la Dordogne. À l'ouest, on trouve les terrasses de graves qui rejoignent Pomerol ; au sud, la vallée plus fertile de la Dordogne qui est par endroits formée de croupes de graves. L'essentiel des grands crus est concentré en bordure du plateau et au sommet de la côte, là où les expositions sont les meilleures. Cependant, des crus célèbres comme Cheval Blanc et Figeac sont au contraire situés au contact de Pomerol, sur des terrasses de graves où le cabernet-sauvignon s'exprime volontiers.

FRONSAC
AOC 1937
40 000 hl

CANON-FRONSAC
AOC 1939
12 960 hl

SAINT-ÉMILION
AOC 1936
82 750 hl

SAINT-ÉMILION
GRAND CRU
AOC 1936
135 000 hl

LUSSAC-SAINT-ÉMILION
AOC 1936
65 000 hl

MONTAGNE-SAINT-ÉMILION
AOC 1936
70 300 hl

L'appellation est faite pour ceux qui pensent que le plaisir naît de la complexité. L'AOC **saint-émilion grand cru** se distingue uniquement par des règles de production plus sévères, sanctionnées par une dégustation.

Les satellites de Saint-Émilion

On désigne par le terme de satellites les appellations communales qui bordent saint-émilion au nord-est : **lussac-saint-émilion**, **montagne-saint-émilion**, **puisseguin-saint-émilion** et **saint-georges-saint-émilion**. Les sols sont variés et l'encépagement très proche de celui du modèle.

Implanté en haut d'une butte, le château Saint-Georges (AOC saint-georges-saint-émilion).

Côtes-de-castillon

Castillon, connue pour sa bataille qui marqua la fin de la guerre de Cent Ans en 1453 avec l'éviction définitive des Anglais du sol aquitain, a obtenu en 1989 sa propre AOC : les côtes-de-castillon. Les règles de production y sont particulièrement strictes, notamment en matière de densité de plantation. Comme en saint-émilion, les côtes-de-castillon se partagent en un vignoble de plaine le long de la

Le vignoble des côtes-de-castillon se partage entre plaine et coteaux, sur 3 000 ha.

Dordogne et un autre de côte et de plateau. Les vins y sont souples et généreux.

Bordeaux-côtes-de-francs

Dans la décennie 1980, une poignée de viticulteurs, dont certains issus des crus classés de saint-émilion mais aussi de la cave coopérative, se sont donné pour tâche de faire renaître cette appellation située à la lisière de la Dordogne, à un jet de pierre du château de Montaigne. Ils y sont parvenus avec un certain succès pour produire des vins rouges riches et bouquetés, et quelques blancs de qualité.

PUISSEGUIN-SAINT-ÉMILION
AOC 1936
40 000 hl

SAINT-GEORGES-SAINT-ÉMILION
AOC 1936
10 000 hl

CÔTES-DE-CASTILLON
AOC 1989
132 250 hl

BORDEAUX-CÔTES-DE-FRANCS
AOC 1936
[96 % rouge]
23 100 hl

Entre Dordogne et Garonne

Traditionnellement appelée Entre-deux-Mers (bien que ce nom désigne aussi une aire d'appellation beaucoup plus restrictive), la région est un vaste plateau calcaire, bordé au nord par la Dordogne, au sud par la Garonne et qui se termine à l'ouest par leur confluent. Il y a trente ans, elle se partageait entre vignes, prairies naturelles, forêts et champs cultivés. Après les immenses restructurations des années 1980 et 1990, la vigne joue le rôle principal. Autrefois domaine des vins blancs, pas tous classés en AOC, souvent moelleux ou doux, c'est aujourd'hui majoritairement une terre de vin rouge en AOC bordeaux.

**ENTRE-DEUX-MERS
ET ENTRE-DEUX-
MERS-HAUT-
BENAUGE
AOC 1937**
82 000 hl

**GRAVES-DE-VAYRES
AOC 1937**
[76 % rouges]
30 000 hl

**SAINTE-FOY-
BORDEAUX
AOC 1937**
[92 % rouges]
16 500 hl

**PREMIÈRES-CÔTES-
DE-BORDEAUX
AOC 1937**
[96 % rouges]
170 000 hl

**CADILLAC
AOC 1973**
5 536 hl

**LOUPIAC
AOC 1936**
13 200 hl

**SAINTE-CROIX-DU-
MONT
AOC 1936**
13 200 hl

**CÔTES-DE-
BORDEAUX-SAINT-
MACAIRE
AOC 1937**
1983 hl

Entre-deux-mers et entre-deux-mers-haut-benauge

L'appellation emblématique du vin blanc sec, dont on a récemment séparé le haut-benauge, AOC peu revendiquée. Le sauvignon n'y est pas forcément majoritaire, mais il donne au vin un parfum floral caractéristique.

Graves-de-vayres

Sur la rive gauche de la Dordogne, pratiquement en face du tertre de Fronsac, cette appellation qui produisait presque exclusivement des vins blancs secs et moelleux s'est largement reconvertie au rouge depuis une vingtaine d'années. Elle doit son nom à la présence de terrasses graveleuses dominant la rivière.

Sur la rive droite de la Garonne, l'AOC sainte-croix-du-mont produit des vins liquoreux bouquetés.

Sainte-foy-bordeaux

Cette petite appellation à la limite du département de la Dordogne qui produisait aussi des vins moelleux, souvent commercialisés sous le nom de bordeaux, s'est reconvertie majoritairement au rouge.

Premières-côtes-de-bordeaux

Avec les Graves, c'est le vignoble le plus proche de Bordeaux ; il domine la rive droite de la Garonne sur une soixantaine de kilomètres. Il est beaucoup plus accidenté puisqu'il monte à l'assaut du plateau de l'Entre-deux-Mers. Les terroirs sont variés : des palus de la vallée en passant par les graves et les calcaires jusqu'aux argilo-calcaires du haut de plateau. L'appellation est réservée aux vins rouges, colorés et puissants, ainsi qu'aux vins blancs traditionnellement moelleux.

Cadillac, loupiac et sainte-croix-du-mont

Ces appellations, englobées dans les premières côtes, sont dévolues aux liquoreux. Elles occupent également la côte abrupte de la rive droite. Elles bénéficient du microclimat favorable au développement de la pourriture noble.

Côtes-de-bordeaux-saint-macaire

Prolongeant les côtes de Bordeaux vers le sud, face à Langon, cette petite appellation produit des vins blancs secs et liquoreux.

Le Blayais et le Bourgeais

L a présence humaine est attestée ici depuis aussi longtemps qu'en Périgord, puisque des grottes gravées à l'ère du Magdalénien, comme à Pair-Non-Pair, présentent des dessins dignes des Eyzies. On y a retrouvé aussi les restes de *villae* romaines où l'on cultivait aussi bien le froment que la vigne. Dominant l'estuaire, la citadelle de Blaye, construite par Vauban, protégeait Bordeaux des incursions navales anglaises et hollandaises.

Sur la rive droite de la Gironde et de la Dordogne, cette vaste aire viticole située aux confins des pays charentais produisait autrefois, quand les appellations n'étaient pas encore définies, du vin blanc destiné à la distillation pour le cognac. Cette histoire se perpétue encore avec la fine bordeaux, mais

Vignoble d'estuaire, les côtes-de-bourg produisent des vins rouges fruités et charnus.

BOURG ET CÔTES-DE-BOURG
AOC 1936
95 % rouges
184 000 hl

BLAYE, CÔTES-DE-BLAYE ET PREMIÈRES-CÔTES-DE-BLAYE
AOC 1936
80 % rouges ;
uniquement blanc
en côtes-de-blaye
276 000 hl

c'est le vin, et surtout le vin rouge, qui occupe aujourd'hui le devant de la scène, avec les appellations bourg, côtes-de-bourg, blaye, côtes-de-blaye et premières-côtes-de-blaye.

Le terroir de côte, les pentes bien exposées, les sols argilo-calcaires permettent de produire des vins puissants, à majorité de merlot, aptes à une bonne garde. Les vins blancs, grande spécialité du

La citadelle de Blaye, construite par Vauban, donne son nom à un vignoble de 6 000 ha.

Blayais, aujourd'hui soignés et composés d'une forte proportion de sauvignon, sont séveux et aromatiques.

Le Bergeracois et le Lot-et-Garonne

Jadis n'existait qu'un seul grand vignoble aquitain, situé sur les coteaux de la Dordogne et de la Garonne. Ce n'est qu'en 1911 que le vignoble de Bergerac et ceux du Lot-et-Garonne ont été administrativement séparés du vignoble de Bordeaux. Les cépages sont bien ici ceux du Bordelais : cabernet-sauvignon, cabernet franc et merlot en rouge (complétés parfois par le malbec) ; sémillon, sauvignon et muscadelle en blanc.

BERGERAC
AOC 1936
[53 % rouges, 26 % blancs, 21 % rosés]
490 900 hl

CÔTES-DE-BERGERAC
AOC 1936
[85 % blancs]
76 600 hl

ROSETTE
AOC 1946
600 hl

MONBAZILLAC
AOC 1936
48 500 hl

SAUSSIGNAC
AOC 1982
1 500 hl

Le climat est légèrement plus continental que dans le Bordelais. Lorsque l'on remonte la vallée de la Dordogne, les sols présentent des caractéristiques proches, mais non identiques : argilo-calcaires en monbazillac, coteaux argilo-graveleux en pécharmant, boulbènes du Sud-Ouest pour les appellations régionales. Le Lot-et-Garonne est encore plus divers. Si les côtes-de-duras constituent une sorte d'enclave en Bergeracois, les côtes-du-marmandais restent typiquement sous influence garonnaise, tout comme le buzet.

Là aussi, l'histoire a joué un rôle primordial : les vins du versant de la Dordogne pouvaient partir directement au loin, par le fleuve et l'estuaire, sans sacrifier au privilège bordelais, tandis que les vins de Garonne devaient passer leur tour jusqu'à Noël dans le port de Bordeaux. Ce fut longtemps leur chance, avant d'être une cause de disgrâce, quand ils voulurent bénéficier de la force du négoce de la place.

Bergerac et côtes-de-bergerac

Une vaste appellation régionale couvrant 93 communes dont l'unité réside dans l'encépagement, les pratiques culturales et œnologiques, et le climat. Les **bergerac** rouges sont a priori plus souples, plus légers que les côtes-de-berge-rac qui doivent respecter des conditions de rendements plus restrictives. En rosé, les bergerac donnent des vins fruités aujourd'hui fort appréciés. Les bergerac blancs, après quelques difficultés de reconversion, sont maintenant des vins secs, fruités et aromatiques auxquels le sauvignon, replanté en grandes quantités ces vingt dernières années, apporte sa note florale. L'appellation **côtes-de-bergerac** est réservée en blanc à des vins moelleux.

Bergerac doit tout autant sa célébrité au personnage d'Edmond Rostand, Cyrano, qu'à ses vins.

Rosette

Le rosette, comme son nom n'invite pas à le penser, est un vin blanc produit sur une microzone de la périphérie de Bergerac. À cheval sur l'aire des pécharmant et bergerac, il est moelleux mais sans excès de sucre, et il ravira ceux qui cherchent des vins rares et pourtant à prix raisonnables.

Monbazillac et saussignac

Avec **monbazillac**, le Périgord possède une véritable appellation communale – une unité à la fois géologique et climatique, des pratiques viticoles ancrées dans le passé et un terroir, un vrai, situé sur le versant nord de la vallée de la Dordogne où les brumes automnales offrent juste ce qu'il faut d'humidité pour favoriser le développement du *Botrytis cinerea*. Les registres du négoce hollandais attestent que Monbazillac vendait déjà des vins liquoreux au XVIIe s. Nés comme le sauternes de sémillon, de sauvignon et de muscadelle, les monbazillac sont puissants et gras, peu acides, avec des arômes de miel et de noisette. Les grandes années, quand l'automne n'a été ni trop sec ni trop arrosé, les connaisseurs décèlent ce fameux goût de rôti recherché par tous les amateurs de grands liquoreux. L'AOC **saussignac** prolonge à l'ouest l'aire du monbazillac sur la rive gauche de la Dordogne. Le relief y est moins accentué ; les vins y sont liquoreux. Pratiquement disparue il y a quarante ans, cette appellation a été relancée par

Depuis le XVIIe s., des vins liquoreux furent produits à Monbazillac.

quelques apôtres qui avaient la foi chevillée au corps.

Montravel, haut-montravel et côtes-de-montravel

Ces vins de la rive droite de la Dordogne peuvent se prévaloir d'une histoire prestigieuse, puisque c'est sur leur terroir qu'est situé le château de Montaigne. Depuis son illustre bibliothèque, que l'on peut toujours visiter, l'auteur des *Essais* contemplait les vignes de Montravel. **Montravel** produit des blancs secs, fins et nerveux. **Haut-montravel**, au nord de montravel, situé sur des terrains calcaires, est réputé pour ses vins racés et moelleux. Au nord, les **côtes-de-montravel** sont moelleux également, mais plus suaves.

Pécharmant

Le pécharmant naît sur les coteaux qui bordent la ville de Bergerac, au nord-est. Des sols argilo-graveleux sur un substrat ferrugineux

MONTRAVEL, HAUT-MONTRAVEL ET CÔTES-DE-MONTRAVEL
AOC 1937
[87 % blancs]
18 600 h

PÉCHARMANT
AOC 1946
15 100 hl

imposent une forte personnalité à ces vins tanniques et charpentés, particulièrement aptes à la garde. Un vieillissement d'au moins quatre à six ans est souvent indispensable pour les apprivoiser.

Côtes-de-duras et côtes-du-marmandais

Orientés vers le versant garonnais, les **côtes-de-duras** reposent sur une formation géologique calcaire très proche de celle de l'Entre-deux-Mers en Bordelais, que l'aire d'appellation prolonge à l'est. Le vignoble est installé sur des croupes aux flancs pierreux, argilo-calcaires, entaillées par les vallées du Dropt et de la Dourdèze. On retrouve toujours sémillon, sauvignon et muscadelle en blanc, cabernet franc, cabernet-sauvignon et merlot en rouge. Les vins blancs sont souvent nerveux et finement aromatiques, marqués par le sauvignon – largement replanté pour remplacer le sémillon ou l'ugni blanc ; les rouges sont charnus et colorés. Limitrophe des côtes-de-

duras au sud, l'AOC **côtes-du-marmandais** s'étend de part et d'autre de la Garonne, à la limite du département de la Gironde. Elle produit des vins de qualité en continuité avec ceux de l'Entre-deux-Mers. Les blancs sont à base de sauvignon et les rouges se distinguent de ceux du Bordelais par la diversité des cépages ; on y trouve l'abouriou local, mais aussi la syrah et le gamay comme à Gaillac.

Buzet et côtes-du-brulhois

L'appellation **buzet**, qui occupe environ 2 000 ha sur la rive gauche de la Garonne, est une rescapée. Pratiquement disparue après la crise phylloxérique, elle a été entièrement replantée par la volonté de fortes personnalités qui ont pu s'appuyer sur un instrument solide, la cave coopérative de Buzet. Celle-ci a fourni les orientations techniques, la doctrine et les méthodes pour développer un marché qui avait disparu. Le potentiel était heureusement intact, avec des

Entre Agen et Marmande, l'AOC buzet produit des vins de caractère.

coteaux où alternent les boulbènes du bassin aquitain, les argilo-calcaires et des affleurements graveleux. Le buzet a longtemps été réputé pour ses vins rouges (cabernet-sauvignon et franc, merlot) puissants, profonds, soyeux qui profitent volontiers d'un vieillissement en barrique de type bordelais. Les blancs, confidentiels, nés sous un climat généreux, sont pleins de sève, tandis que le rosé est, ici aussi, en pleine expansion. En remontant la Garonne, on trouve la petite AOVDQS des **côtes-du-brulhois**. Son terroir s'étend principalement en Lot-et-Garonne et, au-delà, dans le Gers et le Tarn-et-Garonne. Produits par deux caves coopératives, les côtes-du-brulhois sont presque exclusivement rouges, issus des mêmes cépages que les bordeaux.

CÔTES-DE-DURAS
AOC 1937
[44 % blancs, 42 % rouges, 14 % rosés]
140 000 hl

CÔTES-DU-MARMANDAIS
AOC 1990
[93 % rouges, 3,5 % blancs, 3,5 % rosés]
80 000 hl

BUZET
AOC 1973
[84 % rouges, 10 % rosés, 6 % blancs]
118 370 hl

CÔTES-DU-BRULHOIS
AOVQDS 1984
[70 % rouges]
13 600 hl

Le château de Duras, du XVIIe s., emblème de l'AOC côtes-de-duras.

Noix du Périgord

On retrouve les traces de la noix du Périgord dans les habitations de l'homme de Cro-Magnon, il y a 17 000 ans. Entre le Xe et le XIIIe s., les paysans s'acquittaient de leurs redevances, notamment auprès de l'abbaye cistercienne du Dalon, avec des noix ou de l'huile de noix ; cette dernière servait aussi bien à l'éclairage qu'à la fabrication de savons. C'est seulement vers 1730 qu'elle fut utilisée dans l'alimentation. Aujourd'hui, on la trouve sous trois formes : noix fraîche ou primeur, récoltée à la mi-septembre, à consommer rapidement ; son cerneau est blanc et croquant et elle se pèle facilement. La noix sèche, ramassée plus tardivement, début octobre passe dans des séchoirs à air chaud. De couleur claire, elle est consommable toute l'année. Enfin, le cerneau de noix, que l'on essaye de récupérer entier. La machine intervient uniquement pour casser les coquilles ; en revanche l'énoisage se fait manuellement. Les noix du Périgord ont bien des vertus nutritionnelles. Entières ou broyées, elles accompagnent le sucré et le salé.

AOC 2002
Variétés : corne, marbot, grandjean, franquette
Superficie : 6 100 ha

Production : 1 622 t
Producteurs : 2 160

Fraise du Périgord

Ce n'est qu'après la Première Guerre mondiale que la fraise fut massivement introduite dans la région par des Bretons : des variétés à gros fruits désormais disparues. Au début des années 1950, un producteur décida d'un ramassage quotidien dans les fermes ; les marchés se développèrent. Cueillies à la main à la fraîche, les fraises sont placées dans des barquettes de 250 ou 500 g, sur des coussinets. Les nombreuses variétés permettent une récolte de fin avril à fin octobre. Leur saveur rappelle celle des fraises d'antan.

Pruneau d'Agen

Les Croisés ramenèrent quelques pruniers de leur expédition malheureuse à Damas. Au XIIIe s., les moines de l'abbaye de Clairac croisèrent un prunier local avec un prunier de Damas créant ainsi une nouvelle variété appelée d'ente (littéralement « greffer »). Ils constatèrent que les fruits laissés au soleil se conservaient longuement : le pruneau d'Agen était né, jouissant de conditions climatiques favorables et d'un sol argilo-calcaire propice. Il prendra son essor au XIXe s. Lorsqu'elle devient pourpre violet foncé sur fond bleuâtre, la prune d'ente est cueillie. Elle est lavée puis séchée. Le pruneau d'Agen, noir brillant, gorgé de soleil, naturel, moelleux et savoureux, possède de grandes qualités nutritionnelles, servi de l'entrée au dessert, froid comme chaud ; il se marie très bien avec le foie gras de canard du Sud-Ouest.

Fraise du Périgord IGP 2004
Variétés : garriguette, mara des bois, darselect, cigaline, seascape, cirafine, charlotte

Production : 2 000 tonnes identifiées
Producteurs : 200

Pruneau d'Agen IGP 2002
Variété : prune d'ente
Superficie : 13 000 ha de vergers

Production : 25 000 t
Producteurs : 1 600

Toulouse

Toulouse, capitale du haut Languedoc, au contact de la Gascogne, de la Guyenne et des Pyrénées, a toujours été un puissant marché agricole que dynamisait une ville dont les besoins alimentaires se développaient en même temps que sa richesse. Elle a joué un rôle d'entraînement sur l'économie rurale alentour. Les vins de la vallée du Tarn voisine, exportés de très longue date vers les pays du Nord, alimentaient aussi le marché urbain de proximité.

GAILLAC
AOC 1938
[64 % rouges, 21 % blancs, 15 % rosés]
200 000 hl

CÔTES-DU-FRONTONNAIS
AOC 1975
80 % rouges
100 300 hl

LAVILLEDIEU
AOVDQS 1954
2 115 hl

Au bord du Tarn, l'abbatiale Saint-Michel-de-Gaillac.

Gaillac

L'abbaye Saint-Michel-de-Gaillac fut fondée en 972, mais il ne fait aucun doute que la plaine et les coteaux du Tarn étaient déjà plantés de vignes à l'époque romaine : on y a retrouvé les vestiges d'un atelier de poterie dont les productions ont inondé toute l'Europe occidentale, notamment pour y transporter les vins locaux.

Typique des vins du haut pays, le gaillac s'est heurté pendant tout l'Ancien Régime aux privilèges des négociants bordelais, qui n'admettaient son entrée à Bordeaux qu'après Noël, sauf pénurie. Connu pour sa couleur et sa robustesse, il était recherché à l'époque où les « clarets » bordelais avaient du mal a passer le cap de l'année.

Les comtes de Toulouse lui accordèrent en 1221 une charte protégeant son authenticité en imposant le marquage obligatoire des tonneaux et l'interdiction de vendanges étrangères.

Le terroir complexe de Gailllac couvre les deux rives du Tarn. L'encépagement signe l'héritage d'une histoire mouvementée. En témoigne une AOC accordée pour les blancs dès 1936 et seulement en 1970 pour les rouges et rosés. Rouge depuis toujours, l'appellation s'était reconvertie au vin blanc plutôt moelleux après la crise phylloxérique. Après la Seconde Guerre mondiale, il apparut que l'avenir était plutôt aux rouges, mais aujourd'hui une large gamme de vins (rouges, blancs secs ou doux, rosés, mousseux, perlants) est élaborée. Les blancs, à base de mauzac, de loin-de-l'œil et de muscadelle, proviennent essentiellement des coteaux argilo-calcaires et des plateaux calcaires de la rive droite. En rouge, duras, braucol et syrah

constituent désormais la base commune de l'appellation, sauf pour le gaillac primeur, toujours dominé par le gamay.

Côtes-du-frontonnais

Les anciens VDQS fronton et villaudric ont fusionné pour accéder à l'AOC. Les vins produits sur des terrasses de boulbènes aquitaines et de graves, sont issus à la fois de cépages bordelais (cabernets, merlot), d'un cépage local, la négrette, et de syrah. Les vins rouges sont assez aromatiques. La négrette apporte sa note tannique et ses arômes de violette.

Lavilledieu

Entre Montauban et Castelsarrasin, coincé entre la rive gauche du Tarn et la rive droite de la Garonne, ce petit vignoble produit des rouges et des rosés à partir des cépages négrette, cabernet franc, syrah, tannat et même gamay. Ses vins colorés et fruités sont à boire jeunes.

Ail rose de Lautrec

L'ail rose de Lautrec est cultivé dans quatre-vingt-huit communes, soit le quart sud-ouest du département du Tarn sur une superficie de 330 ha. Il serait apparu au Moyen Âge comme culture potagère appelée alors ail rose à bâton en hampe florale. Les surfaces resteront peu importantes (5 à 10 ares par exploitation) jusqu'en 1940. À la fin des années 1950, un groupe de jeunes agriculteurs a su en développer la production.

Au moment de la récolte, l'ail est pelé « à la dernière enveloppe », laissant ainsi apparaître la jolie couleur rose de ses gousses. Il est réputé pour sa longue conservation, jusqu'à un an. Quant à ses vertus médicinales, elles sont infinies. L'ail rose de Lautrec, très recherché, est apprécié pour sa finesse inégalée qui enchante le palais sans l'agresser, qu'il soit cuit ou cru, même sans accompagnement, juste rôti au four. La soupe d'ail est un plat extrêmement répandu dans toute la région. Tous les ans, le premier vendredi d'août, la fête de l'ail rose est un événement régional pendant lequel chacun se surpasse pour confectionner la plus belle grappe d'ail.

IGP 1996
Variétés : ibérose, goulurose, edenrose et la variété rose de Lautrec

Production : 742 t
Producteurs : 185

Chasselas de Moissac

Moissac ne s'explique pas, Moissac se regarde et s'écoute. Située au sud du Lot et au nord du Tarn-et-Garonne, la ville semble avoir toujours vécu par le raisin. Qu'il soit destiné à la production de vin ou à être consommé en fruit, le raisin est partout présent depuis le Moyen Âge. Placée sur un des axes menant à Compostelle, l'abbatiale de Moissac répertoriait déjà le raisin. Les chasselatiers replantèrent, après la destruction des ceps par le phylloxéra, une variété plus résistante. En 1931, Moissac fut déclarée cité uvale. Aujourd'hui, le chasselas, dont chaque grappe pèse au minimum 100 g, est vendu en barquette plastique fermée ou

Présent dans la région depuis le Moyen Âge, le chasselas s'est développé à la fin du XVIIIᵉ s. à Moissac.

en plateaux identifiés par l'AOC. Les grappes sont ciselées à la main pour ne pas abîmer le raisin. Le chasselas de Moissac, d'un or intense, possède des grains sucrés, d'une extrême finesse. Aucun raisin ne lui ressemble. Il est produit de fin août à fin décembre.

Volaille du Lauragais

Dans les départements de l'Aude et de la Haute-Garonne ainsi que dans les cantons limitrophes, l'élevage des volailles était plutôt tourné vers l'oie et le canard ; les paysans ajoutaient leur viande aux haricots blancs de Castelnaudary. La filière s'est organisée autour de la coopérative agricole lauragaise qui a ressuscité le chapon.

Chasselas de Moissac AOC 1971
Superficie : 1 100 ha

Production : 5 300 t
Producteurs : 500

Volaille du Lauragais IGP 1996
Type de volailles : toute volaille, dont le chapon

Production : 1 743 bêtes
Éleveurs : 10
Élevage : en plein air

Cahors et Quercy

Le Quercy prolonge à l'est le Périgord, auquel il fut longtemps assimilé. Certes, la vallée du Lot présente de nombreuses similitudes avec celle de la Dordogne, bien que son climat soit plus rude. Certes, ses grottes ont servi d'abri aux mêmes peuplements d'*Homo sapiens*. Toutefois, le causse, entaillé par la vallée du Lot, est beaucoup moins accueillant que le Périgord où toutes les cultures se sont développées. Il est plus propice aux pratiques pastorales qu'à la production de fruits et légumes.

CAHORS
AOC 1971
252 000 hl

COTEAUX-DU-QUERCY
AOVDQS 1999
[70 % rouges]
15 900 hl

Cahors

Sans doute d'origine gallo-romaine, le vignoble de Cahors, a connu une résurrection dans la seconde moitié du XXᵉ s. après avoir été pratiquement anéanti par le phylloxéra, puis par le gel de 1956. Il s'est relevé sur les alluvions anciennes de la vallée du Lot formées en terrasses et en coteaux, et tente aujourd'hui de reconquérir le causse aride.

Le cahors, très recherché par le négoce bordelais quand il manquait de vins colorés et puissants, présente toutes les caractéristiques des produits du haut pays. Le cépage côt, connu à Bordeaux sous le nom de malbec sur la rive droite de la Dordogne, s'impose. On lui associe le merlot (20 % environ) et le tannat dans des proportions négligeables.
Les vins, presque noirs, sont puissants et de garde : ils s'épanouissent généralement après trois ou quatre ans de vieillissement. Ils accompagnent la solide gastronomie locale : truffes, cèpes et gibiers du Causse, grillades et volailles (canard, oie).

Le cépage côt donne au cahors sa couleur sombre et sa charpente.

Coteaux-du-quercy

D'abord vin de pays en 1976, puis AOVDQS en 1999, les coteaux-du-quercy comptent 33 communes sur les départements du Tarn-et-Garonne et du Lot. Les vins, rouges et rosés, sont beaucoup plus souples que les cahors, puisque le cabernet franc y domine (jusqu'à 60 % contre 20 % de côt, de tannat, de gamay noir et de merlot).

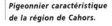

Pigeonnier caractéristique de la région de Cahors.

Rocamadour

Une grande partie du département du Lot et quelques cantons de l'Aveyron, de la Corrèze, de la Dordogne et du Tarn-et-Garonne forment l'aire d'appellation rocamadour, dont le village éponyme, perché sur un rocher, est le centre. Ce fromage était autrefois appelé cabécou de Rocamadour, ce qui signifie petit fromage de chèvre. De forme ronde, avec son étiquette indiquant sa provenance, fermière ou non, le rocamadour possède une croûte striée et veloutée. Il développe, lorsqu'il est peu affiné, des arômes de beurre, de crème et de noisette. Ensuite, quand sa pâte blanche fonce légèrement et qu'il devient plus dur, il libère des goûts caprins plus prononcés. Un fromage qui se déguste chaud, froid, tiède, en salade, sur des croûtons de pain grillé ou frais avec un soupçon d'huile de noix.

AOC 1996
Lait : chèvre ; lait cru
Races : saanen, alpine
Affinage : 7 jours mini

Production : 984 t
Producteurs de lait : 102 ; **de fromages :** 41 dont 37 fermiers

Agneau du Quercy

L'élevage de l'agneau du Quercy s'est développé dans le département du Lot et dans les cantons limitrophes de la Corrèze, du Lot-et-Garonne, du Tarn-et-Garonne, de l'Aveyron ainsi que dans l'arrondissement de Sarlat. Son alimentation à base de lait maternel est complétée par des céréales. Il est abattu entre 60 et 150 jours, 108 en moyenne.

Alors que des siècles durant, le seul élevage spéculatif en Quercy fut celui du mouton, il ne se maintenait plus que sur les plateaux calcaires au XIXᵉ s. (Causses de Martel, de Gramat, de Livernon et de Lauzès). Dans les années 1980, l'explosion de la production de fromage de Roquefort entraîna de sérieux déboires. Les bergeries d'engraissement se multiplièrent et des milliers d'agneaux venus de France ou des pays de l'Est se vendirent sous le nom d'agneau du Lot. Pour reconquérir un marché et une réputation de qualité, l'Association des éleveurs d'agneaux fermiers du Lot élevés sous la mère opta, en 1982, pour le label.

Melon du Quercy

Depuis le XVIᵉ s., le melon est produit sur les terres argilo-calcaires des coteaux et des vallées du Quercy (1 000 ha en production aujourd'hui), sous un climat océanique aux influences méditerranéennes. Dès qu'il a obtenu ses deux ou trois premières feuilles, le melon est transplanté en plein champ, de fin mars à mi-juillet. La récolte est effectuée entre 35 et 45 jours après la fécondation, le matin avant 13 heures, de fin juin à fin septembre. Comment choisir un melon ? Il doit présenter une craquelure au niveau du pédoncule, gage de maturité, avoir une écorce ferme ou légèrement souple. Sa chair orange doit être juteuse.

Agneau du Quercy IGP 1996
Race majoritaire : Causses du Lot

Production : 51 717 agneaux
Éleveurs : 388

Melon du Quercy IGP 2004
Variété : charentais

Production : 12 000 t certifiées
Producteurs : 300

La Gascogne et les Pyrénées

Le bassin de l'Adour a toujours constitué une région particulière à l'intérieur du Sud-Ouest aquitain. La capitale de cet ensemble est incontestablement Bordeaux dont le Parlement et les Intendants conservaient l'autorité sur Guyenne et Gascogne ; mais la géographie a des ruses que la politique ne peut à coup sûr déjouer. Le port de Bayonne, à l'embouchure de l'Adour est resté le débouché favori de ce pays à la fois montagnard et maritime qui englobe Bigorre, Béarn, Gascogne du Sud et Pays basque.

IROULÉGUY
AOC 1970
68 % rouges, 22 %
rosés, 10 % blancs
5 500 hl

BÉARN
AOC 1975
BÉARN-BELLOCQ
AOC 1990
[68 % rouges, 15 %
rosés, 17 % blancs]
16 100 hl

Le massif landais, pourtant complètement plat, a toujours constitué un obstacle aux échanges par sa très faible densité de population. Dans cet extrême sud-ouest de la France, on a privilégié les déplacements est-ouest au détriment de ceux vers le nord. Le bassin de l'Adour est constitué de terroirs complémentaires. Chaud et bien arrosé, il a vu les premières cultures de maïs introduites en France dès le XVIe s. ; celles-ci ont permis le développement d'une riche polyculture fondée sur l'élevage laitier, les volailles de toutes sortes (canards, oies, poulets et chapons). La montagne béarnaise et basque était propice à l'élevage ovin extensif qui fournit une viande savoureuse et des fromages aux saveurs puissantes. La pratique maintenue de l'estive pour le troupeau garantit un haut niveau de qualité des produits.

La viticulture s'est développée sur les coteaux des vallées qui entaillent le pays : vallée de l'Adour et des Gaves de Pau et d'Oloron qui ont laissé des sols d'éboulis, des argilo-calcaires et même des sables. Les cépages locaux, grâce à un relatif isolement par rapport au Bordelais, ont pu être préservés ; les appellations pyrénéennes constituent ainsi un conservatoire de variétés rares.

Irouléguy

Vieux vignoble basque, l'irouléguy a retrouvé vie sur trois communes exposées plein sud, au cœur du piémont pyrénéen : Saint-Étienne-de-Baïgorry, Irouléguy et Anhaux. Les vins rouges, tanniques, et les rosés sont issus de cabernet-sauvignon, de cabernet franc et de tannat ; les blancs, fruités, proviennent de courbu, de gros et de petit mansengs.

Maison basque traditionnelle dans le vignoble d'Irouléguy.

Béarn et béarn-bellocq

L'appellation **béarn** partage son terroir d'un côté avec celui du jurançon, de l'autre avec celui du madiran. La troisième zone de production lui est propre, sur les communes qui entourent Orthez et Salies-de-Béarn : elle produit le

béarn-bellocq. Les vins rouges, dominants, naissent en grande partie du tannat, complété de cabernet-sauvignon, de cabernet franc (bouchy), de manseng noir, de courbu et de fer-servadou (le braucol de Gaillac et de Marcillac).

Madiran

Sur les coteaux qui dominent la vallée de l'Adour, entre Gers, Hautes-Pyrénées et Pyrénées-Atlantiques, le madiran occupe des terrains argilo-calcaires et siliceux. Puissant et très coloré, son vin doit sa personnalité au tannat, complété par le cabernet-sauvignon, le cabernet franc, le pinenc (fer-servadou). De bonne garde, il profite souvent d'un élevage en barriques. Il accompagne volontiers la gastronomie gasconne et béarnaise.

Jurançon et jurançon sec

Entre Gave de Pau et Gave d'Oloron, les collines argilo-calcaires et argilo-siliceuses portent des vignobles séculaires : le futur roi Henri IV aurait été baptisé au jurançon…

Le tannat, cépage vedette du madiran.

Les cépages sont principalement les petit et gros mansengs, ainsi que le courbu. Le petit manseng, dont la peau épaisse supporte le passerillage, est plus particulièrement dédié aux vins liquoreux et moelleux, auxquels il donne des arômes de miel et de fruits exotiques. Plus floral, le gros manseng produits surtout des vins blancs secs, fruités.

Au XIIe s. déjà, Tursan exportait ses vins à Londres, Cordoue et Séville. Il trouva d'autres débouchés sur les marchés hanséatiques entre les XVe et XVIIIe s.

Pacherenc-du-vic-bilh

Issus du même terroir que les madiran, ces vins blancs secs ou doux assemblent arrufiat, manseng, courbu, sémillon et sauvignon. Ils ont connu récemment un renouveau qui a mis en valeur le potentiel de leurs cépages traditionnels.

Tursan

AOVDQS landais, le tursan présente un cépage blanc original, le baroque. Celui-ci n'est cultivé qu'ici. Discrètement aromatique, son vin nerveux et très sec convient aux poissons de l'Adour. Les tursan rouges, à base de tannat, de cabernet-sauvignon et de cabernet franc, méritent d'être bus jeunes pour profiter de leur fruité.

Côtes-de-saint-mont

Encore une AOVDQS qui doit sa survie et maintenant sa renommée internationale à une cave coopérative du Gers qui a su la tenir à bout de bras. Tannat en rouge, clairette, arrufiat, courbu et mansengs (petit et gros) en blanc permettent de produire toute une gamme de vins.

MADIRAN
AOC 1948
76 000

JURANÇON
AOC 1936
55 000 hl

PACHERENC-DU-VIC-BILH
AOC 1948
9 180 hl

TURSAN
AOVDQS 1958
[64 % rouges, 31 % blancs, 4 % rosés]
15 470 hl

CÔTES-DE-SAINT-MONT
AOVDQS 1981
[71 % rouges, 14 % blancs, 15 % rosés]
82 800 hl

Armagnac

L'armagnac est né au XVᵉ s. de la nécessité de trouver des débouchés aux vins locaux qui, transportés par voie d'eau jusqu'aux ports de Bordeaux ou de Bayonne, pâtissaient des mesures protectionnistes du Bordelais.
Au XVIIIᵉ s., grâce au perfectionnement des techniques de distillation, au développement de la fabrication verrière et à l'engouement des marins hollandais, cette eau-de-vie se forgea une grande renommée.

Les cépages

L'ugni blanc assure la structure générale, mais de savants assemblages confèrent une forte personnalité à l'armagnac. Le baco offre arômes et aptitude à la garde ; la folle blanche apporte douceur et finesse ; le colombard très aromatique est adapté à la production de vins de pays, de floc-de-gascogne et d'eaux-de-vie.

L'alambic

Le distillateur a façonné un alambic à son image. Solide, celui-ci est en cuivre et de construction mécanique simple. Endurant, il ne s'arrête jamais et nécessite une surveillance humaine constante : l'eau-de-vie qui s'écoule titre entre 52 et 60 % vol. Intelligent, il utilise au mieux la volatilité des alcools, des aldéhydes et autres substances en les piégeant au moyen de plateaux (15 maximun).

En cuivre, l'alambic continu – dit armagnacais – a été inventé au XIXᵉ s. par le Montpelliérain Édouard Adam.

Dégustation de l'armagnac.

Le bas Armagnac ou Armagnac Noir

Le terroir le plus prestigieux : un sous-sol argileux recouvert de boulbènes, mélange de sable et d'argiles. Cette région de collines, au sud-ouest de l'Armagnac, possède de nombreuses forêts de chênes, dont le bois fournit non seulement l'énergie nécessaire à la chauffe des fours des verriers et des chaudières des alambics, mais aussi le merrain pour la fabrication des fûts dans lesquels l'eau-de-vie est élevée.

La Ténarèze

Dans la Ténarèze, région de Condom, se succèdent zones calcaires et zones argileuses vallonnées, vouées à la vigne. Une situation à proximité de l'eau (la Baïse) a favorisé l'implantation de chais de vieillissement. Ses eaux-de-vie ont des arômes de violette.

Le haut Armagnac

Terroir le plus continental, au nord-est de la région, constitué essentiellement de sols calcaires, aux reliefs accusés. Voué à la polyculture (céréales notamment), il produit à peine 5 % des armagnacs.

L'armagnac

Le plus connu. Assemblage d'eaux-de-vie issues des terroirs décrits ci-dessus, il doit sa richesse à la maîtrise qu'ont les négociants de l'élevage.

La blanche armagnac

L'armagnac le plus récent (2005). Fruit des meilleurs vignerons et distillateurs. À la fois fruité et floral, il peut être servi en apéritif comme en digestif ou en *long drink*.

Le floc-de-gascogne

AOC depuis 1990, ce vin de liqueur, blanc ou rosé, est obtenu par ajout d'eau-de-vie d'Armagnac sur le moût. Il présente un bon équilibre entre fraîcheur et rondeur, des arômes de fruits frais et de fleurs. (Production : 7 000 hl.)

Ossau-Iraty

AOC 1986
Pâte : pressée non cuite
Lait : pur brebis ; lait entier
Races : 3 races locales, dont les manech tête rousse, manech tête noire, bascobéarnaise

Affinage : 2 mois pour le petit format et 3 mois pour le grand format
Production : 340 t au lait cru dont 220 t en fermier et 3 089 t en production laitière thermisée

Producteurs de lait : 1 740
Producteurs et affineurs de fromages : 150 dont 120 fermiers

Ce fromage très ancien est fabriqué dans les Pyrénées-Atlantiques (à l'exception du nord-est du département) et dans trois communes des Hautes-Pyrénées. L'ossau-iraty est issu du système agropastoral. Une majorité de producteurs font transhumer leurs troupeaux à l'estive dans des « cujalas » pour le versant béarnais et dans des « cayolars » pour le versant basque, maisons de bergers en haute montagne. La saveur de ce fromage en forme de tomme est douce et mêle des arômes de noisette et de fruits. Plus il s'affine, plus ce fromage acquiert de la robustesse et son goût très présent de lait de brebis. Dégustez-le avec de la confiture d'airelles, de mûres ou de cerises.

L'ossau-iraty se consomme toute l'année, mais la fabrication n'a lieu qu'avec le lait de la flore du printemps et de l'été.

Tomme des Pyrénées

IGP 1996
Pâte : pressée non cuite
Lait : vache pasteurisé
Affinage : 21 jours pour la tomme noire, 45 jours pour la dorée

Production : 2 500 t (tomme noire) ; 100 t (tomme dorée)
Producteurs de lait : 1 500 ; **de fromages :** 3 affinant également
Affineur : 1

La tomme des Pyrénées est fabriquée dans les départements des Pyrénées-Atlantiques, des Hautes-Pyrénées et de l'Ariège ainsi que dans quelques cantons de l'Aude et de la Haute-Garonne. Sa tradition remonte au XIIe s., notamment dans la région de Saint-Girons. Le fromage était fabriqué dans les fermes et les troupeaux partaient à l'estive. De 1870 à 1875, la production s'organise autour de fruitières qui traitent le lait des paysans. Peu à peu, elles seront remplacées par des entreprises. Sous une croûte noire ou bien dorée après un affinage plus long, la pâte de la tomme des Pyrénées est de couleur ivoire à jaune pâle. Le goût est délicatement acidulé pour la noire, plus corsé pour la dorée.

L'affinage de la tomme à croûte noire est de vingt et un jours contre quarante-cinq jours pour celle à croûte dorée.

Mouton de Barèges-Gavarnie

Cette AOC s'étend sur dix-sept communes des vallées de Barèges-Gavarnie et de Cauterets. La plus grosse vente de moutons de la région a lieu à la foire Saint-Michel, à Luz, après l'estive. Les doublons sont des mâles castrés qui ont estivé deux fois.
Le Barèges-Gavarnie a une chair rouge vif, persillée, sans le goût fort de mouton. Le morceau de choix est la côtelette, plus grosse que celle d'agneau.

Bœuf de Chalosse

La zone d'élevage appelée la Chalosse se trouve entre le département des Landes et celui des Pyrénées-Atlantiques. Nourri au pré avec les fourrages de l'exploitation, ce bœuf offre une viande rouge sombre, persillée grâce à une finition à base de maïs broyé et de foin pendant six mois. La production a failli disparaître au profit du canard et des volailles, mais en 1988, des artisans bouchers et des éleveurs créèrent une association pour relancer l'élevage de cet animal issu de croisements. Le bœuf de Chalosse n'est pas lié à une race, mais à un mode d'élevage.

Mouton de Barèges-Gavarnie
AOC 2003
Races : barégeoises et, en dérogation jusqu'en 2007, les croisements avec d'autres races

Production : 460 têtes (femelles), 189 (doublons)
Éleveurs : 23

Bœuf de Chalosse
IGP 1996
Races : blonde d'Aquitaine, bazadaise, limousine

Production : 2 200 bêtes
Éleveurs : 380

Jambon de Bayonne

La zone de production des porcs se situe dans les régions Aquitaine, Midi-Pyrénées, Poitou-Charentes et certains départements du Languedoc-Roussillon, de l'Auvergne et du Limousin. L'aire de transformation est limitée au bassin de l'Adour qui jouit d'un climat privilégié : vent du sud, fœhn, et courants atlantiques apportent une hygrométrie favorable au séchage et au goût du jambon. Exporté depuis le port de Bayonne, ce produit devint si célèbre qu'on en fabriqua partout en France. Ce n'est qu'en 1998 que fut interdite toute fabrication en dehors de l'aire d'origine. À la fois moelleux et sec, le jambon doit être dégusté en fines lamelles. Entourez-en des pruneaux d'Agen et passez-les au four.

Produit dans le bassin de l'Adour, le jambon de Bayonne est apprécié pour ses arômes de noisette et son moelleux.

IGP 1998
Races : large white et land race pour les femelles, large white et piétrain pour les mâles
Durée d'affinage : de 7 mois minimum à 9 mois pour le volume en label Rouge

Nombre de porcs : 1 890
Production : 1 317 000
Éleveurs : 1 950

Produits du canard à foie gras du Sud-Ouest

IGP 2000
Races : mulard ou barbarie

Production :
15,5 millions de têtes
Nombre d'éleveurs :
2 500

Le Sud-Ouest est une région de prédilection pour les animaux de basse-cour, nourriture de subsistance des paysans, avec le porc. Pour conserver longtemps les morceaux d'oie, on les faisait confire pendant plusieurs heures sur le feu, puis on les plaçait dans des pots en grès recouverts de graisse de façon à les protéger de l'air. Grâce à une alimentation au maïs, les animaux développèrent davantage de graisse favorable à l'élaboration du confit. On fabriquait également du foie gras que l'on consommait en préparation, en croûte ou frais.

L'extension de la culture du maïs, conjointement à l'invention de la

Produit vedette du Sud-Ouest, le foie gras est un mets festif par excellence.

Les canards mulards sont élevés en plein air avant la période de gavage.

conserve par Nicolas Appert favorisa le développement de cette spécialité. Au XIXᵉ s., les marchés au gras se multiplièrent et firent la réputation de la région.

Il y a quinze ans, l'usurpation du terme Sud-Ouest apposée sur des produits qui venaient d'autres parties de France et même du monde conduisit éleveurs et entreprises à protéger le terme « canard à foie gras du Sud-Ouest ». Aujourd'hui, environ, 70 % de la production nationale de foie gras émane du bassin du Sud-Ouest. Le canard mulard ou barbarie est protégé dans la zone géographique. Comme la tradition est ancrée dans de nombreuses aires géographiques, l'IGP intègre des appellations telles que Chalosse, Landes, Quercy, Gers, Gascogne ou Périgord.

Le foie gras peut être cru, mi-cuit entier, en bloc avec morceaux, en bloc sans morceaux. Les magrets et les confits sont également protégés par l'IGP. Seuls ont droit à l'appellation Sud-Ouest, ou termes associés, les produits élevés, engraissés et cuisinés selon le cahier des charges de l'IGP, dans la zone géographique revendiquée.

Volaille des Landes

C'est dans le département des Landes et dans ses cantons limitrophes ainsi que dans la partie ouest de la Gironde, dans la zone des pins, que s'épanouissent les volailles des Landes. Elles furent probablement introduites dans la région au VIIIe s. par les Maures, venus avec leurs propres volailles qu'ils croisèrent avec les races autochtones. Après la Seconde Guerre mondiale, l'activité agricole régressa fortement, tandis que les forêts des Landes connurent des incendies destructeurs. Devant la menace de l'exode rural, une poignée d'éleveurs, conscients de l'in-

térêt de cette volaille, obtinrent des pouvoirs publics le premier label Rouge de l'histoire pour le poulet jaune des Landes. Aujourd'hui, les volailles des Landes sont élevées en liberté dans les pins des Landes. C'est ainsi que la maransine a vu le jour ; cette cabane en bois, déplaçable, s'intègre parfaitement dans le paysage et permet de varier le parcours des animaux. L'alimentation est composée à 80 % de maïs, à 15 % de protéines végétales (dont du colza et du tournesol) et à 5 % de vitamines, oligo-éléments et minéraux. Au poulet jaune des Landes sont venus s'ajouter les chapons jaunes et blancs, les dindes, les pintades, les poulardes, les poulets noirs et blancs. (Cahier des charges label Rouge.)

Élevées en liberté dans les pins des Landes, les volailles sont hébergées dans de petites cabanes en bois, les maransines.

IGP 1996
Production : 14 millions de têtes

Éleveurs : 600

Volaille du Béarn

Volaille du Gers

Volaille de Gascogne

**Volaille du Gers
IGP 1996
Type de volailles :**
poulets roux, blancs,
noirs et gris,
pintades, dindes,
chapons, poulardes,
chapons de pintades,
canards gras, oies
fermières
Élevage : en plein air

Production totale :
6 426 000
Éleveurs : 500

**Volaille de Gascogne
IGP 1996**

Le département des Pyrénées-Atlantiques et les cantons limitrophes forment la zone de production des volailles. À l'origine, celles-ci étaient élevées par les femmes et destinées à un usage familial. Elles sont garanties par un cahier des charges label Rouge.

**Volaille du Béarn
IGP 1996
Type de volailles :** poulets jaunes, chapons, dindes

Élevage : en plein air
Production : 69 785
Éleveurs : 15

Le département du Gers et les cantons limitrophes ne font pas exception en matière de volailles. Longtemps, l'élevage constituait un complément financier à côté de l'exploitation agricole. La volaille était la nourriture de tous les jours. Les éleveurs du Gers ont ressuscité une vieille race de poulet : le gris du Gers, moucheté de noir et de blanc, avec une crête rouge. Seuls les mâles sont destinés à la consommation. (Cahier des charges label Rouge.)

Les volailles (poulets jaunes, blancs ou noirs, pintades, dindes, chapons) sont élevées en plein air dans les départements des Pyrénées-Atlantiques, des Hautes-Pyrénées, du Gers, des Landes, du Lot-et-Garonne et dans le sud-Ouest de la Gironde. Elles sont traditionnelles de la Gascogne, depuis que Christophe Colomb rapporta le maïs des Amériques. (Cahier des charges label Rouge.)

Piment d'Espelette ou Ezpeletako Biperra

**AOC 2000
Espèce :** *Capsicum
annuum L.*
Variété : gorria

Production : environ
480 000 t de piments
frais récoltés
commercialisées en
piment entier frais ou
en cordes ou en
poudre (50 t de
poudre agréées en
AOC)
Producteurs : 89 et
2 transformateurs

Rapporté du Mexique à l'époque de Christophe Colomb, le piment a été importé dans la région d'Espelette probablement en même temps que le maïs. Pour s'épanouir, il demande une température diurne de 20 à 30 °C et une température nocturne de 15 à

20 °C. En dessous de 10 °C, la végétation s'arrête. Le séchage « en cordes » sur les façades des maisons fait partie de la culture locale. Cette plante annuelle, herbacée, peut atteindre plus d'un mètre de hauteur. Chaque pied comporte de quinze à vingt piments, représentant 500 à 700 g de fruits. À maturation, le piment est rouge vermillon, puis il vire au

rouge foncé en séchant. Les fruits sont ramassés manuellement de la mi-août aux premiers froids. Ils sont alors triés, commercialisés frais, en corde ou en poudre. Le piment d'Espelette d'AOC doit répondre à des critères olfactifs et gustatifs : des arômes de foin séché, de tomate, de poivron mûr, de pain grillé. À la dégustation, la sensation de piquant doit s'équilibrer avec un goût sucré et une légère pointe d'amertume. Tous les ans, le dernier week-end d'octobre, la fête du Piment bat son plein.

*Le piment d'Espelette sèche
sur les façades des maisons.*

Asperge des Landes

L'aire géographique recouvre le département des Landes, quelques cantons de la Gironde et du Lot-et-Garonne. Dans cette vaste étendue forestière exploitée depuis le XVIIIᵉ s. pour la gemme (résine de pin), l'asperge s'est imposée avec d'autres cultures agricoles. Elle est bien adaptée aux petites et moyennes structures agricoles : exigeant une importante main-d'œuvre, elle permet de conserver un tissu rural assez dense. Fraîche, l'asperge peut être blanche ou violette (seule une partie du bourgeon se colore au contact de la lumière pendant quelques heures, ce qui n'altère pas sa qualité). Récoltées de mars à fin mai, les asperges sont conditionnées dans l'aire géographique de production et présentées en botte ou en emballage unitaire, ou encore rangées non bottelées, après calibrage (catégorie Extra : 12-16 mm et 16 mm ou plus ; catégorie I : 10-16 mm et 16 mm ou plus).

Reconnaissance par l'Inao 2001
Variété : multiples

Production : 779 t
Producteurs : 128

Haricot tarbais

Le haricot tarbais est cultivé sur 150 ha dans une zone située dans les Hautes-Pyrénées et les cantons limitrophes du Gers, des Pyrénées-Atlantiques, de la Haute-Garonne. Au XVIᵉ s., Christophe Colomb, de retour du Mexique, avait caché ces graines dans ses cales. L'évêque de Tarbes se passionna alors pour cette plante et l'importa d'Espagne en 1712 dans la vallée de l'Adouru. La graine de haricot est plantée avec une graine de maïs destinée à lui servir de tuteur. Dans les années 1960, la culture intensive du maïs provoque sa perte. Ce n'est qu'en 1980 que douze agriculteurs décident de relancer la production du haricot tarbais. Celle-ci nécessite un travail méticuleux de la plantation à la

Long de 2 cm, le haricot tarbais est de couleur blanc cassé et de forme plate.

IGP 2000
Variété : alaric
haricot blanc à rames

Production : 165 t

récolte, à la main, gousse par gousse, à parfaite maturité, ce qui justifie un prix élevé. Le haricot tarbais ne subit aucun traitement chimique, les producteurs ayant opté pour un traitement thermique pour éviter la destruction du haricot par le charançon. Le haricot est présenté frais en gousse en septembre et en octobre puis, sec, en sachet. Il doit être fondant en bouche, sans éclater. Il est le complément du cassoulet. (Saisonnalité : une récolte par an ; semis en mai, récolte en septembre, octobre.)

LE POITOU ET LES CHARENTES

La région du Poitou et des Charentes assure la liaison entre les bassins sédimentaires de Paris au nord et de l'Aquitaine au sud, et entre le massif Armoricain au nord-ouest et le plateau ancien du Limousin à l'est. La région, commandée par Poitiers, jouit du plus fort ensoleillement de France après la côte méditerranéenne. Sa partie principale est composée par le plateau de calcaire dur du haut Poitou, landes à moutons entrecoupées de vallées. Au nord-ouest, le bas Poitou est une terre d'élevage en extrémité sud-est armoricaine : gâtines des Deux-Sèvres, bocage vendéen et marais poitevin. Au sud, l'Angoumois et la Saintonge, au calcaire tendre du crétacé érodé par la vallée de la Charente, débouchent à l'ouest sur la basse plaine d'Aunis et une mer intérieure abritée de l'Océan par les îles d'Oléron et de Ré.

Par son climat et ses sols calcaires, cette région fut anciennement vouée à la production de vins que l'on chargeait pour le nord de l'Europe à partir des ports de La Rochelle et de la Charente. La répression contre les protestants au XVIIᵉ s. porta atteinte à ces débouchés. Le vin fut distillé, mais l'eau-de-vie fut concurrencée par celles embarquées à Nantes et à Bordeaux. Elle fut donc stockée dans des fûts dans la vallée humide de la Charente en attente de clients lointains ; des aires de qualité furent alors délimitées. Ainsi le cognac vit-il le jour. La crise du phylloxéra ruina la viticulture hors de Cognac. Les vignes furent arrachées et cédèrent la place à l'élevage. Les sols granitiques ou cailouteux, les marais et le bocage favorisèrent l'émergence de l'élevage caprin et ovin dans de petites exploitations. Faute de prairies, on cultiva les fourrages qui donnèrent au lait une saveur spécifique. Des éleveurs, engagés par l'armée dans le Jura en 1870, découvrirent les fruitières villageoises. Ainsi naquit l'organisation qui fit connaître la qualité des beurres du Poitou et des Charentes, des huîtres, du sel de mer et du vin.

Cognac

Les vins du Poitou, de la Saintonge et de l'Angoumois très appréciés des consommateurs du nord de l'Europe sont à l'origine de ce grand vignoble dont les produits ont acquis leur notoriété à partir du XIIIᵉ s. En effet, le transport des vins, qui sont de faible richesse alcoolique, a conduit les marchands hollandais à les distiller, réduisant ainsi leurs charges de transport. C'est la naissance de l'eau-de-vie et de la technique de distillation.

L'histoire

Au Moyen Âge, la ville de Cognac gagne en importance en raison de son commerce de vin et de ses capacités d'entrepôt de sel. À partir du XVIᵉ s., de nombreuses maisons de négoce s'installent dans cette localité et dans les environs. La commercialisation de l'eau-de-vie de Cognac se faisant en bouteilles, de nouveaux métiers apparaissent, liés au stockage pour l'élevage, aux assemblages et au conditionnement. Des industries de verrerie, de bouchonnerie et d'imprimerie s'installent contribuant à la richesse de la région. Un tel succès suscite des copies du cognac dans le monde entier ; une organisation interprofessionnelle est donc mise en place pour assurer la protection du nom cognac en association avec l'INAO.

Le vignoble des Charentes a acquis sa notoriété dès le XIIIᵉ s.

Le terroir

La région délimitée de Cognac, vaste, s'étend dans les départements de la Charente et de la Charente-Maritime, y compris l'île de Ré, ainsi que dans deux enclaves mineures des départements de la Dordogne et des Deux-Sèvres ; elle correspond à peu près au bassin de la Charente. Le climat est océanique. La vigne croît sur de nombreuses formations, pour la plupart carbonatées, que l'on appelle terres de Champagne, terres de Groie, varennes, varennes cailloux ou griffées. La qualité des eaux-de-vie dépend de l'origine des vins produits, distillés selon un procédé de double distillation parfaitement maîtrisé, et d'un assemblage minutieux après un vieillissement plus ou moins long en fûts de chêne. On distingue six sous-régions.

Cognac

• **La Grande Champagne.** Plus de 13 000 ha de vignes donnent naissance à des eaux-de-vie fines et légères atteignant leur plénitude après un long vieillissement.

• **La Petite Champagne.** Sur environ 15 000 ha, la vigne est à l'origine d'eaux-de-vie proches de celles de la Grande Champagne, avec lesquelles elles sont souvent associées pour être commercialisées sous la dénomination très recherchée de **fine champagne**.

• **Les Borderies.** Produites sur une aire relativement restreinte d'environ 4 000 ha au nord-ouest de Cognac, les eaux-de-vie rondes et douces, fines et bouquetées sont appréciées. Elles sont prêtes à être dégustées plus tôt que les précédentes.

• **Les Fins Bois** (environ 30 000 ha) produisent avec **Les Bons Bois** (environ 10 000 ha) des eaux-de vie) à consommer jeunes.

• **Les Bois à Terroir**, autrefois appelés Bois Ordinaires, représentent 1 000 ha. Les cognacs expriment un caractère varié, parfois affirmé, et évoluent assez vite.

La double distillation

La double distillation est obligatoire et ne peut se faire qu'à des périodes précises, avec des alambics de type défini. Après vinification, les vins doivent être distillés rapidement afin de ne pas s'altérer. La première distillation conduit à un *brouillis* qui est repassé à l'alambic lors de la *bonne chauffe* pour produire l'eau-de-vie. Celle-ci, mise en fût de chêne, entame un long processus d'élevage qui va parfaire ses qualités organoleptiques.

Pineau-des-charentes

Vin de liqueur blanc ou rosé, le pineau-des-charentes est élaboré par mutage de moûts en début de fermentation avec de l'eau-de-vie de Cognac rassise, c'est-à-dire provenant de la campagne de distillation précédente ou d'une campagne antérieure. Il est conservé une année entière en fût avant d'être soumis aux appréciations d'un jury d'agrément, puis commercialisé. Ce temps d'élevage permet aux deux composants originaux (vin et cognac) de se fondre. Le vin acquiert ainsi un équilibre parfait entre sucre et alcool, soulignés d'arômes fruités (fruits confits).

Le pineau-des-charentes rosé, de couleur assez intense, présente une grande richesse aromatique : les notes boisées agrémentent le fruité. Vieilli sous bois, le pineau-des-charentes blanc prend une couleur vieil or et des reflets ambrés, tandis que le rosé devient tuilé. Dans les deux couleurs, les accents confits de pruneau et de chocolat dominent. Après cinq années d'élevage, les vins peuvent porter la mention « vieux » ; après dix années celle de « Très vieux » ou d'« Extra-vieux ».

Ci-dessus : le pineau-des-charentes, un vin de liqueur blanc ou rosé.
Ci-contre : distillation en alambic charentais.

Les types de cognac

• Trois étoiles ou Very special (VS). Cognac élevé deux années passées en fût.

• Réserve ou Very Superior Old Pale (VSOP). Cognac d'assemblage dont l'eau-de-vie la plus jeune a vieilli au moins pendant quatre ans. La notion d'assemblage revêt ici une importance particulière et le rôle du maître de chai est primordial. Certaines eaux-de-vie qui ont vieilli durant plusieurs décennies interviennent en petites

Dégustoir des différents types de cognac.

quantités dans la composition du produit final, mais contribuent de façon sensible à la complexité des arômes.

• Napoléon, Hors d'âge, XO. Eaux-de-vie ayant au minimum six années de fût.

Une réflexion est actuellement conduite par les différents acteurs professionnels afin de définir des règles de production plus précises qui permettent de valoriser la qualité des produits et l'image de l'appellation cognac.

Chai de vieillissement du pineau des Charentes.

Vins du haut Poitou

Vestige d'un ancien vignoble important dont la production était surtout consacrée aux vins ordinaires et aux vins de chauffe, l'aire d'appellation haut-poitou se situe aux confins de la Vienne et des Deux-Sèvres ; elle couvre les coteaux calcaires du seuil du Poitou. Sa situation intermédiaire entre le vignoble du Val de Loire et celui du Bordelais a influencé sa reconstitution dans la seconde partie du XXe s. En témoigne l'encépagement. Les vins blancs peuvent être issus du chenin, mais naissent le plus souvent du chardonnay et surtout du sauvignon qui trouve ici un milieu favorable et exprime pleinement ses caractères ; ils sont vifs et parfumés. En rouge, une plus grande diversité apparaît : le gamay, dominant, donne des vins frais, mais aux tanins bien présents, à consommer dans leur jeunesse. Dans certaines situations de coteau, aux environs de Mirebeau, le cabernet franc produit des vins solides qui acquièrent leur plénitude après une maturation de quelques années. Enfin, le merlot et le cabernet-sauvignon, même s'ils n'ont pas connu un grand développement, rappellent l'influence bordelaise.

HAUT-POITOU AOVDQS 1970
40 % rouges, 20 % rosés, 40 % blancs
28 000 hl

Chabichou du Poitou

AOC 1990
Pâte : molle à croûte fleurie
Lait : chèvre ; frais et entier (dont cru : 185 t et pasteurisé : 365 t)

Affinage : 10 jours mini
Production : 550 t (dont 34 t fermier)
Producteurs de lait : environ 700 ; de fromages : 15 dont 6 fermiers

Le chabichou est produit toute l'année sur le seuil du Poitou, entre les départements de la Vienne, des Deux-Sèvres et de la Charente. De forme tronconique dite « blonde », ce petit fromage à croûte blanche prend, en s'affinant, une teinte blanc cassé avec des pigmentations gris bleu. Il s'apprécie jeune (de 15 à 25 jours) ou affiné quelques semaines jusqu'à obtention d'une pâte blanche légèrement plus sèche, mais fondante qui révèle des arômes caprins.

Dans les années 1960, la poitevine locale, aux longs poils, fut concurrencée par des races comme la saanen et l'alpine chamoisée, plus grandes productrices de lait.

Beurre Charentes-Poitou

AOC 1979
Lait : vache ; crème pasteurisée
Affinage : maturation biologique pendant 12 h mini (aucun additif autorisé autre que le sel)

Production : 21 000 t
Producteurs de lait : environ 6 000 ; de fromages : 11 dont 10 coopératives et 1 laiterie industrielle

Le beurre Charentes-Poitou est également appelé beurre des Charentes et beurre des Deux-Sèvres. L'appellation Charentes-Poitou recouvre les cinq départements de la région, l'appellation Charentes correspond aux deux départements des Charentes et l'appellation Deux-Sèvres au département du même nom. Entre mer et marais Poitevin, en allant jusqu'à la Dordogne, les terres sont consacrées aux cultures fourragères : alternance de bocages et de prairies. Ce beurre voit le jour en 1888 avec la première laiterie. De couleur pâle, il livre un goût de noisette dû à sa maturation biologique de douze heures minimum avec ferments. Il peut être doux ou demi-sel. Il se déguste nature sur une tartine ou avec de la confiture. (Conditionnement en bourriches de 250, 500 g et 1 kg ainsi qu'en plaquettes de 250 et 500 g.)

Le beurre Charentes-Poitou est conditionné en plaquettes ou en bourriches.

Agneau du Poitou-Charentes

Trois grandes zones d'élevage contribuent à la production de cet agneau : le Montmorillonnais aux terroirs argileux et légers, la Gâtine composée de sols pauvres et caillouteux et le Confolentais constitué par les sols granitiques des contreforts du Massif central. L'apport de races diverses a consolidé la production dans une région qui revendique la plus importante production d'agneaux en France. L'agneau de Poitou-Charentes, abattu entre 70 et 180 jours pour celui de bergerie et jusqu'à 300 jours pour l'herbager, donne des gigots trapus, des épaules et des côtes charpentées. On dit d'ailleurs de l'agneau de Poitou-Charentes qu'il est « bien gigoté ». À accompagner de mogettes de Vendée.

Volaille du Val de Sèvres

IGP 1996
Élevage : 1 ha de pré pour 400 sujets ; en plein air

La volaille du Val de Sèvres est produite sur une zone correspondant au département des Deux-Sèvres. Son alimentation est constituée à 75 % au minimum par des céréales. La volaille est abattue au bout de 85 jours.

Agneau du Poitou-Charentes
IGP 2004
Races : charmoise, vendéenne, charollaise, suffolk, île de france, rouge de l'ouest, texel
Type : race bouchère

Élevage : bergerie ou herbage
Production : 75 000 têtes par an
Producteurs :
1 200 éleveurs,
7 abatteurs

Melon du haut Poitou

La terre argilo-calcaire de la Dive donne ses caractéristiques au melon du haut Poitou, cultivé sur 1 400 ha. En 1850, la région envoyait 11 000 quintaux par an vers les halles de Paris, mais la production connaît son véritable essor dans les années 1960. Le melon est ramassé à la main, du deuxième mardi de juillet au 30 septembre, et n'est commercialisé que lorsque son taux de sucre atteint 216 g/l. Une senteur de fruit s'échappe de l'écorce et la chair orange est à la fois ferme et juteuse.

Pomme de terre de l'île de Ré

Cultivée sur dix communes de l'île de Ré, cette pomme de terre exclusivement commercialisée en primeur doit ses caractéristiques au terrain argilo-calcaire, sableux à 90 %. Le relief plat permet aux vents océaniques de déposer sur cette terre, riche en oligo-éléments, l'iode bénéfique aux produits. Lors de la récolte, les sucres contenus dans la pomme de terre n'ont pas eu le temps de se transformer en amidon : c'est ainsi un excellent produit de régime. À la fois douce et iodée, fondante, la « rétaise » présente des arômes de noisette ou d'asperge. Consommez-la vite (cuite à la vapeur, rissolée, sautée ou en salade) car elle ne se conserve guère.

Melon du haut Poitou
IGP 1998
Variété : charentaise sélectionnée chaque année

Production : 14 000 t
Producteurs : 17 producteurs expéditeurs, 6 producteurs directs

Pomme de terre de l'île de Ré
AOC 1998
Variétés :
essentiellement alcmaria, charlotte ; d'autres variétés sont admises
Superficie : 900 ha
Production : 2 500 t
Producteurs : 30 ;
mise en marché par une seule coopérative pour 97 % de la production

LE MASSIF CENTRAL

Le Massif central comprend, à l'ouest, le plateau du Limousin, au centre, l'Auvergne puis, en pourtour oriental et méridional, une succession de massifs bénéficiant des influences climatiques méditerranéennes et rhodaniennes. C'est un massif montagneux ancien. En contrecoup de l'orogenèse alpine, les massifs au sud et à l'est ont été surélevés et fracturés ; le centre de l'Auvergne s'est effondré, créant les larges vallées de l'Allier et de la Loire.

Sous le climat humide et frais du Limousin, les pommes sont plus craquantes et parfumées qu'ailleurs. Sur les plateaux volcaniques du Velay, la lentille est fine et verte ; elle mûrit à la faveur de nuits fraîches, sur une courte durée. Au sud, sur les grands causses calcaires arides, les brebis de race lacaune produisent le fromage de Roquefort, déjà connu des Romains. Ailleurs, la prairie et l'élevage bovin dominent l'activité agricole, avec les fières races limousine, salers et aubrac. Les moines, au Moyen Âge, ont défriché les monts d'Aubrac, les planèzes du Cantal et de Salers. Ils y ont regroupé les troupeaux pour fabriquer un fromage de longue garde comme en Jura. Faute de bois pour cuire le caillé, ils ont inventé le moulage en deux « fourmes » par pressées successives et salage dans la masse de la première fourme émiettée de façon à favoriser les bons ferments. Plus au nord, à partir de petits troupeaux on produit de petites fourmes en s'inspirant du savoir-faire de Roquefort et en utilisant le ferment du bleu : ce sont les fourmes d'Ambert et de Montbrison. Sur la chaîne volcanique des puys, les paysans qui gardaient les troupeaux ont inventé vers le VIᵉ s. une façon rapide de cailler le lait et de presser le fromage, à l'insu des maîtres. Ils les vendaient aux foires de l'antique cité thermale de Saint-Nectaire. Durs à la tâche, les hommes du Massif central sont habiles au commerce : « La meilleure maison d'Auvergne l'est devenue par l'épargne », selon le dicton rapporté par le romancier Henri Pourrat.

Vins du Massif central

Les vignobles du Massif central constituent des aires au caractère original. Si la région est célèbre pour ses volcans, les terroirs viticoles ne sont que modérément influencés par les formations issues du volcanisme. Néanmoins, ils profitent d'expositions favorables à la faveur de coteaux ou de plateaux. Se distinguent les AOC rattachées à la région Centre et ceux appartenant au Rouergue, dans le Sud-Ouest.

Côte-roannaise

À l'ouest de Roanne, au cœur du Massif central, les sols granitiques portent uniquement le gamay. Les vins rouges, brillant de reflets violacés, sont fruités (cassis, framboise, cerise et mûre). Ils admettent deux profils selon la durée de cuvaison du raisin et l'âge des vignes : légers ou bien plus structurés et minéraux.

Côtes-du-forez

Le gamay garde la vedette dans ce vignoble situé entre Clermont-Ferrand et Saint-Étienne, à l'abri des monts du Forez. Les vins

rouges sont souples et fruités, plus tanniques lorsqu'ils sont issus de terroirs balsaltiques. Les rosés laissent une impression de fraîcheur.

Le vignoble des côtes-du-forez donne la faveur au cépage gamay sur des sables granitiques et basaltiques.

Saint-pourçain

Sur la rive gauche de l'Allier, de la Sioule et de la Bouble, cette aire admet plusieurs terroirs : des sables du Bourbonnais au nord, des argilo-calcaires au centre, des

Détail de l'église d'Ambierlé.

schistes et des granites d'est en ouest. Issus de gamay et de pinot noir, les vins rouges, aux notes minérales et fruitées, affichent un caractère épicé et légèrement tannique. Les vins blancs offrent de la fraîcheur, soulignés d'arômes de fleurs et d'agrumes. Ils proviennent du chardonnay, du tressallier et du sauvignon.

**CÔTE-ROANNAISE
AOC 1994**
[70 % rouge,
30 % rosé]
7 800 hl

**CÔTES-DU-FOREZ
AOC 2000**
[70 % rouge,
30 % rosé]
6 400 hl

**SAINT-POURÇAIN
AOVQDS 1951**
[70 % rouge, 5 %
rosé, 25 % blanc]
535 hl

Vignes en AOVDQS côtes-d'auvergne Châteaugay.

**CÔTES-D'AUVERGNE
AOVDQS 1977**
[70 % rouge, 20 %
rosé, 10 % blanc]
15 700 hl

**MARCILLAC
AOC 1990**
[95 % rouge,
5 % blanc]
8 600 hl

**CÔTES-DE-MILLAU
AOVDQS 1994**
[60 % rouge, 30 %
rosé, 10 % blanc]
2 000 hl

**ENTRAYGUES-ET-
LE-FEL
AOVDQS 1965**
[60 % rouge, 15 %
rosé, 25 % blanc]
985 hl

Côtes-d'auvergne

Bordant la plaine de la Limagne en coteau et couvrant les flancs des puys (monts volcaniques), le vignoble possède des sols argilo-calcaires mêlés d'éboulis volcaniques. En rouge, il fait la part belle au gamay que complète le pinot noir. En blanc, le chardonnay règne. Cinquante-deux communes constituent l'aire VDQS. Parmi elles, Chateaugay, Boudes, Madargues et Chanturgues produisent des vins rouges corsés, en accord avec la cuisine de la région. Corent est à l'origine d'un rosé de teinte légère, vif et floral.

Marcillac

À côté de Rodez, dans l'Aveyron, le vignoble s'est développé sous les auspices de l'abbaye de Conques. Les vignes de fer-servadou (90 % minimum), de cabernets franc et sauvignon et de merlot prospèrent

sur des coteaux en forte pente et des terrasses au sol rouge (des argiles riches en oxyde de fer, appelées « rougiers »). Les vins rouge sombre mêlent arômes de fruits rouges et d'épices, avec un caractère rustique agréable.

Côtes-de-millau

Partagée entre argilo-calcaires sur éboulis à l'est et grès du trias à l'ouest, cette aire VDQS de la vallée du Tarn aveyronnaise produit des vins rouges tanniques principalement issus de gamay et de syrah, ainsi que des rosés élancés, aux arômes de fraise. Chenin et mauzac composent des vins blancs frais et floraux, avec une touche de noisette.

Entraygues-et-le-fel

Sur les premiers contreforts des massifs du Cantal et de l'Aubrac, le vignoble est aménagé en étroites terrasses. Le village d'Entraygues privilégie le chenin sur ses sols granitiques : les vins blancs sont frais,

AOVDQS estaing

Le village d'Estaing, situé sur le chemin de Compostelle, donne son nom à un vignoble étonnant par la diversité de ses sols. Sur trois communes, l'aire comporte aussi bien des schistes, des calcaires et des rougiers. Fer-servadou et gamay composent majoritairement les vins rouges, chenin, mauzac et roussellou, les vins blancs.

Marcillac : des coteaux pentus aux sols rouges sont à l'origine de vins corsés, aptes à une garde de trois ans et en parfait accord avec le bleu des Causses.

fruités et minéraux, légèrement perlants. La commune de Fel est davantage vouée aux vins rouges sur un terroir schisteux : issus principalement de cabernet-sauvignon, de cabernet franc et de fer-servadou, ceux-ci sont solides et charnus.

Bleu d'Auvergne

C'est dans le Pays Vert recouvrant les départements du Cantal et du Puy-de-Dôme et quelques communes de l'Aveyron, du Lot, de la Corrèze et de la Haute-Loire que mûrit lentement le bleu d'Auvergne. Ce fromage est relativement récent puisque la recette de fabrication en a été établie en 1845. André Roussel, son inventeur, fabriquait des fromages de qualité très inégale. Certains étaient blancs, d'autres bleus. Ces derniers avaient un goût plus agréable et plus parfumé. Constatant la présence de moisissu-

res bleues sur une tranche de pain de seigle restée à côté du fromage. André Roussel décida d'associer la moisissure bleue à la fabrication du fromage. C'est le *Penicillium roqueforti* qui donne ses taches de moisissures bleues au fromage.

Le Penicillium roqueforti donne au fromage ces taches de moisissures bleues caractéristiques.

De forme cylindrique, de 8 à 10 cm de haut et 20 cm de diamètre, le bleu d'Auvergne possède une pâte bien marbrée, d'une couleur appétissante, souple et au goût corsé. Comme tous les bleus de caractère, il convient de le servir avec un vin moelleux ou liquoreux, de type sauternes ou jurançon, loupiac ou alsace-gewurztraminer en vendanges tardives. Il pourra accompagner des salades.

AOC 1975
Pâte : pâte persillée
Lait : vache
Race : pas de préconisation

Poids : de 2 à 3 kg
Affinage : 4 semaines mini

Production : 7 000 t
Producteurs de lait : 700 ; de fromages : 7 dont un fermier

Bleu des Causses

L'aire de production représente la quasi-totalité de l'Aveyron, une partie de la Lozère et du Lot et une commune du Gard et de l'Hérault. En revanche, la zone d'affinage est limitée à cinq cantons de l'Aveyron, du Gard et de l'Hérault. Le bleu des Causses plonge ses racines dans les traditions fromagères du sud du Massif central. L'occupation de grottes naturelles calcaires pour l'affinage du fromage y était pratiquée depuis longtemps. De nombreux artisans mélangeaient souvent les provenances des laits : lait de brebis (ancêtre du roquefort), lait de vache (ancêtre du bleu des Causses) ou mi-vache mi-brebis. Les fromages au lait de vache

étaient souvent fabriqués assez loin des caves, en Lozère, dans le Cantal et même dans la Haute-Loire. En revanche, les centres d'affinage restaient peu nombreux car les sites appropriés étaient limités ; il fallait en effet que la cave soit munie de fleurines pour assurer l'aération et la régulation thermique. Les meilleures caves étaient celles de Roquefort-sur-Soulzon. Lorsque les affineurs de ce village obtinrent en 1925 le monopole d'affinage du roquefort, les propriétaires des autres caves s'unirent afin de promouvoir un bleu au lait de vache. Quarante et un fabricants se regroupèrent en 1936 sous la bannière commune Val-

mont, laquelle a longtemps constitué la marque syndicale de ce qui était alors le bleu de l'Aveyron et devait devenir le bleu des Causses. De forme cylindrique, de 8 à 15 cm de haut, le bleu des Causses a un goût puissant et affirmé avec une petite pointe d'amertume. Il peut être accompagné par des vins rouges puissants (madiran et cornas) ou par des vins doux naturels (banyuls).

AOC 1953
Pâte : pâte persillée
Lait : vache
Race : pas de spécificité

Poids : 2,3 à 3 kg
Affinage : 70 jours minimum

Production : 980 t
Producteurs de lait : 500 ; de fromages : 4 dont 3 affineurs ; fermiers : 0

Cantal, fourme de Cantal, cantalet

AOC 1956
Pâte : pressée non cuite
Lait : vache, lait cru, mais principalement thermisé
Races : toutes

Poids : de 35 à 45 kg
Affinage : 1 mois mini

Production : 17 778 t
Producteurs de lait : 3 200
Affineurs : 22
Fermier : 2 %

Le département du Cantal et quelques communes limitrophes forment la patrie du plus vieux fromage du monde. Cité par Pline l'Ancien dès le Iᵉʳ s. après J.-C. Il était fabriqué par les buronniers (le buron désignant leur habitation sommaire). Ces derniers conduisaient les troupeaux à l'estive entre 800 et 1 200 m d'altitude. Chaque buron était commandé par un cantalès, chargé de la traite et de la fabrication du fromage. Au mois de septembre, on assistait à la dévalade des troupeaux et des fromages vers le centre d'Aurillac où

s'effectuaient les transactions entre les propriétaires et les marchands. Aujourd'hui, si l'estive existe encore, les buronniers se font de plus en plus rares.
D'un diamètre de 36 à 42 cm, le cantal connaît plusieurs niveaux d'affinage. « Jeune », il a bénéficié d'un affinage de un à deux mois ;

Le cantal est proposé à différents niveaux d'affinage : jeune, entre-deux et vieux.

sa croûte est fine, sa pâte ivoire, aux arômes de vanille et de noisette. « Entre-deux », il a vieilli pendant trois à six mois ; recouvert d'une croûte bouton d'or, il commence à exprimer des saveurs végétales de prairies. Enfin, après un affinage de plus de six mois, il montre une croûte épaisse, pigmentée de taches rouge orangé, une pâte plus foncée aux arômes épicés, poivrés, associés à un remarquable parfum de terroir.

Fourme d'Ambert

AOC 1972
Pâte : pâte persillée
Lait : vache

Poids : 2,2 kg
Affinage : 28 jours

Production : 6 000 t
Producteurs de lait : 1 700 ; de fromages :14 dont 2 fermiers
Affineurs : 12

Les monts du Puy-de-Dôme (600 m d'altitude) et quelques communes ou cantons des départements du Cantal et de la Loire ont donné naissance à la fourme. Le porche de la chapelle de la commune de La Chaulme représente les produits agricoles qui servaient à payer la dîme aux seigneurs, parmi lesquels la fourme. Les fromages étaient fabriqués par les femmes qui pratiquaient l'estive dans les jasseries, hameaux de burons (jas) situés en altitude, pendant que les hommes travaillaient aux champs dans la vallée. Les fourmes étaient vendues à Ambert

et Montbrison. C'est au XXᵉ s. que furent créées les premières fromageries ; en un siècle la production sera multipliée par trente-cinq. De forme cylindrique, de 19 cm de haut et de 13 cm de diamètre, la fourme d'Ambert présente une croûte fleurie, sèche et blanche recouverte d'un duvet gris-bleu. La pâte est piquée avec des aiguilles pour y faire entrer l'air et provoquer ainsi le bleuissement. Contrairement à la fourme de Montbrison, le salage est fait en surface et l'égouttage est réduit. La pâte très persillée possède un goût fruité.

Le caillé, émietté et brassé, est mis en moule. Il se crée ainsi des cavités favorables au développement du bleu.

Fourme de Montbrison

Trente-trois communes des départements de la Loire et du Puy-de-Dôme constituent le domaine d'élection de la fourme de Montbrison. Les moules utilisés pour fabriquer la fourme s'appelaient *forma* : c'est de ce mot latin que la fourme tire son nom. Les fourmes étaient fabriquées dans des jasseries, bâtiments de pierre à toit de chaume situés sur les monts du haut Forez, et les troupeaux pratiquaient l'estive. Initialement, la fourme de Montbrison bénéficiait de la même appellation d'origine contrôlée que la fourme d'Ambert. C'est en 2002 que les sœurs siamoises décidèrent de se séparer et de vivre leur AOC séparément. La fourme de Montbrison connaît un pré-égouttage et un salage à cœur. Le persillé contenu dans la pâte du fromage est dû à la présence du *Penicilium Roqueforti* et à l'utilisation de longues aiguilles pour piquer la pâte : il en résulte des marbrures bleutées. Sous sa croûte orangée, la fourme de Montbrison présente un goût fruité qui séduira

Reconnaissable à sa croûte orangée et à son goût fruité : la fourme de Montbrison.

les amateurs de bleus rustiques avec une légère amertume en finale. De forme cylindrique, elle mesure de 17 à 21 cm de haut et de 11,5 à 14,5 cm de diamètre.

AOC 1972
Pâte : pâte persillée
Lait : vache
Race : pas de spécificité

Poids : de 2,1 à 2,7 kg
Affinage : 32 jours après emprésurage.

Production : 511 t
Producteurs de lait : 180 ; **de fromages :** 3
Producteurs fermiers : 0
Affineurs : 3

Laguiole

C'est du territoire de l'Aubrac à cheval sur quelques communes du Cantal, de l'Aveyron et de la Lozère que provient ce fromage, témoin d'une économie montagnarde ancestrale. Au XIIe s., le fromage était fabriqué par les buronniers dans des burons, sortes de cabanes faites de mottes de terre et de branches. Ce sont les moines de nombreuses abbayes de la région, sur la route de Saint-Jacques-de-Compostelle, qui aménagèrent les prairies favorables à la pâture des bêtes. Au début du XXe s., environ 1 200 buronniers étaient répartis en 295 burons. Ces habitations servaient d'abri à ceux de la plaine qui montaient leurs troupeaux à l'estive du 25 mai au 13 octobre. Cette pratique, qui a toujours lieu, est l'occasion de nombreuses fêtes.

Ce fromage faillit disparaître au début des années 1960, mais grâce à la persévérance d'un groupe d'éleveurs, une coopérative, Jeune Montagne, fut fondée et permit le maintien et le développement de la production. De forme cylindrique, d'un diamètre de 30 à 40 cm, le

Laguiole possède une pâte onctueuse et une croûte épaisse dont la teinte va du blanc au brun orangé selon l'affinage. Sept à dix mois ne sont pas de trop (le laguiole a toujours été considéré comme un fromage de garde) pour lui permettre d'exprimer une saveur franche et rustique, avec des arômes de fleurs : tout le caractère de l'Aubrac. Ce fromage a donné naissance au célèbre aligot de l'Aubrac réalisé à partir de tomme fraîche de Laguiole, de crème fraîche et de purée de pommes de terre. Il s'associe volontiers au vin de Marcillac.

Sous une croûte épaisse, le laguiole possède une pâte onctueuse.

AOC 1961
Pâte : pressée non cuite
Lait : vache, lait cru
Races : Simmental française et race Aubrac

Poids : entre 25 et 50 kgs
Affinage : 4 mois mini

Production : 779 t
Producteurs de lait : 80 ; **de fromages :** 2 fermiers
Affineurs : 1

Roquefort

AOC 1925
Pâte : persillée
Lait : brebis, lait cru
Race : brebis de
Lacaune

Poids : 2,5 à 3 kg
Affinage : 90 jours
mini

Production : 18 700 t
Producteurs de lait :
2 315 ; **producteurs**
fermiers : 0
Affineurs : 7

L'aire de production de lait du Roquefort couvre les causses de l'Aude, l'Aveyron, l'Hérault, la Lozère, le Tarn ; elle est appelée « rayon du Roquefort ». Vers l'an 400, *Roca Forta*, village fortifié situé au pied du rocher du Combalou, prit le nom de Roquefort. La présence du fromage est attestée officiellement en 1411, sous Charles VI : les caves de Combalou deviennent un lieu de franchise où ne pourront être saisis pour dettes les fromages présents dans les caves. En 1666, un arrêt du parlement de Toulouse stipule que les fromages issus d'autres caves que celles de Roquefort dans les entrailles du Combalou ne seront que des contrefaçons.

Ces caves sont nées d'éboulements successifs. Grâce à des fleurines naturelles, sortes de voies d'aération apportant une charge d'humidité et une température constantes, le fromage s'affine lentement en laissant le *Penicilium Roqueforti* faire son œuvre. De forme cylindrique, de 19 à 20 cm de diamètre et de 8,5 à 11,5 cm de hauteur, le roquefort trouve sa place en toutes occasions : apéritif, gibiers, viandes, volailles, salades, au plateau. Un vin doux naturel, un vin moelleux ou un liquoreux s'y marient parfaitement.

Les caves de Roquefort bénéficient d'un taux d'humidité et d'une température contants.

 # Saint-nectaire

AOC 1955
Pâte : pâte pressée à croûte fleurie
Lait : vache, lait cru pour les producteurs fermiers.
Race : pas de recommandation

Poids : 1,7 kg ; petit saint-nectaire : 600 g
Affinage : 3 semaines mini

Production : 12 715 t
Producteurs de lait : 862 ; **de fromages :** 268 dont 262 fermiers
Affineurs fermiers : 24

Le saint-nectaire est produit sur une aire relativement petite, autour du Mont-d'Or, à cheval sur les départements du Cantal et du Puy-de-Dôme. Sa réputation – comme son nom – est due au maréchal de France Henri de Sennecterre qui le porta à la table de Louis XIV vers 1650. Oublié de 1700 à 1830, ce fromage retrouve ses lettres de noblesse grâce à une production exclusivement fermière. Présenté tous les huit jours au marché, il n'exige pas de grandes caves ; son affinage se fait sur lits de paille et de seigle. L'absence de mécanisation et l'isolement des fermes faillirent provoquer sa disparition. La classification du ministère de l'Agriculture, en 1941, le fit figurer parmi les 29 fromages « définis et de fabrication réglementée », puis en 1979 une AOC lui est accordée. Aujourd'hui, le saint-nectaire est la première AOC fermière de France, avec 37 % de la production totale.

Ce fromage est tout de suite reconnaissable sur le plateau par ses moisissures fleuries sur sa croûte et l'odeur typique de cave de sa pâte souple et onctueuse ; des arômes de noisette s'en libèrent également. C'est un disque plat cylindrique de 21 cm de diamètre et de 13 cm pour le petit-saint nectaire.

Salers

La vache salers, emblématique de la région.

AOC 1961
Pâte : pressée à croûte brossée
Lait : vache, lait cru

Poids : de 35 à 50 kg
Affinage : 3 mois mini

Production : 1 497 t
Producteurs fermiers uniquement : 95
Affineurs : 9

Issu du même terroir que son cousin le cantal, dans le département du Cantal, à une altitude supérieure à 600 m et sur 41 communes limitrophes, le salers hérite du même patrimoine historique. Ces deux fromages ne se ressemblent pourtant pas. Le salers est fabriqué exclusivement au lait cru, provenant d'un seul troupeau et de pâturages délimités sur un sol volcanique. Le salers possède ainsi un caractère affirmé.

Il est fabriqué exclusivement du 15 avril au 15 novembre, alors que le cantal est fabriqué toute l'année. Son affinage aussi est différent puisqu'il dure au minimum trois mois. Malheureusement, un outil spécifique au salers pourrait être remis en cause : la gerle en bois de châtaigner ou d'acacia qui sert à la réception et au caillage du lait. En effet, la réglementation européenne impose que le récipient soit en Inox. Si celle-ci devait être appliquée ici, les amateurs de typicité seraient déçus, car la gerle apporte au lait une caractéristique essentielle en préservant les flores indigènes.

Ce fromage, dont la forme cylindrique est identique à celle du can-tal, doit porter l'empreinte Salers-Salers sur une face et comporter une plaque rouge le différenciant du cantal. Certains producteurs militent pour le développement de la race de vache salers, typique de la région ; une mention supplémentaire est alors inscrite sur le pourtour du fromage : Tradition Salers, avec une pelure à tête de vache. De grand caractère, le salers offre des arômes de fleurs, de fruits, d'agrumes poivrés, avec des nuances d'oignons grillés.

L'usage de la gerle de bois fait partie de la fabrication traditionnelle du salers. Chaque fromage porte l'empreinte Salers-Salers.

Agneau de l'Aveyron

IGP 1996
Race ou souche :
croisement de brebis
de race Lacaune à
80 % avec des béliers
de races bouchères
(charolais, rouge de
l'Ouest, etc.)

Production : 30 000
agneaux dont environ
20 000 commercialisés
en IGP
Poids moyen :
17,5 kg de carcasses

Date d'abattage :
entre 90 et 140 jours
Éleveurs : 130

Le département de l'Aveyron et les cantons limitrophes forment la région d'élection de cet agneau. Il faut remonter au néolithique pour retrouver des traces de la présence de brebis dans les Causses : des vestiges osseux ont été retrouvés dans la grotte de Sargel. Au VIe s., l'abbé Grégoire de Tours fait le récit de l'estive des troupeaux vers l'Aubrac. Brebis et bovins ont longtemps cohabité, puis se sont séparés, les brebis préférant l'herbe rase qui pousse sur les terrains d'origine granitique. Au XVIe s. est attestée la présence d'un troupeau de brebis de 600 000 têtes pour 2 000 gros bovins.

La race Lacaune se développe après la création de la Société des Caves à Roquefort, devenue un gros client de lait de brebis. Dans les années 1950, la production s'organise et, en 1960, l'élevage de brebis devient une activité à part entière dans les fermes. L'agneau de l'Aveyron est élevé avec le lait de sa mère complété par des céréales et des fourrages. C'est une viande gastronomique, goûteuse et raffinée, délicieusement fondante ; la couleur de son gras est tendrement nacrée, celle de sa chair délicatement rosée.

Agneau du Bourbonnais

Agneau du Limousin

**Agneau du
Bourbonnais
IGP 1996
Date d'abattage :** 90
à 210 jours

Production : 13 245
têtes
Éleveurs : 57

**Agneau du Limousin
IGP 2000
Production :** 200 000
agneaux

Date d'abattage :
moins de dix mois
Éleveurs : 1 212

La zone géographique est le département de l'Allier et les cantons limitrophes. Élevés en plein air dans les prairies d'herbages naturels, certains agneaux sont abattus jeunes. Leur chair présente une couleur rosée qui tire vers le rouge clair en vieillissant. L'agneau du Bourbonnais est d'une tendreté remarquable et d'un goût délicat.

L'élevage de l'agneau a toujours existé en Limousin. Les départements de la Haute-Vienne, de la Creuse et de la Corrèze et les cantons limitrophes forment la zone géographique de l'IGP. Au XVIIIe s. Turgot, intendant du Limousin, développa l'élevage en offrant des primes à l'abattage des loups. La chair de l'agneau « laiton » âgé de quelques semaines, généralement consommée le dimanche de Pâques, est pratiquement blanche, délicate, mais les saveurs d'agneau sont encore peu présentes. Il faut laisser l'animal brouter l'herbe pendant quelques mois après les soixante jours de lait maternel : la viande est alors légèrement plus grasse, plus colorée et surtout plus goûteuse.

Les agneaux du Bourbonnais et du Limousin sont élevés en plein air.

Bœuf charolais du Bourbonnais

La zone géographique de naissance et d'élevage recouvre le département de l'Allier et les cantons limitrophes ainsi que l'extrême est de la Creuse. Autrefois principalement utilisés comme animaux de trait, les bœufs du Charolais jouissent des pâturages du bocage bourbonnais. Leur viande est persillée, grasse et leur goût typique. Ils bénéficièrent en 1974 du premier label Rouge attribué à une viande bovine.

Les bœufs charolais sont appréciés pour leur viande tendre et goûteuse.

IGP 1996
Race : exclusivement charolaise

Production : 2 550
Producteurs : 112

Porc du Limousin

Les départements de la Creuse, de la Haute-Vienne, de la Corrèze, le sud de l'Indre, l'est du Cantal et de l'Allier et le nord du Lot constituaient la première région d'élevage de porc au début du XXe s. suscitant une importante activité de charcuteries salaisons, notamment en Corrèze. Pendant longtemps, la viande de porc et la viande de mouton demeurèrent la seule nourriture carnée du pays limousin. Chaque ferme élevait son ou ses porcs que l'on mangeait salés ou fumés. Cet élevage s'est développé avec l'apparition de plantes sarclées telle la pomme de terre. En 1808, on comptait 280 000 têtes ; en 1882, 531 000. Ce développement se poursuivit jusqu'à la Première Guerre puis entre les deux guerres, période qui vit naître de nombreuses entreprises familiales qui ont tiré parti de l'existence d'un élevage local pour constituer une industrie charcutière. On compte aujourd'hui encore une trentaine d'entreprises concernées par cet élevage.

IGP 1997
Poids moyen : 90 kg carcasse
Date d'abattage : + 182 jours

Production : 35 000 porcs
Éleveurs : 85

Veau de l'Aveyron et du Ségala

IGP 1996
Races : Limousine, Blonde d'Aquitaine et différents croisements de races allaitantes
Date d'abattage : entre 6 et 10 mois

Production : 16 890 veaux
Éleveurs : 836

La zone d'élevage comprend la majeure partie de l'Aveyron, du Tarn et l'est du Lot. Le veau de l'Aveyron est allaité par sa mère deux fois par jour et reçoit en complément des rations de céréales et des compléments végétaux et minéraux. Les mères paissent dans les prairies l'été et sont nourries de fourrages l'hiver. C'est un veau lourd, abattu plus tardivement que ses congénères. Le veau de l'Aveyron possède une chair rosée, tendre, qui garde son volume à la cuisson. Il s'adapte à toutes sortes de préparations : grillé, rôti, poêlé, en paupiettes, en sauce, en fondue ou à la broche.

Le veau de l'Aveyron est allaité par sa mère deux fois par jour.

Veau du Limousin

IGP 1996
Races : limousin ou charolais, croisé limousin-charollais, croisé limousin-salers ; en 2004, 99 % des veaux étaient en race pure limousin

Poids moyen : de 85 à 170 kg
Date d'abattage : de 3 à 5,5 mois

Production : 2 404 t de carcasses vendues sous IGP
Éleveurs : 3 032

Les trois départements du Limousin, de la Charente, de la Dordogne et les cantons limitrophes forment la zone géographique de l'élevage de ce veau. C'est au début du XIIIᵉ s. que le petit de la vache prend le nom de veau, dérivé de *vitellus*, signifiant « jaune d'œuf », en référence aux œufs qui étaient traditionnellement ingérés par le petit bovidé. Le veau de France était exclusivement nourri de lait maternel et d'œufs, ce qui fit sa renommée. Jusqu'aux années 1950, tous les veaux de boucherie produits en France et dans la Communauté européenne étaient nourris au pis de la mère. Le développement de la production industrielle du veau de boucherie provoqua une forte régression de cette production traditionnelle : il fut ainsi autorisé de laisser le veau téter une autre vache ou consommer un aliment lacté complémentaire. Fort heureusement, dans les années 1970, quelques responsables agricoles ont parié sur le maintien et le développement de cette production pour aider à la survie des zones difficiles du Grand Sud-Ouest français. Ils ont obtenu en 1992 le premier label Rouge en viande bovine et ont développé l'appellation commerciale « Veau sous la mère ».

Volaille d'Auvergne

Les départements de l'Allier, du Puy-de-Dôme, du Cantal et de la Haute-Loire et leurs cantons limitrophes constituent la zone d'élevage des volailles d'Auvergne. Sous l'Ancien Régime, l'élevage permettait de rémunérer les seigneurs de Bourbon, constituait un complément de revenu familial et servait à la consommation domestique. Ces volailles sont garanties par un cahier des charges label Rouge depuis 1980.

Volaille du Forez

Produite dans le département de la Loire et les cantons limitrophes, cette volaille servait à l'autoconsommation familiale jusqu'à la fin du XIXᵉ s. Le développement de son élevage est dû à la création de foires importantes comme celle de Sainte-Agathe-la-Bouteresse, spécialisée dans les dindes de Noël, ou celle de Grégnieux pour les volailles. L'association Ferme revendique la paternité de la race « Cou-nu », utilisée dans de nombreuses régions, dont l'origine serait le Cou-nu du Forez. Ces poulets sont garantis par un cahier des charges label Rouge depuis 1980.

**Volaille d'Auvergne
IGP 1996
Type de volailles :**
poulets, poulardes, chapons, dindes, pintades

Élevage : en plein air
Production :
5 929 256 têtes
Éleveurs : 421

**Volaille du Forez
IGP 1996
Type de volailles :**
poulets, dindes

Élevage : en plein air
Production : 183 012 poulets et 3 180 dindes
Éleveurs : 46

Volaille du Velay

Le département de la Haute-Loire et les cantons limitrophes du Puy-de-Dôme abritent la volaille du Velay. Ces volailles étaient considérées comme monnaie d'échange, élevées et vendues par les femmes, notamment sur le marché du Plot-en-Puy. En 1849 est créée la première ferme-école destinée aux agriculteurs instituant des travaux pratiques sur la basse-cour. En 1940, les marchés étaient devenus cruciaux pour l'écoulement des produits. Ces volailles sont garanties par un cahier des charges label Rouge depuis 1975.

**IGP 1996
Type de volailles :**
poulets, chapons, dindes, pintades

Élevage : en plein air.
Production : 243 779 têtes
Éleveurs : 33

Lentille verte du Puy

AOC 1935
Variété : *Anicia*, issue de la variété *Lens Esculenta Puyensis*

Production : 19 354 q
Producteurs : 1 050

Le centre sud de la Haute-Loire, autour du Puy-en-Velay, recèle quelques trésors dont la lentille du Puy que plusieurs écrits anciens et découvertes archéologiques font remonter à plus de 2 000 ans ; la présence de lentilles carbonisées dans des vases en terre cuite découverts dans les vestiges gallo-romains de Ruessium, capitale du Velay, aujourd'hui Saint-Paulien, en atteste. Ces vases sont exposés au musée Crozatier du Puy.

Le territoire de la lentille verte du Puy bénéficie d'un climat exceptionnel et de sols en majorité volca-

niques. La lentille du Puy présente la particularité de mûrir rapidement même sous ce climat d'altitude. Après récolte (du 20 juillet au 15 septembre), les lentilles sont séchées à une température maxi-

Les lentilles du Puy se marient avec de nombreux plats ou s'accommodent en salade.

mum de 100 °C et prénettoyées. Elles sont donc de petite taille et imposent un temps de cuisson beaucoup plus court que les autres lentilles de plaine ; elles conservent ainsi mieux leurs arômes et leur teneur remarquable en minéraux et vitamines. Un bienfait pour la santé ! Elles se marient avec de nombreux plats ou s'accommodent en salade.

Pomme du Limousin

AOC 2004
Variété : Golden
Superficie zone : 3 200 ha

Production : 100 000 t
Producteurs : 450

Le Limousin est un pays de pommes. Originaires de la Turquie et de l'Iran, les pommiers sont arrivés en France avec les Celtes et se sont très bien adaptés au Limousin qui présente des caractéristiques de hauts plateaux similaires à celles de leur région natale. Au Moyen Âge, on cultivait des pommiers sauvages greffés dans les jardins des seigneurs ou dans les monastères. Jusqu'au début du XXe s., les pommes du Limousin sont principalement destinées au cidre, car les voies de communication limitent le champ d'expédition de pommes à couteau. Avec l'amélioration des

transports (par chemin de fer principalement) le commerce se développe. La production de pommes s'est alors fortement accrue avec une priorité pour les variétés à couteau telle la blandurette, la vigneronne, la court pendu gris, le museau de lièvre, la sainte-germaine. C'est alors qu'arrive la pomme d'or, découverte par semis naturel à la fin du XIXe s. aux États-Unis : la variété golden commence à être cultivée en Limousin dans les années 1950. Symbole de la qualité des produits, le nom de *golden* disparaît peu à peu au profit de « Pomme du Limousin pro-

duite en altitude ».

Cette variété, cueillie en septembre, est commercialisée sur les marchés de novembre à juillet. Des jurys de dégustateurs ont ainsi défini ses caractéristiques : de forme plutôt allongée, croquante, juteuse, elle possède une chair blanche, non farineuse, qui présente un excellent équilibre entre le sucre et l'acidité. Les plus fins palais ont pu constater après dégustation que le goût d'une pomme est une question de terroir et non de seule variété.

LE VAL DE LOIRE ET LE CENTRE

Le Val de Loire se distingue par la douceur de son climat et de ses paysages. Les rois y ont demeuré, leurs élégants châteaux Renaissance ponctuent le cours moyen du dernier grand fleuve sauvage d'Europe. Un cadre inscrit au patrimoine mondial de l'humanité de l'Unesco, de Gien à la région d'Angers.

Le climat est l'un des plus lumineux et des moins arrosés de France, car l'humidité océanique se décharge sur les reliefs du Massif armoricain. Non aménagé par l'homme, le plus long cours d'eau du pays présente un débit très irrégulier. Né dans le Massif central, il charrie des graviers et des sables. L'été, lorsque ses eaux sont les plus basses, il divague entre des bancs sableux qui confèrent à la vallée une belle luminosité. Orienté sud-nord, il pénètre dans le Bassin parisien à Sancerre, puis oblique vers l'ouest et traverse les terrains sédimentaires du Centre, de l'Orléanais, de la Touraine et du Saumurois avant de pénétrer dans les schistes du Massif hercynien à la hauteur d'Angers.

Dès l'âge du bronze, la Loire a été un axe de communication entre l'Atlantique et la Méditerranée ; les bateaux poussés par le vent d'ouest remontaient le fleuve jusqu'à Sancerre, puis le chemin rejoignait la Saône et la vallée du Rhône.

Les Romains créèrent les premiers vignobles. Les évêques puis les moines les améliorèrent, à la suite de saint Martin, évêque de Tours à la fin du IVe s. L'aristocratie féodale affirma son pouvoir en contrôlant le commerce du vin et du sel de l'Atlantique. Tous les vignobles ont une origine religieuse ou féodale. Les vicissitudes de l'histoire et la diversité des terroirs ont donné des vins d'une grande variété, du Massif central aux environs de Nantes.

Sur les coteaux du fleuve prospèrent vignes, vergers et cultures horticoles. Sur les plateaux de gâtines où la chèvre se contente de peu, les traditions fromagères sont fort anciennes. Les vallées au contact du Massif armoricain sont réputées pour leur viande bovine. Rabelais ne s'y était point trompé, la table est bien garnie. Et une gamme complète de vins s'offre pour accompagner le repas de l'apéritif au dessert.

La région nantaise et la Vendée

Dans la partie basse du cours de la Loire, les coteaux qui bordent le fleuve s'aplanissent quelque peu, le lit s'élargit. Dans un milieu influencé fortement par le climat océanique, les cultures maraîchères, légumières et florales dominent aux côtés du vignoble, tourné vers la production de vins blancs légers. L'élevage des volailles trouve aussi sa place dans cette région d'exploitations familiales. Dans les zones littorales, l'Océan imprime sa marque sur les activités artisanales, industrielles et touristiques. Les hommes en tirent des fruits de mer et du sel. Des produits de haute gastronomie découverts et adoptés par les estivants, et qui s'associent avec bonheur aux vins de la région.

MUSCADET
AOC 1937
2 400 hl

MUSCADET-SÈVRE-ET-MAINE
AOC 1936
580 000 hl

MUSCADET-COTEAUX-DE-LA-LOIRE
AOC 1936
16 000 hl

MUSCADET-CÔTES-DE-GRANDLIEU
AOC 1994
18 000 hl
La mention « sur lie » est possible pour chacune des quatre AOC

COTEAUX-D'ANCENIS
AOVDQS 1973
[70 % rouges ; 26 % rosés ; 4 % blancs]
15 500 hl

Les vins de la région nantaise

Cette partie du Val de Loire fut bretonne jusqu'à la Révolution. La frontière douanière, qui se situait à Ingrandes-sur-Loire, explique peut-être les différences que l'on rencontre entre les vignobles situés en amont du fleuve et celui de la région nantaise. Les premiers, fortement taxés, choisirent une production destinée à l'exportation, tandis que le second s'est longtemps satisfait de vins destinés à alimenter la population locale. Deux productions de vins blancs, de même style, mais de caractères différents, caractérisent le Pays nantais : les **muscadets** et le **gros-plant**.

Vêtus d'une robe pâle à reflets verts, les muscadets sont des vins

Le melon, unique cépage des muscadets.

secs, frais et élégants, aux arômes floraux et végétaux. Ceux-ci s'expriment au mieux lorsqu'ils sont vinifiés « sur leurs lies », les levures mortes résultant de la fermentation, et qu'ils présentent après leur mise en bouteilles un léger perlant. Consommés jeunes, ils accompagnent parfaitement les produits de la mer. Au sein de l'AOC régionale **muscadet**, trois sous-régions ont été définies. La plus importante,

constituée par l'AOC **muscadet sèvre-et-maine**, donne des vins riches élégants et friands. L'AOC **muscadet-coteaux-de-la loire** présente une plus forte minéralité, l'AOC **muscadet-côtes-de-grand-lieu** offre des vins quelquefois plus opulents où le caractère iodé s'affirme davantage.

Le **gros-plant-du-pays-nantais** naît de la folle blanche ou gros plant, cépage implanté ici depuis le Moyen Âge autrefois destiné à produire des vins à distiller jusqu'à Cognac. Pâle à reflets verts, c'est un vin sec et vif. Son acidité accompagne parfaitement les coquillages.

En allant vers l'Anjou, sur les bords de Loire, un petit vignoble qui partage son aire de production avec celle de l'AOC muscadet-coteaux-

Le vignoble de l'AOC muscadet-coteaux-de-la-loire, sur les bords de la Loire, est centré autour de la ville d'Ancenis.

Les fiefs vendéens désignent quatre petits vignobles proches de la côte vendéenne : Brem, situé sur le littoral, produit surtout des vins blancs ; les autres, plutôt des rouges et des rosés. Il s'agit de Mareuil, dans les terres, au sud de La Roche-sur-Yon, de Vix et de Pissotte à proximité de Fontenay-le-Comte. Dominés par le chenin, les blancs sont vifs. Leurs caractères varient en fonction de l'assemblage et du terroir ; plus aromatiques à Vix, grâce au sauvignon, plus miellés lorsque le chardonnay intervient, plus tendres avec le grolleau. Les rosés doivent leur couleur légère et saumonée au gamay et au pinot noir. Les vins rouges produits à partir des mêmes cépages sont tout en finesse à Mareuil, plus charnus à Vix, surtout lorsque le cabernet franc y est associé. L'expression la plus originale vient de la participation du ragoutant (négrette), ancien cépage local en réintroduction qui apporte une couleur foncée et des arômes de mûre. Ce petit vignoble, constitué d'exploitations familiales, bénéficie de sa situation au cœur de la zone touristique.

GROS-PLANT-DU-PAYS-NANTAIS AOVDQS 1954
145 000 hl

FIEFS VENDÉENS BREM, MAREUIL, VIX OU PISSOTTE AOVDQS 1984
[44 % rosés ; 42 % rouges ; 14 % blancs]
25 000 hl

tion confidentielle de pinot gris appelé ici malvoisie. Le nom du cépage doit être associé à l'appellation sur l'étiquette.

Les vins de Vendée

Au sud de la région nantaise, le vignoble cède peu à peu la place au bocage. On le retrouve à la latitude de la station balnéaire des Sables-d'Olonne. Sur la côte, les activités liées au tourisme sont prépondérantes. Deux productions méritent notre attention : les volailles de Challans et la brioche vendéenne.

de-la-loire assure la transition avec le vignoble angevin. Il s'agit des **coteaux-d'ancenis**. Il produit des vins rouges et rosés secs surtout issus du gamay, avec un peu de cabernet franc. Rouge violacé, les coteaux-d'ancenis sont vifs et légers. En blanc, le chenin laisse progressivement place au cépage melon. Il persiste aussi une produc-

Le cru Pissotte, dans les fiefs vendéens, produit des vins charnus.

Porc de Vendée

IGP 1997
Races ou souches :
truies de lignée large
white ou land race
pures ou croisées ;
verrats : large white,
land race, piétrain,
duroc, en lignée pure
ou croisée

Poids moyen :
86,47 kg

Production :
10 396 têtes
Éleveurs : 25

La Vendée a été depuis fort longtemps une région d'élevage de porcs. Connus sous le nom de « cochons blancs du Poitou », les porcs de Vendée à oreilles tombantes ont fait place à d'autres races. Jusqu'aux années 1970, ils étaient engraissés à la ferme, pour la consommation familiale. On en tirait des recettes roboratives, telle la fressure, à base de couennes, abats, tête, poumons et sang de porc, ou le grillon vendéen, fait de morceaux de poitrine confits dans le saindoux. Les morceaux nobles comme le jambon sont conservés dans le sel sec de Noirmoutier, et accompagnés de haricots, les mogettes. Dans le cadre de l'IGP, les porcs ont accès à un parcours extérieur dès la 17e semaine à raison de 120 porcs à l'hectare. Ils sont abattus à 182 jours minimum. Leur qualité ? La texture de leur viande. À la cuisson, ils ne rétrécissent pas et ne perdent pas d'eau.

Volailles d'Ancenis, de Challans, de Vendée

Volaille d'Ancenis
IGP 1996
Label rouge 1976

Production :
7 015 530
Éleveurs : 380

Volaille de Challans
IGP 1996

Production :
3 478 334 têtes
Éleveurs : 145

Volaille de Vendée
IGP 1996

Production :
2 704 967 têtes
Éleveurs : 80

La Loire-Atlantique et la plus grande moitié du Maine-et-Loire sont depuis plus d'un siècle des terres d'élevage de volailles. Comme dans de nombreuses régions, la basse-cour était le domaine de la fermière qui engraissait ses bêtes avant de vendre sur les nombreux marchés (Ancenis, Thouarcé, Montrevault, Chalonnes…) ou aux « cocassiers », ramasseurs de volailles. Même tradition d'élevage depuis le XIXe siècle dans la Vendée limitrophe, notamment autour de Challans, réputée pour ses poulets noirs et ses canards. Aujourd'hui, douze volailles peuvent porter le nom Challans. Volailles d'Ancenis et de Cholet, de Challans, de Vendée, toutes ces volailles Label Rouge sont élevées en plein air sur parcours herbeux.

Canards de Challans élevés en plein air.

Mâche nantaise

La mâche nantaise a pour territoire une large moitié sud du département de la Loire-Atlantique et le nord-est de la Vendée. Elle représente 85 % de la production française. Les Hollandais qui en étaient friands commencèrent à développer sa culture. Elle tire profit du climat océanique et des sables ramassés au bord de Loire : 250 000 t de sable sont nécessaires à sa culture. La mâche se récolte au bout de quatre à quatorze semaines. Hormis l'été, elle est disponible toute l'année, avec une pointe en automne-hiver (60 %).

La mâche est une salade tendre, vert brillant.

IGP 1999
Production : 24 000 t (1100 millions de barquettes et 50 millions de sachets)

Maraîchers : 350

Brioche vendéenne

Fêtes de Pâques, messes dominicales ou noces, autant d'occasions de confectionner la brioche dans la Vendée traditionnelle. Souvent, les familles apportaient pâte ou ingrédient aux pâtissiers qui cuisaient le gâteau. Les brioches étaient apportées sur de longs plateaux en bois. Fabriquée à partir d'une pâte riche en sucre, en œufs et en beurre, aromatisée avec de la vanille, de l'alcool ou de la fleur d'oranger, dorée et tressée à la main, la brioche vendéenne est ronde, ovale, en en barre, parfois conditionnée aujourd'hui en sachet individuel pour préserver sa fraîcheur. Sa mie bien jaune présente une texture aérée et fondante.

IGP 2004
Production :
5 188 000 brioches

Poids : 300 g mini

Sel de Guérande

Guérande, *Gwen Ran* en breton, signifie le pays blanc. Depuis près de deux mille ans, les hommes ont façonné sur les terres inondables de cette partie du littoral de Loire-Atlantique des marais salants qui s'étendent aujourd'hui sur 2 000 ha au pied de la cité médiévale. À leur apogée au XVIe s., ceux-ci ont de plus en plus souffert de la concurrence des sels de mines et des salines du littoral méditerranéen. Convoité par les promoteurs immobiliers dans les années 1960-1970, le site faillit disparaître. Il est classé depuis 1996. Les paludiers ont réussi à s'organiser pour relancer une activité « paysanne » face à la concurrence des industriels du sel. Ils ont mis en place une filière écono-mique structurée : formation quali-fiante, coopérative agricole, politique de stockage et démarche qualité consacrée par un Label Rouge en 1991.

Fruit d'un labeur de toute l'année et d'un savoir-faire pointu souligné par un abondant vocabulaire technique, la production du sel de Guérande nécessite une récolte quotidienne, exclusivement manuelle. Contrairement aux sels raffinés, ce sel ne subit ni lavage, ni traitement chimique ni adjonction. Issu de la mer, du soleil et du vent, c'est un produit 100 % naturel simplement trié et tamisé.

En quelques années, grâce à ses qualités gustatives, il s'est imposé comme un produit de gastronomie. Grâce à sa teneur en magné-

sium, iode et potassium, il se dissout rapidement. Sa légère pointe d'amertume exhausse le goût originel des aliments. Son très bon rapport sodium-magnésium lui confère de réelles qualités nutritionnelles. La rare fleur de sel, récoltée à fleur d'eau, ne se cuit pas. Elle vient en fin de cuisson sur les viandes ou les poissons et ajoute une note délicate aux salades, crudités et foie gras.

Le sel, produit alimentaire ?

Le sel est considéré comme produit industriel par l'UE et ne peut pour l'instant bénéficier de protection de l'indication géographique.

L'Anjou

Région de polyculture et de petites exploitations, l'Anjou viticole correspond surtout à l'Anjou noir caractérisé par ses sols schisteux. Des schistes exploités jusqu'à une date récente au cœur même du vignoble, à Trélazé, pour extraire l'ardoise qui couvre les toits du Val de Loire. L'Anjou produit tous les styles de vins. Certains affluents de la Loire ont creusé des coteaux qui portent des vignobles réputés pour leurs vins liquoreux nés de chenin : le Layon et l'Aubance, sur la rive gauche. Sur la rive droite, le Loir, la Sarthe et la Mayenne, rassemblés dans la Maine, abritent sur leurs bords un vignoble épars autrefois important. Au-delà, aux confins des provinces d'Anjou et du Maine, on arrive en pays d'herbage. Un secteur mis en valeur par un groupe d'agriculteurs qui font revivre une race bovine à viande un temps menacée de disparition.

Le vignoble de l'Anjou se développe surtout au sud de la Loire. La production de vins rosés, longtemps hégémonique, a laissé peu à peu une place à de grands vins rouges et à des vins blancs secs. Plus au sud, le vignoble s'étend jusqu'aux frontières des départements de la Vienne et des Deux-Sèvres. Il cède alors le terrain aux cultures florales et au bocage. À l'ouest, au-delà des plateaux limoneux des Mauges, on retrouve les ceps, avec le muscadet. Le riche vignoble de l'Anjou recoupe parfois celui du Saumurois voisin (voir p. 226)

Les baies de chenin botrytisées produisent les grands vins liquoreux de la Loire.

Coteaux-du-layon

L'appellation coteaux-du-layon, que l'on peut qualifier de « régionale », est réservée aux vins moelleux et liquoreux issus du cépage chenin et récoltés par tries sélectives. L'AOC est riche de nombreux crus. Certains portent le nom d'une commune ayant acquis une notoriété particulière. On trouve ainsi associés à l'AOC Rochefort-sur-Loire, Saint-Aubin-de-Luigné, Saint-Lambert-du-Lattay, Beaulieu-sur-Layon, Rablay-sur-Layon, Faye-d'Anjou. Tous ces vins offrent des arômes miellés, mêlés selon les crus de notes d'abricot sec et de coing, de nuances exotiques de maracuja et de mangue et de touches épicées de cannelle. Le cépage chenin leur lègue une acidité qui les promet à une longue garde (plusieurs décennies). Lorsque la richesse naturelle de la vendange est de 234 g/l (soit 17,5 ° sans enrichissement), les coteaux-du-layon ont droit à la

COTEAUX-DU-LAYON
AOC 1950
58 000 hl

COTEAUX-DU-LAYON-CHAUME
AOC 1954
2 500 hl

BONNEZEAUX
AOC 1951
2 000 hl

QUARTS-DE-CHAUME
AOC 1954
560 hl

COTEAUX-DE-L'AUBANCE
AOC 1950
4 700 hl

SAVENNIÈRES
AOC 1952
4 400 hl

SAVENNIÈRES-ROCHE-AUX-MOINES
AOC 1984
600 hl

Anjou

Le vignoble de savennières-coulée-de-serrant se situe sur un éperon rocheux s'avançant vers la Loire. Ses vins blancs sont produits par le seul domaine de La Coulée-de-Serrant, cultivé en biodynamie.

SAVENNIÈRES-COULÉE-DE-SERRANT
AOC 1952
200 hl

ANJOU-COTEAUX-DE-LA-LOIRE
AOC 1946
1 080 hl

ROSÉ-D'ANJOU
AOC 1952
150 000 hl

ROSÉ-DE-LOIRE
AOC 1974
50 000 hl

CABERNET-D'ANJOU
AOC 1964
197 000 hl

ANJOU
AOC
[65 % rouges ;
35 % blancs]
276 500 hl

mention « Sélection de grains nobles ».

Le Layon a ses fleurons : deux appellations que l'on peut assimiler à des grands crus : bonnezeaux, qui fut après château-chalon dans le Jura l'un des premiers vignobles gérés à la parcelle, et quarts-de-chaume. La complexité, l'équilibre, la richesse et la finale persistante, en queue de paon, de ces grands liquoreux font l'admiration des amateurs.

Coteaux-de-l'aubance, savennières et coteaux-de-la-loire

Petite rivière se jetant dans la Loire au sud-ouest d'Angers, l'Aubance découpe dans les schistes primaires des coteaux d'expositions variées sur lesquels naissent d'excellents vins liquoreux : les coteaux-de-

l'aubance, riches et opulents. Leur équilibre penche souvent en faveur de la sucrosité et on les consomme généralement plus jeunes que les layon.

Aux portes d'Angers, sur la rive droite du fleuve, savennières et ses deux crus réputés, savennières-coulée-de-serrant et savennières-roche-aux-moines offrent des vins secs ou demi-secs, quelquefois moelleux, d'une exceptionnelle minéralité et d'une grande finesse. Ils atteignent leur apogée après

Les anjou blancs secs

Les vins blancs d'AOC anjou étaient traditionnellement demi-secs ou moelleux. Cette production tend à s'estomper aux profits de vins secs qui en cherchant leur type ont associé dans la limite de 20 % les cépages chardonnay et sauvignon. Ils sont aujourd'hui de plus en plus élaborés à partir de chenin pur, cépage qui, lorsqu'il est bien maîtrisé, donne des vins solides, secs, riches en nuances de cire et d'épices.

cinq à dix ans de maturation en bouteille, voire davantage, et accompagnent à merveille le sandre de Loire. Plus à l'ouest, l'appellation anjou-coteaux-de-la-loire offre des vins moelleux et liquoreux de même race où la minéralité l'emporte peut-être sur les senteurs miellées que l'on distingue habituellement.

Les vins rosés d'Anjou

Les vins rosés, qui représentèrent plus de la moitié de la production de l'Anjou à leur apogée, conservent des volumes importants. Ils semblent connaître un regain de faveur. Le rosé-d'anjou est léger et friand ; il peut être élaboré à partir de tous les cépages rouges de la région, mais sa base est constituée par le grolleau (ou groslot de Cinq-Mars), cépage majoritairement cultivé en Anjou. Comme le précédent, le rosé-de-loire peut provenir du Val de Loire (cabernets, gamay, grolleau, pineau d'Aunis), mais son aire dépasse les limites de l'Anjou, embrassant celles de la Touraine et du Saumurois. Autrefois récolté très mûr, parfois par tries comme pour les liquoreux, le cabernet-d'anjou est issu des seuls cabernets, surtout du cabernet franc. De couleur saumonée, c'est un vin demi-sec, bien structuré, aux arômes épicés et floraux, que l'on déguste frais à l'apéritif ou l'après-midi.

Les vins rouges d'Anjou

Les vins rouges sont depuis une vingtaine d'années en forte progression, tant quantitative que qualitative. Les producteurs ont en effet recherché de meilleures expressions par un choix approprié des sols, des cépages ou en améliorant les techniques de culture, de vinification et d'élevage.

Le Thouarsais

Au sud du vignoble angevin, dans les Deux-Sèvres, un petit vignoble à proximité du Château d'Oiron bénéficie de l'AOVDQS vins-du-Thouarsais. On y trouve des vins blancs secs et fruités et des vins rouges de cabernet franc soyeux proches des vins d'Anjou.

De garde L'appellation anjou-villages, qui s'applique uniquement vins rouges de qualité, consacre ces efforts. Son aire géographique se situe sur les meilleures situations viticoles des coteaux de l'Aubance, de la Loire et du Layon. Issus exclusivement des cabernet franc et cabernet-sauvignon obligatoirement assemblés, les anjou-villages doivent être élevés pendant environ un an. Rubis foncé, ils présentent une riche palette aromatique dominée par les fruits noirs. Tanniques et très structurés, ils vieillissent bien. Ils prennent des nuances animales lorsqu'ils atteignent leur apogée au bout de quelques années. Ils accompagnent particulièrement bien les civets. La commune de Brissac a obtenu en 1998 la possibilité d'adjoindre son nom à « anjou-villages », sous réserve d'une gestion rigoureuse des règles de production.

À boire jeunes L'AOC anjou s'est développée dès lors que l'appellation anjou-villages a été définie. Elle peut être produite à partir des cabernets et du pineau d'Aunis. Légers et agréables, les anjou doivent être bus jeunes. Le cépage gamay, qui se plaît bien sur les sols de l'Anjou noir, donne naissance sous l'appellation anjou-gamay à des vins frais et gouleyants à boire surtout en primeur.

Le cabernet franc, appelé localement breton, est le cépage des vins rouges de l'Anjou.

ANJOU-VILLAGES
AOC 1987
13 100 hl

ANJOU-VILLAGES-BRISSAC
AOC 1998
6 600 hl

ANJOU-GAMAY
AOC 1957
13 400 hl

Le Saumurois

Si elle fait partie historiquement et géographiquement de la province d'Anjou, cette région, qui s'étend principalement au sud de la Loire, se rattache géologiquement au Bassin parisien. Elle est proche de Chinon et Bourgueil, voisine par son sous-sol et par ses vins. La blancheur de la craie tuffeau lui a valu le qualificatif d'Anjou blanc. Selon les terrains, on y cultive la vigne, ou l'on pratique l'élevage et le maraîchage. Sous terre, des galeries et caves creusées dans le tuffeau (pierre calcaire) hébergent des vins et une production encore importante de champignons de Paris.

SAUMUR
AOC 1957 ;
1976 (mousseux)
[71 % rouges, 29 % blancs en tranquilles]
140 000 hl
(mousseux :
62 000 hl)

SAUMUR-
CHAMPIGNY
AOC 1957
85 800 hl

CABERNET-DE-
SAUMUR
AOC 1964
5 560 hl

CRÉMANT-DE-LOIRE
AOC 1975
35 000 hl

Sur les coteaux de la Loire et du Thouet, l'AOC saumur produit des vins blancs secs vifs et élégants, dans lesquels chardonnay et sauvignon apportent un peu de souplesse au chenin ; des vins mousseux, vifs, secs et racés. En rouge, l'AOC offre une palette de vins frais où le cabernet-sauvignon associé au cabernet franc apporte une note fruitée intéressante. Tout aussi fruités et frais, les **saumur-champigny**

Le crémant-de-loire

Percé de galeries, le sous-sol de craie tuffeau du Saumurois et de la Touraine est propice au mûrissement des vins effervescents. À Saumur et dans les communes environnantes se sont établis nombre de producteurs de bulles de Loire. Mais on élabore des mousseux au-delà même de l'aire du saumur, de l'Anjou à la Touraine. L'AOC crémant-de-loire désigne un vin effervescent blanc ou rosé produit selon la méthode traditionnelle dans les limites des AOC anjou, saumur, touraine et cheverny. Il assemble les multiples cépages blancs ou rouges de ces régions.

Les vins effervescents du Saumurois naissent d'une seconde fermentation en bouteilles. Ci-dessus, la ville de Montsoreau.

prospèrent plus au nord, près de la Loire, perpétuant la renommée séculaire des vins rouges de Champigny. Nés du cabernet franc, ils ne sont pas sans rappeler ces voisins de Touraine issus du même cépage. Les cabernet-de-saumur sont des rosés originaux, demi-secs, aux arômes frais et floraux. Des vins moelleux aux senteurs de tuffeau sont élaborés en quantité très limitée sous l'AOC **coteaux-de-saumur**. On peut aussi produire en Saumurois des vins portant l'appellation anjou dans les trois couleurs ; les principales productions étant toutefois déclarées en AOC rosé-d'anjou et cabernet-d'anjou.

Maine-Anjou

L'aire de l'AOC comprend certaines communes du Maine-et-Loire, de la Sarthe, de la Loire-Atlantique, de l'Ille-et-Vilaine, des Deux-Sèvres et de la Vendée. Elles se répartissent en zones de terres maigres favorables aux éleveurs-naisseurs et en zones d'embouche dans les prairies des vallées. La pluviométrie faible l'été ne dérange pas les animaux, qui pâturent du 15 mars au 15 novembre ; de race locale, le maine-anjou est pleinement adapté à son territoire. Issu de l'amélioration des animaux de travail par des races bouchères anglaises au XIXᵉ s., il offre une chair d'une grande finesse de per-

sillé. Les animaux sont lourds et l'on se rappelle des 1 922 kg de Royal, taureau plusieurs fois primé au Salon de l'Agriculture à Paris.

Démonstration de la force de la rouge des prés, à l'origine de la viande Maine-Anjou.

AOC 2004
Race : rouge des prés
Alimentation :
finition obligatoirement aux pâturages et au foin, sans ensilage

Poids moyen : 450 kg
Production :
1 500 têtes

Éleveurs : 230

Bœuf du Maine

52. LE MANS — Foire aux Oignons — Marché aux Bestiaux sur le patis St-Lazare

La zone d'élevage recouvre les départements de la Mayenne, de la Sarthe, du Maine-et-Loire et les arrondissements limitrophes, l'ouest de la Loire-Atlantique et l'est de l'Indre-et-Loire. Sa richesse nutritionnelle vient d'une alimentation au lin et à l'avoine cultivés ici depuis un millénaire.

Marché aux bestiaux sur le patis Saint-Lazare, au Mans, au début du XXᵉ s.

IGP 1996
Races : toutes races à viande
Poids moyen : 565 kg

Producteurs : 1 200
Production :
5 200 têtes

Porc de la Sarthe

IGP 1997
Production :
54 358 têtes

Le département de la Sarthe et les cantons mitoyens perpétuent une longue tradition de production porcine dont les premiers témoignages remontent au Moyen Âge. La délimitation de l'aire géographique du porc de la Sarthe repose sur l'homogénéité du cadre naturel, historique et économique. Cet élevage continue d'occuper une place significative dans l'économie agricole et agroalimentaire de la Sarthe, d'où nous viennent les rillettes du Mans. Élevés en plein air, les porcs bénéficient d'un parcours de 100 m² par animal. Ils sont abattus à 182 jours minimum. La production est destinée à 39 % à la salaison.

Les rillettes du Mans : un produit traditionnel de la gastronomie française.

Volaille du Maine

IGP 1996
Label Rouge
Type de volailles :
poulets, dindes

Production :
1 600 000

Éleveurs : les mêmes
que les volailles de
Loué

La production de volailles servait dans la région au Moyen Âge au paiement de redevances féodales. Aux XVe et XVIe s., la culture du sarrasin dans le bassin de la Maine favorisa la production de volailles de qualité. « Cherchons surtout à ne point nous voir enlever tôt ou tard cette réputation, dont on ne connaît plus l'origine, dévolue à l'ancienne province du Maine, de produire en abondance les meilleures volailles connues ! », déclarait Bull en 1881 dans la Société agricole Sciences et Arts de la Sarthe. La zone recouvre le département de la Mayenne, celui de la Sarthe et les cantons limitrophes du Maine-et-Loire, de l'Orne, de l'Eure-et-Loir, de l'Indre-et-Loire.

Les volailles du Maine bénéficient d'un vaste parcours herbeux.

Volaille de Loué

Les volailles étaient élevées traditionnellement dans la province du Maine. S'inscrivant dans cette tradition séculaire, celles de Loué sont élevées en liberté dans les départements de la Mayenne, de la Sarthe et les cantons limitrophes du Maine-et-Loire, de l'Orne, de l'Eure-et-Loir, de l'Indre-et-Loire et du Loir-et-Cher. Ces franges du Bassin parisien et du Massif armoricain constituent historiquement l'une des régions de France où le métayage s'est considérablement développé. S'il s'agit d'un pays de bocage, les cultures de céréales y ont toujours été d'un bon rapport. Le métayer savait valoriser sa part de récolte de céréales en élevant des poulets plutôt qu'en vendant le grain. Il les écoulait à Loué, à mi-chemin entre Le Mans et la Mayenne. Dans ce village se tenait la Foire de l'Envoi, qui attirait au

XIXᵉ s. de nombreux marchands et qui fit le renom de ces volailles. En 1958, des éleveurs et conditionneurs de la région ont relancé avec succès la production de volailles fermières de haute qualité élevées en liberté. Ils ont formé un groupement interprofessionnel, le Syndicat des volailles fermières de Loué.

Loué, une origine renommée depuis les années 1960 pour des volailles fermières élevées en liberté.

Le marché hebdomadaire de Loué a donné une réputation à ces productions expédiées vers les grands centres de consommation en France comme à l'étranger.

**Volaille de Loué
IGP 1996
Label Rouge 1966
Type de volailles :**
poulets, pintades, canards, oies, dindes à rôtir, dindes de découpe, chapons, chapons de pintade, poulardes et poules

Production :
25 000 000 têtes

Éleveurs : 950 (les mêmes que pour la volaille du Maine)

Œufs de Loué

Les « coconiers » et autres marchands d'œufs disparaissant des campagnes et du marché de Loué, il a fallu attendre jusqu'aux années 1980 pour que s'organise à nouveau autour des Fermiers de Loué une production d'œufs grâce à deux opérateurs qui se chargent du conditionnement et de la logistique. Le label Rouge garantit une souche de poules pondeuses sélectionnée, un mode d'élevage fermier en liberté, une fraîcheur optimale des œufs grâce à un ramassage, une collecte et un conditionnement rapides des œufs maintenus au frais jusqu'à la livraison au distributeur. L'œuf de Loué est garanti par un cahier des charges Label Rouge. La zone géographique est identique à la zone des volailles de Loué.

**Reconnaissance par l'Inao 2003
Label Rouge 1998**

Production :
120 000 000 œufs

Éleveurs : 120

La Touraine

Jardin de la France, la Touraine déploie ses vignobles et ses châteaux sur les doux coteaux bordant la Loire et ses affluents, Cher, Indre et Vienne sur la rive gauche, Loir sur la rive droite. Pays de polyculture et de petites fermes, la région est variée. Le nord se consacre plutôt à l'élevage bovin laitier et aux céréales ; la Sologne, à l'est, aux cultures maraîchères, à la vigne, laissant aux chasseurs ses immenses forêts ; le val, entre Loire et Cher, au maraîchage ; le sud, jusqu'aux confins du Berry des étangs, voue ses pauvres terres à l'élevage, surtout caprin, à la vigne et aux petites cultures. Vins, fromages de selles-sur-cher et de sainte-maure, géline et gibier… la région a tout pour perpétuer la tradition du bien boire et du bien manger célébrée par Rabelais, enfant de Chinon.

TOURAINE
AOC 1939
(49 % rouges ; 48 % blancs ; 3 % rosés
300 000 hl

TOURAINE-AMBOISE
AOC 1939
[50 % rouges ; 27 % rosés ; 23 % blancs]
10 500 hl

TOURAINE-AZAY-LE-RIDEAU
AOC 1939
[62 % rosés ; 38 % blancs
2 500 hl

TOURAINE-MESLAND
AOC 1939
[84 % rouges ; 8 % blancs ; 8 % rosés]
5 000 hl

TOURAINE NOBLE JOUÉ
AOC 2001
1 000 hl

Si l'appellation régionale touraine s'arrête à la limite du département d'Indre-et-Loire, à Candes-Saint–Martin, pour laisser place à l'AOC régionale anjou, la région viticole possède beaucoup de similitudes avec le Saumurois, tant par la nature des sols que par les mentalités ou les paysages, remarquables par ses habitations troglodytiques que l'on rencontre aussi bien à Souzay-Champigny, qu'à Rochecorbon en Touraine.

L'appellation régionale touraine

Une appellation vaste et multiple : l'AOC touraine s'étend des portes de Montsoreau, à l'ouest, jusqu'à Blois et Selles-sur-Cher à l'est. Elle regroupe des situations variées, des sables de Sologne aux sols calcaires de la vallée de la Vienne. Les cépages sont tout aussi divers, les varié-

Cave creusée dans le tuffeau, calcaire tendre dont la pierre servit à la construction des châteaux de la Touraine.

tés principales étant le gamay, le côt et le cabernet franc (breton) en rouge, le chenin et le sauvignon en blanc. Le tout donne des vins de toutes les couleurs et de styles variés, frais et à boire sur leur fruit pour la majorité. Il existe aussi des touraine effervescents de méthode traditionnelle. L'appellation régionale a été découpée en petites régions ; on lui a associé des appellations locales qui présentent une certaine unité par l'encépagement et les types de vins.

Les plus grandes superficies de l'AOC s'étendent sur les côtes du Cher, à la jonction avec l'AOC valençay, dans le département du Loir-et-Cher qui fut longtemps pourvoyeur de vins de table. Les blancs secs et fruités issus de sauvignon y dominent. Sur les sables et coteaux calcaires naissent des rouges et rosés frais et gouleyants marqués par le gamay. Entre Loire et Indre, l'AOC touraine-noble-joué livre une petite production originale de vin gris – un rosé clair né du pressurage direct de trois pinots, gris, meunier et noir. Proche du confluent de l'Indre et de la Loire, l'AOC touraine-azay-le-rideau est connue pour ses vins blancs et surtout pour ses vins rosés secs et fins. Des rosés auxquels le cépage grolleau, originaire de Cinq-Mars-la-Pile, village voisin proche de Langeais, apporte une touche amylique agréable. Les AOC touraine-amboise et touraine-mesland produisent une majorité de vins rouges assemblant les variétés locales.

Bourgueil, saint-nicolas-de-bourgueil, chinon

Les **bourgueil**, nés à l'ouest de la Touraine et aux confins de l'Anjou, leurs voisins **saint-nicolas-de-bourgueil** et les **chinon**, issus des terrasses et coteaux proches du confluent de la Loire et de la Vienne, s'apparentent par le cépage, le cabernet franc (appelé ici breton), variété reine de ces appellations. Lorsqu'ils sont produits sur les sols de craie tuffeau,

Les vins de Chinon étaient déjà vantés par Rabelais, natif de la région.

Saint-nicolas-de-bourgueil produit, sur la rive droite de la Loire, des vins aromatiques et structurés pour la garde.

ils présentent des caractères assez voisins : des couleurs foncées pouvant aller jusqu'au grenat, des parfums et arômes de fruits rouges et de violette, assortis de nuances végétales rappelant le poivron et le tabac frais. Tous ces vins ont une grande capacité à vieillir et évoluent vers des nuances animales complexes ; ils peuvent accompagner les gibiers en sauce.

Chacune de ces appellations conserve cependant son identité, et les vins prennent des nuances différentes en fonction des situations et des pratiques vinicoles. Les vignes du plateau, implantées sur sables du Sénonien, donnent des vins plus légers en couleur et en structure que celles installées sur le tuffeau ; celles qui plongent leur racines dans les sables et terrasses de la Loire ou de la Vienne, produisent des vins légers et fruités à boire dans leur jeunesse, avec les fromages de chèvre frais par exemple. Les saint-nicolas-de-bourgueil sont en majorité de ce type.

**BOURGUEIL
AOC 1937**
{95 % rouges ;
5 % rosés]
69 500 hl

**SAINT-NICOLAS-DE-BOURGUEIL
AOC 1937**
[97 % rouges,
3 % rosés]
59 000 hl

**CHINON
AOC 1937**
{92 % rouges, 6 %
rosés ; 2 % blancs]
110 000 hl

Touraine

Vouvray et montlouis-sur-loire

Deux vignobles spécialisés dans les vins blancs et qui, à partir d'un seul cépage, produisent des vins divers. Implanté depuis le Vᵉ s. à l'abbaye de Marmoutier, juste en amont de Tours, celui de vouvray est situé uniquement sur la rive droite, sur les coteaux de la Loire et des vallées tributaires ; le terroir est constitué de sols argilo-siliceux et argilo-calcaires reposant sur la craie tuffeau au sein de laquelle, dans les caves, s'élaborent, s'élèvent et vieillissent de superbes vins blancs. Le chenin y est roi. Il conduit à deux types de vins, mousseux et tranquilles. Offrant une bulle légère, les premiers sont floraux, expressifs et fins ; secs ou moelleux, les seconds proviennent de vendanges bien mûres, des meilleures parcelles ou des meilleures grappes, notamment les moelleux. Flatteurs dans leur jeunesse, ils vieillissent bien et acquièrent des notes de miel, d'acacia et de coing. Dans les années propices, les vins liquoreux atteignent une richesse et une longueur remarquables.

Montlouis-sur-loire, sur la rive gauche, occupe des sols de tuffeau recouverts de « perruches » (argiles à silex) et tire du chenin des vins majoritairement moelleux. Les montlouis sont proches, par leur richesse aromatique et par leur équilibre, des vouvray de l'autre rive. Aussi bien dans les vins secs que dans les moelleux domine une note caractéristique d'amande ; avec le temps, la palette aromatique prend des accents de miel, de coing et de fruits secs.

Dans les caves de tuffeau prennent mousse les vins de Vouvray depuis la fin du XIXᵉ s.

Coteaux-du-loir et jasnières et coteaux-du-vendômois

Au nord, installés sur les coteaux de la vallée du Loir aux sols d'argiles à silex, deux îlots viticoles sont les vestiges d'un vignoble sarthois qui atteignit près de 20 000 ha avant la crise du phylloxéra : l'AOC jasnières, qui produit un vin blanc vif, à la forte minéralité imprimée par le chenin ; et celle des coteaux-du-loir, représentée par des vins rouges et des vins blancs secs. En remontant la vallée du Loir, on trouve, en Loir-et-Cher, l'AOC voisine coteaux-du-vendômois, pro-

CHEVERNY
AOC 1993
[46 % blancs ; 42 %
rouges ; 12 % rosés]
21 600 hl

COUR-CHEVERNY
AOC 1993
2 000 hl

ductrice de vins tranquilles : des blancs secs et vifs, fruités, aux senteurs de miel et de tilleul, issus de chenin, des rouges souples d'assemblage et des rosés « œil de gardon ». Ces derniers sont fort originaux ; il s'agit de vins gris issus du pressurage direct du pineau d'Aunis, aux arômes épicés.

*Les vignes
des coteaux-du-loir
bénéficient
des influences de
l'Atlantique et
de la protection de
la forêt de Bercé.*

Les coteaux de la Loire : cheverny et cour-cheverny

Cheverny, l'appellation la plus orientale de la rive gauche de la Loire, propose des vins dans les trois couleurs. Le vignoble, essentiellement développé sur des sols sableux de la Sologne blésoise et sur les terrains graveleux des terrasses de Loire, convient parfaite-

*Dans la Sarthe, jasnières occupe
un versant exposé plein sud,
long de 4 km.*

ment au gamay. On y associe le pinot pour faire des vins rouges friands qui, après quelques années de garde, accompagnent le gibier à plume de la Sologne. En blanc, le sauvignon constitue la base de vins élégants. En outre, afin de valoriser une production de vins blancs élaborés à partir du romorantin, cépage autrefois le plus cultivé dans la région, a été définie l'AOC cour-cheverny, dont l'aire correspond au territoire le plus propice à ce cépage. Le cour-cheverny est un vin léger aux notes de miel et de citron, à marier avec les poissons des étangs de la région.

Sainte-maure-de-touraine

AOC 1990
Pâte : molle lactique
à croûte fleurie
Lait : cru
Races : alpine, saanen

Poids : 250 g mini
Affinage : 10 jours
mini

Production : 786 t
Producteurs : de lait :
209 ; **de fromage :** 47
(dont 44 fermiers)

Affineurs : 3

Le département de l'Indre-et-Loire, le nord-ouest de l'Indre, et quelques communes limitrophes du Loir-et-Cher et de la Vienne représentent l'aire géographique de ce fromage. La légende fait intervenir les Sarrasins dans sa naissance, sans doute en raison de son nom. En fait, les abbayes de Cormery et de Saint-Martin de Tours étaient déjà célèbres pour leurs chèvres. Balzac mentionne ce fromage en 1841. On dit qu'il était l'apanage des femmes qui se transmettaient la recette de mère en fille. Bûche tronconique de 16 à 18 cm de long, le sainte-maure se reconnaît à la paille placée en son centre, et qui lui permettait à l'origine d'éviter de se casser. De nos jours, elle identifie le produit et porte, gravés au laser, le nom de l'AOC et le numéro d'identification du fromage : un gage de traçabilité. Un hectare de seigle fournit deux millions de pailles calibrées

manuellement à une longueur de 17 cm ! Cendré avec du charbon de bois mêlé de sel, le sainte-maure peut se consommer moelleux, demi-affiné ou affiné. Avec le temps, sa croûte devient fleurie avec des pigments bleu foncé. Le fromage se fait cassant, prend un goût très caprin et des arômes acidulés, parfois légèrement piquants, avec en fond une senteur de noisette. L'harmonie est parfaite avec les chinon ou les touraine blancs.

Selles-sur-Cher

AOC 1986
Pâte : molle lactique
à croûte fleurie
Lait : cru
Races : alpine, saanen

Poids : 200 g mini
frais, mais 150 g au
stade de
commercialisation

Affinage : 10 jours
mini après
emprésurage.

Production : 786 t
Producteurs de lait :
114 ; de fromage : 21
dont 15 fermiers

Affineurs : 6

Quatorze cantons du Loir-et-Cher, du Cher et de l'Indre, représentant la Champagne berrichonne, la Basse Sologne et la vallée du Cher forment le berceau du selles-sur-cher, dont la première mention écrite remonte à 1887.

Des régions de petites exploitations qui trouvaient dans l'élevage caprin une ressource d'appoint. Le nom du fromage vient d'un petit bourg où se vendaient ces fromages ramassés par des « coquetiers », qui achetaient aussi les produits de basse-cour. De forme tronconique aplatie, le fromage est cendré au moyen d'un mélange de charbon de bois et de sel qui améliore l'affinage. Lorsqu'il est frais, sa pâte est tendre et fond sous la langue. Avec l'affinage, la croûte se pigmente de moisissures bleutées, les arômes caprins se développent et envahissent le palais, le goût légèrement salé mais doux est présent. Goûtez le selles-sur-cher avec un vin de Loire, type cour-cheverny ou vouvray.

Le Berry et l'Orléanais

Sur la bordure nord du Massif central, le Berry regorge de richesses gastronomiques. Vins et fromages de chèvre se partagent la vedette. À l'est, les vignobles de Sancerre et de Pouilly assurent la transition avec la Bourgogne voisine, par les formations géologiques rappelant le Chablisien, par le pinot noir qui conserve ici des expressions bourguignonnes ou par le sauvignon qui se rencontre aussi à Saint-Bris ; par les vins enfin, les blancs présentant une certaine minéralité. À Quincy, Reuilly, Châteaumeillant et Valençay, partout, une certaine pauvreté des sols a induit l'installation de petites fermes de polyculture où chèvres, vignes, petites cultures – telle la lentille – et apiculture ont permis la conquête des marchés locaux d'abord, la reconnaissance de produits originaux ensuite.

Orléans et orléans-Cléry

À la charnière entre Centre et Touraine, le vignoble de l'Orléanais a connu son apogée avant le XVe s. avec l'auvernat, ancêtre de l'actuel chardonnay, et le noirien, ancêtre du pinot noir. Le vignoble est cantonné rive gauche, sur les sables et graviers des terrasses anciennes de la Loire. La demande d'accession de cet AOVDQS à l'AOC a conduit les producteurs à revendiquer deux appellations distinctes pour mieux définir les deux types de vins rouges. L'orléans constitue la principale production, à partir des cépages meunier et pinot noir qui engendrent des vins fruités et élégants. En blanc, des vins souples et agréables sont issus du chardonnay. Orléans-cléry est réservée à des vins de cabernet franc, complets et charnus, qui atteignent leur apogée après maturation de quelques années.

Pouilly-fumé, pouilly-sur-loire, sancerre, menetou-salon, coteaux-du-giennois

Le vignoble de Pouilly-sur-Loire ne produit que des vins blancs. Les trois autres sont représentés dans les trois couleurs. Tous ces vignobles ont connu leur heure de gloire dès le Moyen Âge en alimentant la capitale. Ils sont ici regroupés car ils présentent une certaine similitude dans leur situation géographique : ils sont tous proches du fleuve et installés pour la plupart sur des calcaires, localement recouverts par des sables et graviers issus

Pouilly-sur-loire donne la vedette au chasselas pour la production de vins minéraux et frais.

ORLÉANS
AOVDQS 1951
[70 % rouges ; 15 % rosés ; 15 % blancs]
3 680 hl

ORLÉANS-CLÉRY
AOVDQS 2003
480 hl

COTEAUX-DU-GIENNOIS
AOC 1998
[50 % rouges ; 15 % rosés ; 35 % blancs]
8 000 hl

POUILLY-FUMÉ
AOC 1937
62 000 hl

POUILLY-SUR-LOIRE
AOC 1937
2 300 hl

MENETOU-SALON
AOC 1959
[83 % blancs ; 15 % rouges ; 2 % rosés]
24 000 hl

Menetou-salon, un vignoble d'ancienne réputation, au nord-est de Bourges.

SANCERRE
AOC 1936 (blanc) ;
1959 (rouge et rosé)
[73 % blancs ; 23 %
rouges ; 4 % rosés]
159 000 hl

QUINCY
AOC 1936
7 600 hl

REUILLY
AOC 1937
[64 % blancs ; 27 %
rouges ; 9 % rosés]
8 250 hl

VALENÇAY
AOC 2004
[58 % rouges ; 31 %
blancs ; 11 % rosés]
4 000 hl

CHÂTEAUMEILLANT
AOVDQS 1965
[70 % rouges ; 30 %
rosés]
4 350 hl

des terrasses de la Loire. Les vins blancs sont vifs et frais ; le sauvignon leur apporte des notes florales (genêt et acacia surtout) et des nuances de bourgeon de cassis. Les pouilly-fumé et, plus au nord, les coteaux-du-giennois sont plus secs et minéraux, tandis que certains terroirs de sancerre et de menetou-salon engendrent des vins plus opulents. Ils accommodent les poissons de Loire et bien sûr le chavignol.

Un petit vignoble de chasselas, autrefois plus important, subsiste dans l'appellation pouilly-sur-loire, installé sur des sols graveleux qui donnent naissance à des vins blancs légers et friands qui font merveille sur la friture de Loire. Dans les AOC sancerre et menetou-salon est aussi planté le pinot noir qui donne des rosés légèrement poivrés ; des vins à boire jeunes dès l'été après la récolte. Vinifié en rouge, ce cépage produit des vins légers en couleur qui cachent des tanins subtils leur permettant

Reuilly, aux sols de marnes kimméridgiennes.

d'atteindre leur plénitude après quelques années de maturité. Le gamay est souvent associé au pinot noir à parts égales dans le coteaux-du-giennois pour donner des vins légers et parfumés à savourer jeunes sur des viandes grillées.

Quincy, reuilly, valençay

Pour trouver ces trois vignobles, on se dirige vers l'ouest pour rejoindre la vallée du Cher. Quincy produit des vins blancs secs et fruités à partir du seul sauvignon, qui présentent beaucoup de similitudes avec leurs cousins menetou-salon. Ils accompagnent les mêmes mets, notamment les fromages de chèvre. Le vignoble est implanté sur des sols argilo-sableux. Avec l'AOC voisine reuilly, on retrouve le pinot noir. Planté sur les coteaux marno-calcaires de l'Arnon, il donne naissance à des vins rouges qui affichent une robe pourpre et expriment une nuance aérienne de violette avec une note de framboise. Il est assemblé au pinot gris pour donner des vins rosés souples.

En descendant la vallée du Cher, à Valençay, on arrive aux portes de la Touraine. Les sols sont majoritairement constitués d'argiles à silex. Un silex qui fut exploité à des fins militaires au XIXe s. Si l'encépagement et les productions sont multiples, les vins rouges sont majoritaires. Ils résultent d'un subtil assemblage dominé par le gamay, qui apporte du fruité. Côt, cabernet franc et pinot noir fournissent la structure. En blanc, le sauvignon

Sancerre, bâti sur une butte, sur la rive gauche de la Loire, possède un terroir de marnes calcaires, de calcaires durs et d'argiles à silex.

s'exprime parfaitement. Toutes ces productions s'associent avec la galette de pommes de terre et les fromages locaux.

Châteaumeillant

Ce vignoble un peu isolé, aux confins du Berry, est installé sur des coteaux formant les premiers contreforts du Massif central. Le gamay trouve sa terre d'élection sur des sols siliceux couvrant des grès et des micaschistes. Les vins gris issus de pressurage direct, qui ont fait la réputation de Châteaumeillant, sont remarquablement fruités avec des notes de pêche blanche. Les vins rouges, également frais, expriment des notes

poivrées ; le pinot noir adoucit les tanins du gamay et y ajoute des arômes de fruits rouges rappelant la cerise.

Le sauvignon est roi dans les vins blancs du Centre.

Valençay

AOC 1998
Pâte : molle lactique
à croûte fleurie
Lait : cru et entier

Poids : de 220 à 250 g
Affinage : 11 jours

Production : 348 t
(dont 127 t fermier)
Producteurs de lait :
74 ; **de fromage :** 28
dont 22 fermiers

Affineurs : 2

Le valençay est produit au nord de l'Indre et dans quelques communes de l'Indre-et-Loire, du Loir-et-Cher et du Cher. L'élevage de chèvres dans le Berry est très ancien. Sa forme de pyramide tronquée lui viendrait de Talleyrand, châtelain de Valençay. Alors que Napoléon y faisait halte, le fin politique, alors ministre des Relations extérieures, aurait coupé la pointe des fromages qu'il produisait pour éviter à l'empereur tout souvenir malheureux de sa campagne d'Égypte. Il se fit aussi l'ambassadeur du fromage auprès des gourmets parisiens, tout comme Balzac et George Sand. La consommation du valençay resta toutefois locale jusqu'à la Seconde Guerre mondiale. À la fin de sa fabrication, le fromage est salé avec un mélange de charbon de bois en cendres. Comme tous les chèvres de la région, il peut être consommé frais ou affiné. Lorsqu'il est frais, sa pâte est fine et onctueuse avec un fort goût de lait. Lorsqu'il est affiné, sa pâte devient cassante, elle se brise et prend des saveurs plus franches : champignon des bois, noisette et présence caprine prononcée. Comme les autres chèvres de la région, il s'apprécie avec un vin blanc sec.

Le valençay est salé avec un mélange de charbon de bois en cendres.

Pouligny-saint-pierre

AOC 1986
Pâte : molle lactique
à croûte fleurie
Lait : cru et entier
Races : alpine,
saanen, poitevine et
leurs croisements

Poids : de 150 à 250 g
Affinage : 11 jours
mini

Production : 296 t
(dont 113 t en
fermier)
Producteurs de lait :
38 ; **de fromage :** 9
dont 6 fermiers

Affineurs : 2

Vingt-deux communes du département de l'Indre produisent le pouligny-saint-pierre. Il semblerait que la forme pyramidale de ce fromage soit due à celle du clocher de l'église de Pouligny-Saint-Pierre, datant de la fin du XIIe s. Au XVIIIe s., il était fabriqué dans des faisselles en bois et en paille de seigle qui possédaient déjà cette forme. Il était à l'origine destiné à la consommation domestique et locale. Peu à peu, il fut livré à des collecteurs de fromage de la région qui l'affinaient avant de l'expédier à Paris. Peu affiné, la pâte du pouligny-saint-pierre est blanche, lisse et douce, tout en offrant déjà le goût de lait de chèvre caractéristique. Lorsqu'il s'affine, sa croûte se parsème de pigments bleus, sa pâte devient plus dure et le goût caprin se précise, mêlé à une légère saveur de noisette ainsi qu'à une nuance boisée. Excellent tant en salades avec huile de noix ou d'olive, en accompagnement de recettes, ou sur un plateau de fromages servi avec un vin blanc sec de Loire.

Crottin de Chavignol

L'aire AOC occupe une grande partie du département du Cher avec des prolongements dans la Nièvre et dans le Loiret jusqu'à Gien. L'élevage familial des chèvres se pratique de longue date dans cette région de la vallée de Loire, puisque on en trouve mention dès le XVIe s. Cependant, il faut attendre 1829 pour voir apparaître le terme de « crottin de Chavignol » dans les écrits. Ce petit fromage cylindrique, légèrement bombé au centre, tirerait son nom du mot berrichon « crot », signifiant « trou » et désignant un lieu où les femmes lavaient leur linge en bordure de rivière. La terre argileuse qui bordait ces trous servait à fabriquer les moules pour l'égouttage du caillé. Le chavignol frais présente une croûte blanc cassé et une pâte fondante. Lorsqu'il est plus affiné, sa croûte se parsème de taches bleues et il développe des arômes de champignon.

Sec, il devient friable et des notes de noisette ou de noix apparaissent. Le chavignol forme un excellent accord avec les vins blancs produits dans la même région : les menetou-salon, quincy, reuilly et autre sancerre.

Le crottin de Chavignol trouve un accord naturel avec les vins du Centre.

AOC 1976
Pâte : molle lactique à croûte fleurie
Lait : cru et entier
Race : alpine

Poids : 60 g
Affinage : 10 jours mini

Production : 1 160 t (33 % fermiers)
Producteurs : de lait 150 ; de fromage 103 dont 100 fermiers

Affineurs : 4

Volaille du Berry

IGP 1996
Label Rouge
Type de volailles :
poulets, chapons,
dindes, pintades,
chapons de pintades

Production :
66 015 têtes
Éleveurs : 52

C'est au XVIIᵉ s. que les Jésuites introduisirent l'élevage des dindons près de Bourges. C'est l'origine de la dinde noire de Sologne. George Sand en élevait dans sa propriété et inventait des recettes. En 1920, la région se distinguait aussi avec une poule noire du Berry vendue à Paris. Le développement de la volaille a donné lieu à la création de marchés tels ceux de Levraut et de Saint-Août de Châteaumeillant.

Les départements du Cher et de l'Indre et les cantons limitrophes forment la zone géographique des volailles du Berry.

Volaille de l'Orléanais

Ces volailles label Rouge sont élevées en plein air dans le Loiret, le Loir-et-Cher et l'Eure-et-Loir, et abattues à 81 jours.

IGP 1996
Type de volailles : poulets blancs, noirs et jaunes, pintades, dindes, chapons, poulardes

Production : 2 921 174 têtes
Éleveurs : 162

Volaille du Gâtinais

Volaille du Gâtinais
IGP 1996
Label Rouge
Espèces : poulets, chapons, dindes, pintades

Production :
484 686 têtes

Éleveurs : 32

Lentille verte du Berry
IGP 1998
Variété : anicia (semences certifiées)
Superficie : 390 ha

Production : 600 t
Producteurs : 25

Avec ses sols maigres, ses printemps tardifs et humides, la Gâtine est synonyme de pays pauvre. Les exploitations, de petite taille, ont développé par nécessité une deuxième activité, moins dépendante des conditions climatiques que les cultures : l'élevage des volailles. Les marchés de Ladon, de Châteaurenard, de Montargis ont favorisé cette activité et la renommée de la Gâtinaise, vieille souche française à la chair d'une grande qualité. L'aire géographique comprend 256 communes des départements de la Seine-et-Marne, du Loiret, de l'Yonne et de l'Essonne.

Lentille verte du Berry

La lentille du Berry est cultivée dans les 49 communes de la Champagne berrichonne, dans les départements du Cher et de l'Indre. Alors qu'elle représentait 70 % de la production française, cette culture faillit s'éteindre vers 1985 à la suite d'importations massives. Une quarantaine d'agriculteurs se regroupèrent pour redonner vie au produit. Aujourd'hui ce groupement réalise 10 % de son chiffre d'affaires à l'export. Décailloutée et très douce, la lentille du Berry présente une saveur de châtaigne caractéristique et un fondant exceptionnel. Servie chaude, tiède ou froide, en salade accompagnée de lardons, elle présente des qualités nutritionnelles exceptionnelles, notamment par sa richesse en fibres et en fer. Semée en mars, récoltée en juillet-août, la lentille est surtout consommée en automne-hiver.

LA BRETAGNE ET LA NORMANDIE

Le Nord-Ouest de la France présente une unité par son climat océanique aux hivers doux et aux étés frais. L'humidité maritime poussée par les vents d'ouest confère à cette région un climat permettant à l'herbe de pousser toute l'année. À l'ouest, la presqu'île de Bretagne, à l'est, l'ancienne province de Normandie et le nord du Maine. Le socle de roches anciennes du Massif armoricain recouvre la Bretagne et la moitié ouest de la Normandie. Les hautes couches calcaires du crétacé, nappées de lœss, couvrent l'essentiel de la partie orientale de la Normandie, qui se rattache géologiquement au Bassin parisien.

L'Armorique de l'Antiquité a pris son nom de Bretagne lorsqu'elle a été occupée par les peuples celtes des îles britanniques après l'effondrement de l'empire romain. À l'exception des côtes nord recouvertes de lœss, la région est peu fertile. L'activité maritime fut jadis prospère par sa position stratégique entre le sud et le nord de l'Europe. Au XVIIᵉ s., la navigation s'est détournée de ses côtes dangereuses, et la Bretagne a connu une longue période d'isolement. Le réveil de son agriculture durant la seconde moitié du XXᵉ s. lui a permis de développer un élevage intensif. Cette région est réputée pour ses cidres, ses légumes, son beurre et ses produits de la mer.

La Normandie doit son nom aux conquérants vikings que les rois de France tentèrent de contenir dans cette région, mais les structures agraires en bocage sont restées de type celte. Elle bénéficie de la proximité des débouchés du Bassin parisien. Le pays d'Auge a atteint le plus tôt une forte réputation pour ses chevaux, ses fromages et ses produits cidricoles. Le système original des prés-vergers a permis, dès le XVIᵉ s., de tirer partie des complémentarités des arbres et de l'herbe et s'est étendu à tout le bocage.

Normandie et Bretagne sont des hauts lieux du patrimoine architectural religieux et des écosystèmes naturels du littoral maritime.

La Bretagne

« Long môle dressé vers le large », la Bretagne est terre de contrastes.
À l'intérieur, de vastes terrains granitiques ou gréseux. Sur ces sols acides,
les céréales poussaient difficilement, et le sarrasin a longtemps constitué l'ordinaire
des populations. Un « blé noir » à la base d'une des spécialités plébiscitées
par les touristes, la galette. Outre le nord-Finistère, en particulier le pays de Léon
célèbre pour ses productions légumières, la région recèle nombre de bassins
fertiles aux sols éruptifs basiques, comme le bassin de Chateaulin ou encore le
pays de Rennes. Depuis les années 1960, les exploitants bretons ont résolument
développé une agriculture et un élevage intensifs, voire « hors-sol », au prix
d'un bouleversement des paysages bocagers. Mais certains secteurs restent
attachés aux productions traditionnelles, du cidre à la pêche aux coquillages.

Pêche à la coquille Saint-Jacques à Erquy, dans les Côtes-d'Armor.

Cidre cornouaille

De nombreux écrits témoignent à partir de la fin du XIXᵉ s. de la notoriété du cidre élaboré en Cornouaille, notamment autour de Fouesnant. Le cidre cornouaille est élaboré dans deux secteurs côtiers du sud du Finistère : la vallée de l'Aulne et la frange littorale qui s'étend du pays Bigouden à la frontière du Morbihan. Le climat ensoleillé, très doux et modérément arrosé, favorise une production régulière de pommes à cidre riches en sucres. La nature granitique ou schisteuse du sous-sol imprime un caractère tannique aux principales variétés. Ramassées à la main, de septembre à décembre, les pommes à cidre sont broyées pour obtenir une pulpe qui est ensuite pressurée. Après clarification naturelle, le jus subit une fermentation lente qui dure environ trois mois avant sa mise en bouteille, effectuée à partir de décembre. La fermentation se poursuit en bouteille pendant environ trois mois, pour conférer naturellement au cidre son effervescence.

De couleur dorée à mandarine, ce cidre présente une mousse fine, blanche et persistante ; il est charpenté par la richesse en sucres et en alcool (plus de 3,5 % vol) ; sa longueur en bouche est soulignée par des notes amères.

Les cidres de Cornouaille peuvent être dégustés à partir de la fin du mois d'avril. Ils doivent être consommés de préférence dans les semaines qui suivent leur achat. Les bouteilles qui ont été couchées ou transportées longtemps seront cependant laissées quelques jours au repos afin que le dépôt de levures se reforme. Loin d'être réservé aux crêpes, le cidre de Cornouaille accompagne parfaitement les volailles ou les viandes blanches ainsi que tous les desserts à la pomme.

Les pommes à cidre sont ramassées à la main de septembre à décembre.

AOC 1996
4 500 hl environ

Élaborateurs : 12

Cidre de Bretagne

Si le cidre est produit dans certaines régions bretonnes dès le XVᵉ s., il ne s'impose qu'à la fin du XIXᵉ s. à la suite des crises successives du vignoble français. Le cidre additionné d'eau devient à cette époque la boisson quotidienne des paysans, des ouvriers ou des marins tandis que le cidre bouché n'est réservé qu'aux grandes occasions. Aujourd'hui, les cidres de Bretagne représentent 24 % des volumes commercialisés en France.

IGP 1999
240 000 hl

Eau-de-vie de cidre de Bretagne

Appellation réglementée 1963
300 hl d'alcool pur
Élaborateurs : 12

Il s'agit du résultat de la distillation de cidres dont la fermentation, contrairement aux cidres bouchés, est menée jusqu'à la consommation totale des sucres par les levures. Cette eau-de-vie a été produite en quantité importante jusqu'au début du XXᵉ s. La pêche à la morue en Islande, à partir des ports de Bretagne nord, stimula sa pro-duction, car aucun de ces longs voyages ne pouvait s'envisager sans une cargaison de cette eau-de-vie. L'eau-de-vie de cidre de Bretagne est une appellation d'origine réglementée depuis 1942. Elle fait partie de ces eaux-de-vie régionales de vins ou de cidre dont la reconnaissance en appellation d'origine a été organisée pendant la guerre, afin de les soustraire à la réquisition des alcools par l'État vichyssois. Les volumes produits ont fortement décliné jusqu'aux années 1980, avant de reprendre avec le développement touristique.

Pommeau de Bretagne

Pommeau de Bretagne AOC 1997

Production : 900 hl
Élaborateurs : 12

Volaille de Bretagne IGP 1996
Label Rouge 1966
Type de volailles :
poulet noir cou-nu, poulet blanc, chapons, dindes noires, poulardes

Production :
2 543 250 t
Éleveurs : 140

Le pommeau de Bretagne s'inscrit dans la même histoire et dans les mêmes itinéraires techniques que le pommeau de Normandie (voir p. 000). C'est l'eau-de-vie de cidre de Bretagne qui est utilisée pour le mutage et le jus provient de pommes produites dans des vergers identifiés à l'intérieur de son aire géographique. Le pommeau de Bretagne se distingue pourtant de son cousin normand par sa structure et son caractère tannique plus marqué.

Volaille de Bretagne

L'élevage de la volaille de Bretagne s'est développé à grande échelle à partir des années 1950 dans les quatre départements de la pointe de la Bretagne. Le climat océanique favorise ce type d'élevage en plein air. En 1996 a aussi été protégée la volaille de Janzé, dont l'aire est délimitée au département de l'Ille-et-Villaine et aux cantons limitrophes.

Élevage de poulets de Janzé.

Coco de Paimpol

Rapporté d'Amérique latine par un marin en 1928, ce haricot demi-sec à écosser se récolte dans 85 communes du nord des Côtes-d'Armor (1 300 ha). Aujourd'hui, sa culture s'effectue en assolement avec les céréales. La production, commercialisée du 10 juillet au 10 novembre, représente actuellement 70 % de la production nationale de haricots à écosser.

La récolte, manuelle, requiert une multitude de saisonniers, dénommés « plumeurs de coco », qui arrachent tous les pieds d'une parcelle au stade optimal avant d'enlever la totalité des gousses d'un pied et d'opérer un mélange équilibré des gousses à différents stades de maturation. Des nuances dans le degré de maturité des gousses naît le goût inimitable du coco de Paimpol. Presque ovoïdes, les grains possèdent un tégument plus fin que ceux des autres haricots. Ils ne se conservent pas en gousse. Dès l'achat, il faut écosser les cocos, et soit les congeler, soit les cuisiner. Vous découvrirez alors leur léger goût de fruit sec et de fleur blanche.

Les « plumeurs de coco » enlèvent les gousses des pieds qu'ils viennent d'arracher.

AOC 1998
Variété : *Phaseolus vulgaris L.*

Production : 9 000 t
Producteurs : 530

Coquille Saint-Jacques des Côtes-d'Armor

Signe de ralliement des pèlerins de Saint-Jacques-de-Compostelle, la coquille Saint-Jacques était pêchée l'hiver dans les rades abritées, notamment en rade de Brest. L'hiver 1961-1962 tua la majeure partie de ce gisement ; la rade de Saint-Brieuc se révéla alors rapidement être le principal gisement de coquilles Saint-Jacques de qualité. La pêche y est rigoureusement contrôlée pour préserver la ressource naturelle : elle se pratique du 15 octobre à fin avril avec des dragues aux dimensions normalisées. Tout contrevenant est exclu du droit de pêche. La coquille, de 10,2 cm, a pour particularité de ne pas posséder de corail, cette glande reproductrice de bel aspect, mais sans saveur. La noix n'en est que plus charnue, blanche et d'une très grande tendreté. Il convient de ne pas la faire cuire trop longtemps : ses fibres se resserreraient et durciraient. À essayer en carpaccio avec un filet de citron.

IGP 1998
Espèce : coquille Saint-Jacques de Manche-Ouest, *Pecten maximus*

Production : 5 743 t

La Normandie

La Normandie tire son unité de l'époque médiévale où, indépendante du royaume de France, elle menait de l'Angleterre à la Sicile ses propres conquêtes. À partir de leurs différents terroirs, les Normands ont su construire une agriculture riche et originale. Ainsi est né dans la Normandie bocagère un système qui permet à la même parcelle de produire trois types de produits : des viandes, du lait – avec ses dérivés, fromages et beurre – et des boissons à base de fruits : cidre, pommeau et calvados.

Le pays d'Auge, aux environs de Pont-l'Évêque. L'élevage bovin fait l'unité de la région normande.

Cidre Pays d'Auge

Plateau situé aux confins du Calvados, de l'Eure et de l'Orne, le Pays d'Auge bénéficie d'une pluviométrie régulière et relativement élevée favorable à la culture des pommiers. Plantés depuis plusieurs siècles, les vergers occupent les versants parfois très pentus des coteaux où affleurent des argiles. Ces sols, peu profonds et de fertilité très moyenne, permettent de maîtriser naturellement la vigueur des arbres et d'obtenir des fruits riches en sucres.

Connu depuis le XIIIᵉ s., le cidre du Pays d'Auge a développé sa notoriété au XVIᵉ s. et atteint son âge d'or entre la fin du XVIIIᵉ s. et le début du XXᵉ s. Depuis, les producteurs du Pays d'Auge maintiennent les procédés traditionnels d'élaboration en refusant notamment la pasteurisation qui, si elle permet de mieux conserver les cidres, standardise leurs arômes.

Les pommes appartiennent principalement à des variétés de saveurs amères ou douces-amères. Ramassées au sol de septembre à décembre, elles sont râpées puis pressurées. Après clarification naturelle, le jus subit une fermentation lente qui dure environ trois mois avant sa

AOC 1996
5 300 hl

Élaborateurs : 30 producteurs récoltants et 3 cidreries

La Normandie est à l'origine de 60 % de la production française de pommes à cidre.

mise en bouteille effectuée à partir de décembre. La fermentation se poursuit en bouteille pendant environ trois mois, pour conférer naturellement au cidre son effervescence. À partir de début avril, les premiers cidres peuvent être dégustés.

Légèrement alcoolisé (plus de 3,5 % vol), de couleur jaune orangé à dorée, le cidre Pays d'Auge présente une mousse fine, blanche et persistante. Sa saveur est marquée par une très faible acidité et une douceur qui devancent une légère amertume. Jeunes, les cidres sont dominés par des arômes fruités (pommes, agrumes), floraux (tilleul, anis), sucrés (caramel, miel) ou lactés (beurre frais). Mis en bouteilles depuis plus de six mois, ils présentent des notes dominantes végétales, boisées ou épicées, parfois animales (cuir). Tous accommodent parfaitement la cuisine à la crème et les fromages à pâte molle, ainsi que les desserts, notamment ceux à la pomme.

Cidre Normandie

IGP 1999
250 000 hl

Entre le *sidra* des Asturies, le *cider* anglais et l'*Apfelwein* allemand, le cidre à la française apparaît comme un produit original. Élaboré avec des variétés de pommes à cidre appartenant à différentes catégories de saveur (aigres, acidulées, douces et surtout douces-amères ou amères), il se distingue des autres boissons élaborées à base de pommes ou de concentrés de pommes produits en Europe.

Élaborés uniquement à partir de pommes à cidre produites en Normandie, les cidres Normandie ne peuvent recevoir que des quantités limitées de concentrés, également issus des pommes à cidre normandes. Ils représentent 25 % de la production française.

Poiré Domfront

AOC 2002
900 hl

Élaborateurs :
30 producteurs
récoltants

Le poirier à poiré est la plus ancienne espèce arboricole cultivée en Normandie, antérieure aux pommiers à cidre originaires du nord-ouest de l'Espagne (XIᵉ s.) et le poiré est mentionné dès le XVIIᵉ s. Située au carrefour de la Normandie, de la Bretagne et du Maine, l'aire de l'AOC bénéficie de sols profonds et d'un climat propice à l'implantation de vergers de poiriers qui marquent le paysage.

Le poiré Domfront est obtenu par fermentation de jus de poires issu principalement de la variété Plant de Blanc. Les poiriers sont conduits en vergers traditionnels de haute tige. Aussi faut-il attendre près de dix ans pour récolter les premières poires et près d'un demi-siècle pour atteindre la pleine production. Cependant, l'arbre adulte produit pendant plus d'un siècle. Le poiré Domfront est élaboré selon les mêmes itinéraires techniques respectueux de l'intégrité des fruits que les cidres AOC.

C'est une boisson légèrement alcoolisée (plus de 3 % vol.), jaune pâle à jaune doré. La finesse de ses bulles avive une large palette aromatique dominée par des notes fruitées (agrumes, pêches…) et florales, mêlées de nuances de fruits exotiques, de grillé et de brioche. Les saveurs sont équilibrées entre l'acidité, une légère amertume et la douceur apportée par les sucres non fermentés.

Les bulles fines du poiré Domfront avivent sa palette aromatique.

Calvados

Si la production d'eau-de-vie de cidre est attestée depuis le XVIIe s., elle se développa principalement au XIXe s. en prenant le nom d'origine du principal département de production : le Calvados.

L'aire d'appellation s'étend sur une grande partie de la Basse-Normandie ainsi que sur certains secteurs de Haute-Normandie, du Nord-Mayenne et de la Sarthe, caractérisés par un bocage parsemé de vergers traditionnels de pommiers à cidre ou de poiriers à poiré. Ces prés-vergers, où la production de fruits à cidre est associée à l'élevage, disposent d'une grande diversité de variétés de pommes, principalement de saveur amère ou douce-amère.

Le jus extrait du pressurage de ces pommes à cidre est fermenté jusqu'à transformation complète des sucres en alcool. Le cidre obtenu est alors distillé. L'élevage, marqué

Vieux, le calvados est apprécié en digestif.

L'élevage du calvados se déroule en fûts de chêne pendant au moins deux ans.

par la constance de conditions climatiques douces et humides, a lieu pendant au moins deux ans dans des fûts ou des foudres de chêne. L'essentiel de la production de calvados est issu de deux régions qui bénéficient d'AOC sous-régionales : le calvados Pays d'Auge et le calvados Domfrontais. Celles-ci présentent des usages spécifiques de production de fruits et de distillation : importance des poires à poiré et distillation à la colonne dans le Domfrontais ; variétés spécifiques de pommes à cidre et double distillation dans le Pays d'Auge. Les calvados jeunes sont marqués par une certaine ardeur et par des arômes de pomme fraîche et de poire. Au fur et à mesure du vieillissement, ils s'adoucissent et les notes de fruit se marient à des arômes plus complexes de beurre,

de vanille, de pomme cuite, de réglisse ou de boisé... On choisira une eau-de-vie jeune et vigoureuse à l'apéritif et un calvados d'âge mûr en digestif.

Eau-de-vie de cidre de Normandie

En dehors de l'aire de l'AOC calvados, les plaines normandes, aux usages cidricoles plus rares, comprennent quelques élaborateurs d'eau-de-vie de cidre de Normandie. Cette appellation d'origine réglementée est élaborée dans des conditions assez similaires au calvados. (Voir eau-de-vie de cidre de Bretagne p. 240)

Calvados Pays d'Auge
AOC 1942
5 200 hl d'alcool pur

Calvados
AOC 1984
d'alcool pur
13 700 hl

Calvados Domfrontais
AOC 1997
82 hl d'alcool pur

Élaborateurs : 6 000 producteurs
400 producteurs récoltants (une quarantaine pour l'AOC calvados Pays d'Auge et 5 pour l'AOC Calvados Domfrontais)

Superficie de l'aire :
1 500 communes

Pommeau de Normandie

AOC 1991
5 775 hl

Le mutage du moût de pommes par de l'eau-de-vie de cidre constitue une pratique commune dans l'ouest de la France, mais qui est restée strictement domestique car la commercialisation des apéritifs à base de cidre était interdite jusqu'en 1981. Aujourd'hui, une centaine de producteurs-récoltants et une dizaine d'artisans ou d'industriels s'approvisionnent auprès d'une trentaine de producteurs de fruits pour élaborer le pommeau de Normandie dont l'aire de production correspond à celle du calvados.

Le jus des pommes à cidre est muté avec de l'eau-de-vie de cidre pour obtenir un mélange titrant entre 16 % et 18 % vol, mis à vieillir sous bois de chêne pendant au minimum quatorze mois.

Le pommeau de Normandie offre un équilibre de saveurs résultant de la fusion dans l'alcool de l'eau-de-vie des sucres, de l'acidité et de l'amertume du jus des pommes à cidre. Il présente une complexité aromatique : on peut discerner des notes fruitées, empyreumatiques, épicées et boisées.

Camembert de Normandie

AOC 1986
Pâte molle à croûte fleurie
Lait : cru
Races : normande, prim'holstein

Poids : 250g
Affinage : 21 jours mini

Production : 12 760 t (dont 13 t fermiers)
Producteurs de lait : 1 200 t
Producteurs de fromages : 10
Affineurs : 10

Il naît exclusivement de Normandie (surtout de Basse-Normandie) et on avait failli l'oublier, car son succès, aux temps où les pouvoirs publics étaient peu soucieux de protéger les produits d'origine, a fait du « camembert » un produit générique. En 1680, les archives de la paroisse de Camembert mentionnent la présence d'un fromage. S'agit-il déjà du petit cylindre plat à croûte fleurie de quelque 11 cm de diamètre ? Camembert a statufié son héroïne, Marie Harel : cette habitante du village aurait caché sous la Terreur un prêtre réfractaire venu de Brie qui lui aurait donné la recette du fromage. Dix ans plus tard, l'ingénieur Ridel inventa la boîte en bois qui permit au produit de voyager. Celui-ci profita aussi pleinement de la révolution des chemins de fer, qui mit le Pays d'Auge à quelques heures de Paris dès les années 1850. Devant la renommée rapide du camembert, tout le monde l'imita. Le jour où l'on voulut protéger cette appellation, il existait tellement de camemberts en circulation que cela fut impossible. Restait alors à faire respecter la véritable composition du camembert normand, ce qui fut fait en 1909. Enfin le fromage accéda à l'AOC sous le nom de « camembert de Normandie ». Les camemberts « tout court » ne sont pas AOC. Toujours moulé à la louche, manuelle ou mécanique, le camembert de Normandie est divers, selon les saisons et les terroirs où il naît. Lorsqu'il est affiné à cœur, que la croûte prend des marbrures jaunes et que toute trace de blanc a disparu dans sa pâte, vous saurez qu'il est « fait » si, en appuyant le doigt dessus, vous sentez une grande souplesse au toucher.

Le caillé est moulé à la louche : pour former un fromage, cinq louches sont nécessaires.

Livarot

Le Pays d'Auge, à cheval sur les départements de l'Orne et du Calvados, a donné naissance à ce fromage qui porte le nom d'une petite ville près de Lisieux. Mentionné en 1693, ce dernier est également cité dans le *Dictionnaire universel* de Thomas Corneille (1708). Au XIXᵉ s., les « caveurs » (affineurs) de Saint-Pierre-sur-Dives ou de Livarot l'achetaient « en blanc » (non affiné) aux paysans et en commercialisaient d'importants

volumes. Son aire de production est cependant restée confinée au sud du Pays d'Auge. Cylindre plat, le livarot est entouré de cinq lanières de roseau (ou de papier) appelées « laîches » qui l'identifient. Sa croûte, orange ou saumon, peut virer au rouge-brun. Avec une odeur prononcée, un goût franc et ses senteurs de charcuterie fumée, ce produit s'inscrit résolument dans la catégorie des fromages de caractère. Il existe en trois tailles : grand livarot (1 200 à 1 500 g), livarot (450 à 500 g) et petit livarot (200 à 270 g).

La vache normande, bien reconnaissable à ses grandes taches, à sa tête blanche à lunettes et à ses cornes recourbées vers l'avant.

Après affinage, le livarot est cerclé de lanières, puis mis en vente une à deux semaines plus tard.

AOC 1975
Pâte : molle à croûte lavée
Lait : cru (22 %) ou pasteurisé
Race : pas de préconisation

Poids : 450 à 500 g (format standard)
Affinage : 3 semaines mini

Production : 1 343 t (dont 13 t fermières)
Producteurs : 140
Entreprises : 4
Affineurs : 4

Neufchâtel

C'est de la boutonnière du pays de Bray (Seine-Maritime), autour de la petite cité de Neufchâtel, que naît ce fromage. Dépression argileuse et bocagère environnée des plaines et plateaux calcaires de la Haute-Normandie, ce petit pays est l'un des plus anciens pôles herbagers de la Normandie, et certains font remonter son fromage à l'époque de Guillaume le Conquérant. Apprécié et répandu au XVIIIᵉ s. et au XIXᵉ s.,

le neufchâtel souffrit de la concurrence des fromages industriels. Après 1945, en particulier, les producteurs préféraient livrer leur lait à de grosses laiteries installées dans la région. Ce n'est qu'en 1957 que la production reprit. Si l'on trouve le neufchâtel en briquette, carré et bonde, la forme de cœur est des plus originales. Elle rappellerait l'époque où les paysannes normandes offraient le fromage aux soldats anglais pendant la

guerre de Cent Ans. Le neufchâtel est recouvert d'une croûte blanche, satinée ou veloutée, et offre une pâte légèrement salée, onctueuse avec un goût de lait très présent. En s'affinant, il prend une teinte plus jaune avec des pigments rouges.

AOC 1977
Pâte : molle à croûte fleurie
Lait : cru majoritaire
Race : normande préconisée (60 %)

Poids : 100g, 200g, 600g
Affinage : de 10 jours à plusieurs mois pour les grands formats

Production : 1 015 t
Producteurs : 27 (dont 24 fermiers)
Entreprises : 3

Pont-l'évêque

AOC 1976
Pâte : molle à croûte frottée ou lavée
Lait : cru (12 %) ou pasteurisé
Races : pas de préconisation (principalement prim'holstein et normande)

Poids : 150 à 800 g
Affinage : 15 jours mini

Production : 3 231 t (dont 71 t fermières)
Producteurs : 380
Entreprises : 12
Affineurs : 12

L'intégralité de la Haute et de la Basse-Normandie ainsi que le département de la Mayenne fournissent leur lait pour fabriquer ce fromage carré, qui tire son nom d'une petite ville située entre Lisieux et Deauville. Probablement d'origine monastique, ce fromage est décrit sous le nom d'« angelot » dans des ouvrages du XIIᵉ s. au XVIIᵉ s. Sous une croûte souple, blanche sillonnée, qui vire au jaune-ocre, apparaît une pâte onctueuse, ivoire ou jaune paille, montrant de petits trous. Le pont-l'évêque existe en quatre formats, le format classique étant de 11 cm de côté pour 300 à 400 g (grand pont-l'évêque : 650 à 800 g ; demi-pont-l'évêque ou petit pont-l'évêque : 150 à 200g). Ce fromage doit « déborder » de sa boîte. Au cas où vous ne le sentiriez pas assez affiné, enveloppez-le dans un papier-journal et laissez le séjourner pendant 24 h dans un récipient muni d'un couvercle dans un endroit frais et humide. Coupez-le en triangle et laissez-vous envahir par son doux parfum de lait et d'herbages.

Beurre d'Isigny

AOC 1986
Lait : vache, pasteurisé
Races : Normande, Prim'Holstein

Conditionnement : différents formats allant de 10 g à 10 kg
Production : 4 287 t
Entreprises : 4

AOC 1986
Lait : vache, pasteurisé
Race : pas de préconisation, normande et prim'holstein

Conditionnement : pots de 10 cl à 3,5 l
Production : 4 864 t
Entreprises : 4

Le pourtour de la baie des Veys, à cheval entre la Manche et le Calvados, forme la zone d'appellation d'origine contrôlée du beurre d'Isigny, renommé dès le XVᵉ s et expédié à Paris dès le XIXᵉ s. Isigny-sur-mer était la plaque tournante du commerce des cidres, des moules, des viandes salées et du beurre. Proches de la Manche, irriguées par cinq rivières et inondées l'hiver, les plaines basses de cette région apportent au beurre des teneurs importantes en iode, en sodium et en acide oléique à ce beurre. Au printemps et en été, les herbages offrent une grande richesse. La fabrication passe par la maturation biologique des crèmes au plus tard quarante-huit heures après l'écrémage du lait, pendant un délai de douze heures au minimum. Voilà le secret de ce beurre odorant, au goût frais de noisette, facile à tartiner et qui tient sa couleur jaune « bouton d'or » des caroténoïdes qu'il contient. Le bonheur est dans le pré !

Crème d'Isigny

La crème d'Isigny étant à la base du beurre d'Isigny, elle possède les mêmes vertus. La pasteurisation, qui doit avoir lieu dans les 36 h après l'écrémage du lait, est l'étape intermédiaire avant la fameuse maturation de 16 à 18 h qui fait sa renommée. La crème d'Isigny est la seule crème en AOC. Présentée en pots de verre, elle est le partenaire de la cuisine régionale. Essayez-la nature ou avec des fines herbes, en sauce, dans des gratins ou au dessert. Variante Viking : à l'aneth et crue sur une tranche de saumon fumée.

Porc de Normandie

Les porcs étaient traditionnelle-ment élevés dans les « soues » normandes pour la consommation domestique. Les races étaient locales : porc de Bayeux, blanc de l'Ouest, porc normand. L'essor de la production est venu en 1987 avec l'obtention du premier label Rouge porcin. Les porcs sont abat-tus à 27 semaines.

IGP 1997
Label Rouge 1987

10 000 têtes

Le porc de Normandie a bénéficié du premier label rouge porcin.

Volaille de Normandie

La Normandie était autrefois dominée par des exploitations de taille moyenne où l'élevage occupait une place importante. Au début du XXᵉ s., les races étaient rustiques (Crèvecœur, de Caumont, de Pavilly et de Gournay) et trouvaient une partie de leur nourriture dans les prairies et le long des haies. Le label rouge a organisé la production de ces volailles élevées en plein air sur parcours herbeux.

IGP 1996
Label Rouge 1981
3 700 000 têtes

Éleveurs : 250
Type de volailles :
poulet blanc, jaune, noir cou-nu, jaune cou-nu, pintades, dindes noires, dindes de Noël, chapons

Poireaux de Créances

C'est sur 20 communes de la Manche autour de Créances qu'est cultivé le poireau de Créances, en bordure de mer, sur des sols sableux, bénéficiant d'un climat marin et d'un apport d'algues marines. On le récolte de septembre à avril.

IGP 1996
Label Rouge 1986

Variété : Issue de l'*Allium Porum*

LA MARTINIQUE

La canne à sucre a été implantée dans les colonies françaises dès le XVIIᵉ s. Dans des régions aussi éloignées que l'océan Indien (île de la Réunion), les Caraïbes (Martinique et Guadeloupe) et l'Amérique du Sud (Guyane) s'est développée une production rhumière originale.

La grave crise de surproduction de sucre qui sévit entre 1884 et 1896 donna le jour au rhum agricole, issu exclusivement du jus de la canne fermenté et distillé (à côté du rhum de sucrerie issu de la mélasse). Les petits planteurs abandonnèrent alors la production sucrière pour laquelle ils n'étaient plus compétitifs et se reconvertirent dans l'élaboration de rhum. La production rhumière à la française doit aussi aux rapports conflictuels qu'entretinrent les distillateurs d'eaux-de-vie métropolitaines et leurs concurrents d'outre-mer. En 1922, après avoir conquis les tranchées pendant la Première Guerre mondiale, le rhum des Antilles a été strictement défini et son entrée sur le territoire métropolitain, limitée. Les quotas d'importation par département reposeront progressivement sur des appellations d'origine : Martinique, Guadeloupe, Réunion.

De cette réglementation est né le rhum traditionnel, distillé au-dessous de 75 % vol. pour assurer une concentration suffisante en substances volatiles formant le bouquet de l'eau-de-vie. Quant au rhum agricole, il a rencontré un franc succès auprès des habitants des Antilles françaises. On l'appelle d'ailleurs en créole, le rhum z'habitants pour le distinguer de celui qui est expédié vers la métropole. Ainsi coexistent deux types de rhums : le rhum de sucrerie et le rhum agricole.

En 1996, le rhum agricole Martinique devient AOC. Martinique ne désigne plus depuis cette date qu'un rhum agricole, qu'il soit blanc, vieux ou élevé sous bois. Les rhums de sucrerie produits sur l'île sont étiquetés avec d'autres dénominations. Les autres appellations d'origine de rhums de l'outre-mer français disposent d'un statut particulier puisque les appellations Guadeloupe, Guyane, Réunion concernent aussi bien des rhums agricoles que des rhums de sucrerie.

Rhum Martinique

Un milieu naturel favorable

Avec une saison humide et chaude, entre juin et décembre, et une saison plus sèche, entre janvier et mai, l'île connaît d'excellentes conditions pour la culture de la canne à sucre. L'altitude et l'exposition aux vents, qui déterminent plusieurs régions climatiques contrastées, ainsi que la diversité des types de sols issus du volcanisme, créent des terroirs très différents. Une variété qui se reflète dans les caractéristiques des rhums de la Martinique.

L'exploitation de la canne à sucre – qui ne nécessite en Martinique ni insecticide ni fongicide – est rythmée par l'alternance de deux périodes : la croissance de la tige en saison humide puis l'accumulation des sucres en saison sèche, avant la récolte qui se déroule de février à juin.

La distillation

La canne est amenée rapidement à la distillerie pour y être broyée dans des moulins entraînés par de spectaculaires machines à vapeur. Le jus est dirigé vers les cuves de fermentation dans lesquelles, en moins de deux jours, le sucre est transformé en alcool. La distillation a lieu en continu dans des colonnes à l'intérieur desquelles le vin de canne est chauffé, afin de vaporiser puis de condenser l'alcool ainsi que les éléments aromatiques. À la sortie de la colonne, le rhum titre environ 70 % vol.

Trois styles de rhums agricoles

Selon le vieillissement envisagé, la nouvelle eau-de-vie emprunte différents itinéraires : pour donner du rhum blanc, elle est transférée dans des foudres de stockage, brassée et aérée pendant trois mois. Élevée sous bois, elle est mise en foudre où elle séjourne un à deux ans afin de prendre une coloration dorée. Enfin, si elle est destinée à l'élaboration de rhum vieux, elle est maintenue plus de trois ans dans des fûts de chêne d'environ 300 l.

Les rhums agricoles blancs Martinique sont caractérisés par leur limpidité, leur faible agressivité et leur finesse aromatique ; ils présentent des notes fruitées (citron, fruit de la Passion), florales (sucre de canne, fleur d'oranger), épicées (cannelle, noix muscade) ou végétales. Ils ont la particularité d'être mis en bouteille à des degrés de commercialisation qui vont de 50 à 62 % vol. voire, pour certaines séries limitées, jusqu'à 70 % vol.. Ce sont en effet des eaux-de-vie très rondes, sans agressivité qui ne laissent pas paraître leur titre alcoométrique réel.

Les **rhums vieux** offrent une couleur ambrée à acajou. Ils présentent des arômes empyreumatiques (boisé, fumé, cacao), épicés (cannelle, vanille) et balsamiques (résine) qui donnent à ces eaux-de-vie une signature tropicale originale.

Les **rhums élevés sous bois** expriment la subtile « harmonie du ni-ni » définie par les rhumiers martiniquais : ni blancs, puisqu'ils présentent déjà une coloration, ni vieux, puisqu'ils ne sont pas encore typés par des arômes empyreumatiques ; encore fruités, ils sont déjà évolués.

AOC 1996
Rhum vieux :
4 443 hl d'alcool pur

Rhum élevé sous bois : 5 603 hl d'alcool pur

Rhum blanc :
48 742 hl d'alcool pur
24 colonnes à distiller
8 distilleries fumantes
(en activité)
300 planteurs

La récolte de la canne à sucre a lieu de février à juin.

Table des produits

Table des produits

Crédits photographiques

*L'emplacement des photographies est indiqué par les abréviations
suivantes : d (à droite), g (à gauche), h (en haut), b (en bas), c (au
centre).*

Couverture : Scope/M. Guillard (verre de vin), R. Nourry (vache),
J. Guillard (fromage), D. Czap (volaille de Houdan),
J. Guillard (mirabelles et olives), J.-L. Barde (piments d'Espelette).

AKG : 10.
Serge Faguier/VPRA : 53.
L. Bérard et Ph. Marchenay : 44, 46 (bg), 51 (x 3), 52, 54,
104 (h).
Chéné/CCJ-CNRS : 15 (h).
J.-M. Degueule, Ch. Tioc : 17 (b).
D.R : 150.
Fermiers de Loué/D.R. : 225.
Gamma / Stéphane Bun : 61.
INAO : 36 (h), 73.
Keystone : 32.
Mas Tourelles, Beaucaire : 18.
Princes de Bretagne : 241 (h x 2).
Qualifrais/DR : 217.
REA-Nascimento : 60.
Syndicat de défense du piment d'Espelette/ DR : 39 (bd).
Synalaf : 211.
Photothèque Hachette Livre : 12, 13, 14, 15 (b), 20 (x), 21 (b),
22 (x 2), 23 (h), 24 (h), 26, 29 (h, m), 31 (x 2), 34, 37, 163, 223 (b) ;
Lubtchansky : 17 (h), 19. **Vergand** : 29 (bg). **BNF, Paris** : 21 (h).
BN Estampes, Paris : 62, 63.
Ph. Vaurès-Santamaria : 74.

SCOPE / Louis Audoubert : 48. **Balzer** : 59, 243 (h), 245 (b).
J.-L. Barde : 30, 33, 36, 40, 64 (x 2), 67, 68, 69, 72, 77, 93, 94,
95, 96, 97, 99, 101 (h), 101 (bd), 115, 122 (d), 132, 133, 135, 137,
138 (x 2), 144, 167, 168, 171 (x 2), 173 (x 2), 174, 175 (bg), 176,
177, 178 (x 2), 179 (h), 180, 181, 182 (x 2), 184, 185 (x 2), 186,
187, 188 (h), 189 (d), 190 (b), 191 (x 2), 192, 193, 196 (h),
201 (x 2), 202 (x 3), 204 (b), 207 (hd), 208, 209, 210 (x 2), 212,
221, 224, 233 (h). **Ph. Beuzen** : 218 (b). **Ph. Blondel** : 111 (h),
223 (h), 229 (x 2). **P. Borasci** : 120. **M. Combier** : 134. **D. Czap** :
146 (g), 153 (d), 161. **J. Dubois** : 43. **B. Galeron** : 239, 251. **P.
Garenne** : 218 (h). **J.-C. Gesquière** : 158 (h). **D. Gorgeon** :
85 (h). **M. Gotin** : 190 (h). **C. Goupi** : 76, 86, 90, 199. **J. Guillard** :
24 (h), 25, 27 (h), 29 (bd), 35, 39 (bg), 42 (x 3), 45 (b), 46 (bd), 47,
49, 50, 55, 56, 58, 66, 75, 83, 84 (x 2), 85 (h), 87 (x 2), 88 (x 2),
89, 91 (x 2), 102 (x 2), 103, 104 (b), 106, 107 (x 2), 108, 109, 110,
111 (b), 112, 113 (x 2), 114, 116-117, 118-119, 122 (g), 123, 124,
125, 126, 127, 128, 129, 130 (b), 131, 136 (x 3), 139, 140-141,
142-143, 146 (d), 147 (x 3), 148 (x 2), 150, 151, 153 (g), 154 (b),
155, 156-157, 158 (b), 159 (x 4), 172 (h), 183, 188 (b), 198 (h),
198 (b), 203, 204 (h), 204 (c), 205 (x 2), 206 (x 4), 207 (hg et bd),
216, 219, 220 (x 2), 222 (x 2), 226, 227 (h), 228, 230 (x 2), 231,
232 (x 2), 233 (b), 234 (x 3), 235 (x 2), 242, 243 (b), 245 (h),
246 (x 2), 247 (x 4), 248 (x 2), 249. **M. Guillard** : 23 (b), 27 (b),
39 (h), 45 (h), 163, 164, 165, 166 (x 2), 169, 170 (x 2), 172 (b),
175 (hd), 195, 197 (h), 227 (b). **N. Hautemanière** : 98, 101 (bg). **R.
Huitel** : 92.
F. Jalain : 65, 149, 179 (b), 189 (g), 196 (b), 197 (b), 198 (h), 240,
244. **S. Matthews** : 154 (h). **R. Nourry** : 238, 241. **N. Pasquel** :
130 (h). **M. Plassart** : 214, 215 (x 2). **D. Taulin-Hommel** : 151.

Bertil Sylvander remercie :

Gilles Allaire, INRA
Filippo Arfini, université de Parme
Dominique Barjolle, Service romand
    de vulgarisation agricole, Suisse
Giovanni Belletti, université de Florence
Claude Béranger, INRA
François Casabianca, INRA
Andrea Marescotti, université de Florence
Éric Thévenod-Mottet, Service romand
    de vulgarisation agricole, Suisse
Angela Tregear, université d'Édimbourg

L'éditeur remercie :

Les services de l'INAO, les syndicats
de produits et les groupements
de producteurs qui ont délivré les
informations relatives aux AOC
et aux IGP.
Guy Linden ; Denis Sautier ; Anne-Marie
Vivien

Site INAO : www.inao.gouv.fr

ÉDITION
Catherine Montalbetti

ÉDITEURS ASSISTANTS
Christine Cuperly, Anne Le Meur

CONCEPTION GRAPHIQUE ET RÉALISATION
Chine / Florence Cailly

LECTURE-CORRECTION
Bénédicte Gaillard, Sylvie Hano,
Micheline Martel

Imprimé en Espagne
Produit complet Gráficas Estella
Photogravure Reproscan (Bergame, Italie)
Dépôt légal : octobre 2005
ISBN 201.237.070 5
23.7070-01/8